54ᵉ ANNÉE

POPULATION

N°1 – 1999

JANVIER-FÉVRIER

INSTITUT NATIONAL D'ÉTUDES DÉMOGRAPHIQUES
133, boulevard Davout, 75980 PARIS Cedex 20
Tél. : (33) 01 56 06 20 00 – Fax : (33) 01 56 06 21 99
http://www.ined.fr — e-mail: ined@ined.fr

ISBN 2-7332-3011-5   ISSN 0032-4663

Avertissement

Les Éditions de l'Ined se réservent le droit de reproduire et de représenter les textes qu'elles publient sous quelque forme que ce soit : réimpression, traduction, ou édition électronique au moyen de tout procédé technique et informatique actuel ou futur. Ce droit porte sur tous les modes de transmission : réseaux propriétaires, réseaux publics (type Internet) et support de type CD-rom, CD-I ou DVD par exemple. En conséquence, les Éditions de l'Ined engageront les actions nécessaires contre les auteurs d'éventuelles reproductions non autorisées.

POPULATION

Fondateur : Alfred SAUVY

Directeur de la publication : Marcel SZWARC
Rédacteur en chef : Henri LERIDON
Gestion et diffusion : Dominique PARIS

Comité de Patronage

Jacques Desabie – Maurice Febvay
Nathan Keyfitz – Peter Laslett
Emmanuel Le Roy Ladurie – Massimo Livi Bacci
Jean-Guy Mérigot – Georges Morlat
Léon Tabah – Guillaume Wunsch

Comité de Rédaction

Michel Bozon, Daniel Courgeau, Maurice Garden
Michel Lévy, Maryse Marpsat, Francisco Muñoz-Pérez
Jean-Marie Robine, Dominique Tabutin

Édition

Assistante d'édition et fabrication : Françoise Milan
Dessin : Nicole Berthoux, Isabelle Brianchon
Couverture : Nicole Berthoux

SOMMAIRE

Catherine VILLENEUVE-GOKALP	— La double famille des enfants de parents séparés..	9
Bernard ZARCA	— Proximités socioprofessionnelles entre germains et entre alliés : une comparaison dans la moyenne durée	37
Nicolas BOURGOIN	— Suicide et activité professionnelle....................	73
Georges Photios TAPINOS	— Paul Leroy-Beaulieu et la question de la population. L'impératif démographique, limite du libéralisme économique	103

Notes de recherche

Jean-Claude CHESNAIS	— L'homicide et le suicide dans le monde industriel. Le cas russe	127
Amadou NOUMBISSI, Jean-Paul SANDERSON	— La communication entre conjoints sur la planification familiale au Cameroun. Les normes et les stratégies du couple en matière de fécondité...	131

Bibliographie critique

Analyse critique

ATTIAS-DONFUT Claudine, LAPIERRE Nicole	— La famille providence. Trois générations en Guadeloupe	145

Comptes rendus

ATTIAS-DONFUT Claudine, SEGALEN Martine	— Grands-parents : la famille à travers les générations	149
BASU Alaka Malwade, AABY Peter Eds.	— The Methods and Uses of Anthropological Demography...	150
EDMONDSON Brad	— Asian Americans in 2001 (*Demographics*)	151
FEBRERO Ramon, SCHWARTZ S. Pedro	— The essence of Becker	152
LE VAN Charlotte	— Les grossesses à l'adolescence. Normes sociales, réalités vécues	153

Informations bibliographiques 155

CONTENTS

Catherine VILLENEUVE-GOKALP	— The double family of children whose parents are separated...	9
Bernard ZARCA	— Socio-occupational proximity between siblings and between their partners: a medium-term comparison...	37
Nicolas BOURGOIN	— Suicide and professional activity.....................	73
Georges Photios TAPINOS	— Paul Leroy-Beaulieu and the population question. The demographic imperative and the limit to economic liberalism..	103

Short papers

Jean-Claude CHESNAIS	— Homicide and suicide in the industrialized world. The case of Russia..............................	127
Amadou NOUMBISSI, Jean-Paul SANDERSON	— Communication about family planning in couples in Cameroun. The fertility norms and strategies of couples...	131
Bibliography..		145
Informations...		155

English and Spanish summaries can be found after each paper

Revue Population

NOTE AUX AUTEURS

Population publie des articles inédits apportant des éléments nouveaux à l'étude des populations humaines, y compris dans les causes et les conséquences de leurs évolutions.

Leurs auteurs s'engagent à ne pas les proposer à une autre revue avant la réponse du Comité, et en tout cas durant un délai de quatre mois. La longueur d'un article ne doit pas excéder 24 pages de *Population*, y compris les tableaux, graphiques et résumés (soit l'équivalent de 76 000 signes au total). Chaque article doit être accompagné d'un résumé (en français) de 160 à 200 mots, et d'une liste de 4 à 6 mots-clés.

Toute proposition d'*article* est examinée par l'ensemble du Comité de rédaction, qui se réunit tous les deux mois, l'un des membres du Comité étant chargé de préparer un rapport; l'article est soumis anonymement à au moins un lecteur externe qui prépare aussi un rapport. La rédaction informe l'auteur de la décision du Comité ; en cas de rejet, ou de demande de modifications, ceux-ci sont motivés à l'auteur sur la base des rapports reçus et de la discussion en Comité.

La section *Notes de recherche* (anciennement : « *Notes et documents* ») accueille des articles courts, traitant un thème particulier au moyen de données inédites ou sous forme de synthèse comparative. Elles sont examinées en Comité, qui peut aussi faire appel à des lecteurs externes. Elles ne doivent pas dépasser 10 pages de *Population* (soit l'équivalent de 32 000 signes au total).

La rubrique *Commentaires* est destinée à accueillir des réactions à des articles parus dans la revue, ainsi que les réponses des auteurs (si possible dans le même numéro). La décision de publier tout ou partie d'une proposition relève de la Rédaction. Tout commentaire est limité à 3 pages (soit 10 000 signes), sauf développement méthodologique dûment justifié et approuvé par le Comité.

Les *Comptes rendus* ou *Analyses d'ouvrages* sont publiés par décision de la Rédaction et n'engagent que leurs signataires ; ils n'ouvrent pas droit à réponse de la part des auteurs concernés, ni à commentaires.

Pour tout texte publié, la Rédaction se réserve le droit d'apporter des modifications portant sur la forme ; les changements éventuels sur le fond seront effectués en concertation avec l'auteur, qui recevra dans tous les cas un bon à tirer.

Présentation des manuscrits

Le manuscrit doit être envoyé (avec le résumé et les mots-clés) à la Rédaction de *Population* en deux exemplaires. Après acceptation, l'auteur devra accompagner la version finale de son texte d'une copie électronique (sur disquette ou par E-mail), de préférence en MS–Word ou en Tex pour les articles à contenu mathématique ; il sera ensuite en relation avec l'assistante de rédaction qu'il pourra joindre par courrier, par téléphone : (33) 01 56 06 20 59, par télécopie : (33) 01 56 06 21-99 ou par e-mail : milan@ined.fr

- *Tableaux et figures*

Ils sont respectivement regroupés en fin d'article, numérotés séquentiellement en chiffres arabes et appelés dans le texte à l'endroit où ils doivent être insérés. Les auteurs veilleront à ce que les légendes des figures et les titres des tableaux soient clairement indiqués sur ceux-ci. Les figures doivent être fournis à l'échelle double selon des dimensions compatibles avec le format d'une page de *Population* (11,5cm × 18,5cm).

- *Formules mathématiques*

Elles sont numérotées à droite et doivent être manuscrites d'une façon lisible.

- *Notes*

Les notes en bas de page sont numérotées séquentiellement et ne comportent ni tableaux, ni graphiques.

• *Références bibliographiques*

Elles sont disposées en fin d'article, par ordre alphabétique d'auteur (éventuellement numérotées entre crochets), pour chaque auteur dans l'ordre chronologique, et appelées dans le texte sous la forme (Laslett, 1977) ou par les numéros entre crochets. La présentation sera la suivante :

— Pour un article dans une revue :

BOURGEOIS-PICHAT Jean, 1946, « Le mariage, coutume saisonnière. Contribution à une étude sociologique de la nuptialité en France », *Population*, I, 4, p. 623-642.

— Pour un ouvrage :

LASLETT Peter, 1977, *Family life and illicit love in earlier generations. Essays in historical sociology*, Cambridge University Press, Cambridge/London/New York, 270 p.

Tirés à la suite

— *Article* : 50 tirés à la suite sont envoyés gratuitement à l'auteur.

S'il en désire davantage (sous réserve d'acceptation), l'auteur est prié d'en informer la rédaction au moment du retour des épreuves.

— *Notes de Recherche* : l'auteur reçoit une vingtaine de tirés à la suite sauf s'il en fait la demande expresse auprès de la Rédaction.

Les auteurs ne sont en aucun cas rémunérés.

Population **est référencé dans les bases de données ou bibliographiques suivantes**

— *Francis* (CNRS), accessible par le serveur Questel, par CD-ROM, ou par Internet (http://services.inist.fr) dans la base article-inist ;
— *Revue des revues démographiques/Review of population reviews*, Cicred (http://www.cicred.ined.fr) ;
— *Current Contents* (http://www.isinet.com) ;
— *Social Sciences Citations Index* (http://www.isinet.com) ;
— *Sociological Abstracts* (http://www.socabs.org) ;
— *Population Index* (http://popindex.princeton.edu) ;
— *Popline* (http://www.nlm.nih.gov).

Par ailleurs, l'édition annuelle en anglais (*Population - An English Selection*) est disponible en texte intégral dans la base J-STOR (http://www.jstor.org).

Remerciements

Population remercie les personnes suivantes, qui ont participé à l'évaluation des manuscrits soumis à la revue en 1997 et 1998 :

ALCOUFFE Alain
ANTOINE Philippe
ATTIAS-DONFUT Claudine

BACCAÏNI Brigitte
BAJOS Nathalie
BELLIS Gil
BIRABEN Jean-Noël
BLANCHET Didier
BONVALET Catherine
BOUVIER-COLLE Marie-Hélène
BROUARD Nicolas

CARAËL Michel
CAZES Marie-Hélène
CHARBIT Yves
CHESNAIS Jean-Claude
COSTES Jean-Michel
COTTIAS Myriam
COURBAGE Youssef

DERRIENIC Francis
DUCHÊNE Josiane
DUPÂQUIER Jacques

FERRAND Michèle
FESTY Patrick
FOMBONNE Éric

GARENNE Michel
GENDREAU Francis
GOKALP Atlan
GRIGNON Michel

HÉRAN François
HERTRICH Véronique

KAHN Michèle

LAGRANGE Hugues
LE MÉE René
LEE Ronald
LOCOH Thérèse

MARTIN Claude
MASSON André
MESLÉ France
MONNIER Alain
MORMICHE Pierre

NI BHROLCHAIN Maire
PARANT Alain
PICARD Nathalie
POULAIN Michel
PRIOUX France
PUMAIN Denise

RALLU Jean-Louis

SIMON Patrick
SURAULT Pierre

TABARD Nicole
TERMOTE Marc
THAVE Suzanne
THÉRY Irène
TOULEMON Laurent

VALLERON Alain-Jacques
VALLIN Jacques
VAN de WALLE Étienne
VERNAY Michel
VÉRON Jacques

LA DOUBLE FAMILLE DES ENFANTS DE PARENTS SÉPARÉS

Catherine VILLENEUVE-GOKALP*

> *La baisse de la fécondité a pour effet de réduire la dimension « horizontale » des familles (moins de frères et sœurs, moins de cousins et cousines), tandis que la baisse de la mortalité en augmente la dimension « verticale », avec la coexistence d'un nombre croissant de générations. Mais le réseau familial se complexifie aussi pour une autre raison : la plus grande fréquence des ruptures d'unions (qu'il s'agisse de mariages ou d'unions consensuelles) complique les relations des enfants avec leurs parents biologiques, en même temps qu'elle étend le réseau familial quand l'un ou l'autre des parents forme une nouvelle union. Les données permettant d'observer ces évolutions sont rares : Catherine VILLENEUVE-GOKALP analyse ici les résultats d'une enquête organisée par l'Ined et l'Insee, qu'elle peut comparer à ceux d'une étude précédente.*

Les familles monoparentales et les familles recomposées ont toujours existé, mais après la Seconde Guerre mondiale, avec le recul de la mortalité et l'âge d'or du mariage, elles paraissaient singulières à coté du modèle dominant de la famille composée du couple de parents mariés et de ses enfants. Au cours des années soixante-dix, avec la montée des séparations et des remises en couple, beaucoup s'inquiètent des conséquences de ces nouveaux comportements sur les enfants ; mais personne ne peut *dire combien* d'enfants ne vivent pas avec leurs deux parents, et quelle est la nature des liens les unissant aux adultes qui les élèvent. Cette connaissance constitue pourtant un préalable indispensable, aussi bien aux recherches sur les modes de socialisation des enfants qu'à l'étude des problèmes économiques et psychologiques associés à la dissociation familiale, ou à la mise en place de politiques sociales et familiales. En même temps, les modèles familiaux traditionnels paraissent obsolètes et impropres à servir de référence. Autrefois, les enfants vivant avec un seul de leurs deux parents biologiques étaient totalement privés de l'autre parent, celui-ci étant généralement décédé ou inconnu. Si le parent survivant se remettait en couple, le beau-parent « remplaçait » le parent décédé ; et si tous les enfants n'avaient pas le même père et la même

---

* Institut national d'études démographiques, Paris.

mère, tous les membres de la famille étaient réunis sous un même toit. Aujourd'hui, le plus souvent, un enfant qui ne vit pas avec ses deux parents les a encore tous les deux, et il a donc deux familles qui coexistent à distance.

Au début des années quatre-vingt, les sources statistiques existantes sont encore insuffisantes pour saisir la situation familiale des enfants dont les parents ne vivent pas ensemble. L'état civil ne connaît que les événements qui font l'objet d'une démarche administrative ou juridique ; les recensements produisent une photographie des ménages qui signale bien les enfants vivant dans une famille monoparentale, mais lorsque les enfants vivent avec un couple, il n'est pas possible de distinguer les enfants en famille recomposée des enfants vivant avec leurs deux parents (voir encadré : Définitions). Parallèlement à chaque recensement, une enquête sur les familles est réalisée auprès d'un large échantillon de femmes. Elle indique les dates des principaux événements de leur vie matrimoniale : formation du couple actuel, mariage et remariage, séparation ou divorce, date de naissance des enfants. Une confrontation des dates permet donc de distinguer les enfants qui ne sont pas ceux de la femme interrogée et qui résident avec elle, mais cette méthode ne permet qu'une estimation imprécise des enfants en famille recomposée, la femme interrogée n'étant pas à coup sûr la belle-mère. En outre, l'enquête ne tient pas compte des pères qui ne sont pas en couple et vivent avec leurs enfants[1].

Définitions

Enfants en famille monoparentale : enfants résidant avec un seul de leurs deux parents lorsque celui-ci ne vit pas en couple.

Enfants en famille recomposée : une famille recomposée comprend un couple d'adultes, mariés ou non, et au moins un enfant né d'une union précédente de l'un des conjoints. Les enfants qui vivent avec leurs deux parents et des demi-frères ou demi-sœurs font donc aussi partie, en principe, d'une famille recomposée : cependant leur famille d'origine ne s'est pas désunie et ne s'est donc pas «recomposée». On a donc restreint ici la notion d'«enfants en famille recomposée» aux seuls enfants résidant avec un beau-parent.

Demi-frères et demi-sœurs : deux enfants ayant soit la même mère, soit le même père.

Quasi-frères et quasi-sœurs : deux enfants qui n'ont aucun lien de parenté biologique, mais dont la mère de l'un vit en couple avec le père de l'autre.

Pour mieux connaître les biographies conjugales des adultes et des enfants, l'Ined a organisé en 1986 une première enquête intitulée *Enquête sur les situations familiales* (ESF), et en 1994 une nouvelle enquête, l'*Enquête sur les situations familiales et l'emploi (ESFE)* (voir encadré : Les sources). Le questionnaire de 1994 est inspiré de celui de 1986, satisfaisant

---

[1] Il est prévu que lors du recensement de 1999, l'enquête sur les familles s'adresse également aux hommes, et que les questions portant sur les liens de filiation des enfants avec chacun des adultes présents soient plus précises.

> **Les sources**
> **Les enquêtes de l'Ined : Situations familiales (1986)**
> **et Situations familiales et emploi (1994)**
>
> Les deux enquêtes ont été réalisées par l'Ined en collaboration avec l'Insee. Dans chaque ménage comprenant au moins un enfant de moins de 18 ans, on a recueilli auprès d'un adulte la biographie familiale de chacun des enfants présents. Dans l'enquête de 1986, les enfants étaient nés entre 1967 et 1985 ; dans celle de 1994, entre 1976 et mars 1994. Les résultats de l'enquête de 1986 sont présentés dans *Constances et inconstances de la famille*, Leridon et Villeneuve-Gokalp, 1994.

ainsi l'un de ses objectifs qui était d'observer les évolutions récentes ; il est aussi plus complet et permet de mieux connaître la nouvelle famille du parent dont l'enfant est séparé. L'échantillon comprend 5 483 enfants représentatifs de l'ensemble des enfants de moins de 18 ans ne vivant pas en institution[2], et un tirage à probabilités inégales a permis de disposer d'un sous-échantillon de 1 878 enfants séparés d'au moins un de leurs parents et vivant dans une famille. Nous présenterons, ici, les principaux résultats concernant les enfants de l'enquête *ESFE* : évolutions récentes des situations familiales, composition du réseau familial limité à la parenté résidant dans les deux foyers de l'enfant, fréquence des relations de l'enfant avec le parent dont il est séparé.

I. – Le réseau familial des enfants ne vivant pas avec leurs deux parents

Faible augmentation des enfants séparés d'un parent En France, en 1994, deux millions d'enfants de moins de 18 ans ne vivaient pas avec leurs deux parents, soit 17,2 % des enfants mineurs (tableau 1). Depuis la fin des années soixante, la proportion d'enfants et d'adolescents ne vivant pas avec leurs deux parents n'a cessé de s'élever, le risque de connaître le divorce ou la séparation de ses parents ayant augmenté plus rapidement que ne diminuait celui de devenir orphelin. À 16 ans, un enfant sur sept né entre 1945 et 1965 ne vivait plus avec ses deux parents, et même près d'un enfant sur cinq né à la fin des années soixante. En 1986, nous prévoyions que ce serait le cas d'un enfant sur quatre né à la fin des années soixante-dix (Leridon, Villeneuve-Gokalp, 1994, p. 206) ; cette prévision s'est révélée exacte : 26 % des adolescents ayant entre 15 et 17 ans ne vivent pas avec leurs deux parents en 1994. Tous âges confondus, la proportion d'enfants mineurs séparés d'au moins un parent s'est accrue de près de 20 % en huit ans. Pourtant, cet accroissement paraît faible en regard de celui de l'ensemble des ruptures conjugales.

[2] Moins de 1 % des enfants vivent dans une institution (orphelinat, pensionnat, etc.).

TABLEAU 1. – SITUATION FAMILIALE DES ENFANTS DE MOINS DE 18 ANS EN MARS 1994, SELON L'ÂGE DES ENFANTS

Enfants résidant avec	Effectifs observés	Effectifs pondérés (en milliers)	Ensemble	0-2 ans	3-5 ans	6-8 ans	9-11 ans	12-14 ans	15-17 ans
Leurs deux parents	3 605	9 672	82,8	91,9	87,7	82,7	83,0	78,2	73,8
Un parent non en couple	1 265	1 342	11,5	7,6	9,9	11,0	10,6	14,2	15,6
dont : la mère	1 165	1 249	10,7	7,4	9,5	10,2	9,9	13,1	13,9
le père	100	93	0,8	0,2	0,4	0,8	0,7	1,1	1,7
Un parent et son nouveau conjoint	509	538	4,6	0,3	1,7	5,1	5,1	6,9	8,2
dont : la mère	430	459	3,9	0,3	1,5	4,5	4,5	5,7	6,7
le père	79	79	0,7	0,0	0,2	0,6	0,6	1,2	1,5
Aucun parent	104	132	1,1	0,2	0,7	1,2	1,3	0,8	2,4
Total	5 483	11 684	100,0	100,0	100,0	100,0	100,0	100,0	100,0

Deux raisons peuvent expliquer que la progression de celles-ci affecte moins les enfants qu'on ne pourrait le craindre : les couples reportent de plus en plus la naissance des enfants, et les séparations conjugales interviennent de plus en plus rapidement après le début de l'union et avant une naissance (Toulemon, 1996).

L'union libre devenant un mode de vie de plus en plus durable, les enfants de divorcés ne représentent plus que la moitié des enfants ne vivant pas avec leurs deux parents, contre près des deux tiers en 1986. En revanche, deux enfants sur dix ont des parents qui ont rompu une union libre, contre moins d'un enfant sur dix, huit ans plus tôt. 12 % ont connu le décès de leur père ou de leur mère alors que leurs deux parents vivaient ensemble (16 % en 1986). Restent 8 % des enfants qui n'ont jamais vécu avec leur père bien que celui-ci ait reconnu l'enfant ou (et) qu'il entretienne des relations avec lui, et 7 % d'enfants nés d'un « père inconnu ». On désignera par « pères inconnus » les hommes qui n'ont jamais vécu avec leurs enfants, ne les ont pas reconnus, et ne les voient jamais[3]. Quelques enfants (1 %) sont séparés de leurs deux parents, alors que ceux-ci vivent ensemble ; parmi les plus âgés, certains sont déjà partis pour vivre de manière indépendante (tableau 2).

TABLEAU 2. – ORIGINE DE LA SÉPARATION DES PARENTS

	Effectifs observés	Effectifs pondérés (en milliers)	% sur l'ensemble des enfants	% sur les enfants séparés d'un (ou des 2) parent(s)
Parents séparés par :				
– divorce	1 018	1 022	8,7	50,8
– séparation d'une union libre	345	412	3,5	20,5
– décès	207	234	2,0	11,6
– n'ont jamais vécu ensemble	148	159	1,4	7,9
– père inconnu	120	133	1,1	6,6
– origine de la séparation inconnue	16	23	0,2	1,1
Parents unis mais enfant séparé de ses parents	24	29	0,3	1,4
Total	1 878	2 012	17,2	100,0

Même après la séparation ou le divorce, un enfant peut encore connaître un changement de statut si l'un de ses parents décède : 335 000 enfants ont au moins un parent décédé (soit 3 % de l'ensemble des enfants). Les enfants qui ont leurs deux parents vivants et connus, mais sont séparés de l'un d'eux, ne constituent donc que 13 % des enfants.

---

[3] Avec cette définition, il suffit donc qu'une seule de ces trois conditions soit remplie pour qu'un père ne soit pas « inconnu » : avoir résidé avec la mère au moment de la naissance, ou avoir reconnu l'enfant, ou le voir au moins une fois par an.

L'hébergement chez la mère est toujours dominant; le mi-temps ne progresse pas

La désunion des parents, quelle qu'en soit la cause, entraîne rarement la séparation des enfants de leur mère : parmi les enfants ne résidant pas avec leurs deux parents, 85 % vivent avec leur mère, près de 9 % avec leur père et 6 % avec aucun d'eux (tableau 3). Plus les enfants sont jeunes, moins ils sont séparés de leur mère ; et presque tous les enfants qui résident avec leur mère ont toujours vécu avec elle (95 %). Le corollaire est que les enfants résidant avec leur père sont presque toujours des adolescents : ce n'est qu'à partir de 12 ans qu'un enfant sur dix vit avec lui. Plus du tiers des enfants qui habitent chez leur père ont vécu auparavant avec leur mère seule (30 %) ou (et) dans une autre famille (10 %). Parmi les enfants séparés de leurs deux parents, plus d'un sur quatre a vécu avec son père ou sa mère avant d'être séparé des deux, et près d'un sur cinq a connu plusieurs familles d'accueil ou a vécu en institution. Comme les départs du foyer maternel sont peu nombreux, les changements de résidence restent très limités ; ils ne concernent que 10 % des enfants, et sont aussi fréquents dans le sens père-mère que dans l'autre.

TABLEAU 3. – RÉSIDENCE DES ENFANTS SELON L'ÂGE, ET CHANGEMENTS DE RÉSIDENCE DEPUIS LA SÉPARATION DES PARENTS

	Résidence à l'enquête			
	Avec la mère	Avec le père	Autre famille	Total
Ensemble	84,9	8,6	6,6	100,0
Âge :				
0-2 ans	95,1	2,0	2,9	100,0
3-5 ans	89,2	4,6	6,3	100,0
6-8 ans	85,0	8,0	7,0	100,0
9-11 ans	84,6	7,4	8,0	100,0
12-14 ans	86,3	10,3	3,4	100,0
15-17 ans	78,5	12,1	9,4	100,0
Les changements de résidence depuis la séparation :				
– toujours chez le même parent (ou la même famille)	95,0	64,2	63,4	90,3
– chez l'autre parent	3,6	25,4	18,9	6,5
– dans une autre famille	1,3	6,3	9,3	2,2
– dans une autre famille et chez l'autre parent	0,1	4,1	8,4	1,0
Total	100,0	100,0	100,0	100,0
Effectifs	1 595	179	104	1 878

Champ : ensemble des enfants de moins de 18 ans ne vivant pas avec leurs deux parents.
Source : ESFE, 1994.

Il est difficile de savoir exactement combien d'enfants partagent leur temps entre leur père et leur mère en raison des réponses contradictoires données par les hommes et par les femmes, mais le mi-temps reste certainement peu répandu. Deux questions portaient sur le mi-temps. L'une permettait de connaître le lieu de résidence de l'enfant : «...réside-t-il avec vous en permanence ? Seulement à mi-temps ? »[4]. L'autre question portait sur la fréquence des rencontres entre l'enfant et le parent extérieur : « À quelle fréquence cet enfant voit-il ... [l'autre parent] actuellement ? ». De nombreuses réponses étaient proposées dont : «Tous les jours ou presque» et « À mi-temps (3 ou 4 jours par semaine, ou une semaine sur deux)». Lorsque l'enfant résidait chez sa mère au moment de l'enquête, celle-ci déclarait presque toujours que l'enfant résidait chez elle en permanence (sauf pour 1 % des enfants), et rarement qu'il voyait son père au moins un jour sur deux, ou une semaine sur deux (pour moins de 5 %). Lorsque l'enfant résidait chez son père, pour 11 % des enfants le père a répondu que l'enfant ne résidait chez lui qu'à mi-temps, et pour 1 % qu'il vivait avec lui en permanence mais voyait sa mère au moins un jour sur deux. En 1986, les mêmes questions avaient donné les mêmes réponses : si la coparentalité est parvenue à s'imposer dans le principe de l'autorité parentale conjointe[5], elle n'a pas gagné dans la pratique de l'hébergement partagé. Le constat paradoxal, que le mi-temps est deux fois plus souvent mentionné par les pères que par les mères, peut s'expliquer par le fait que le domicile légal des enfants étant presque toujours celui de la mère, celle-ci se prévaut d'une résidence permanente ; tandis que le père, privé de cet avantage juridique, ne peut se référer qu'aux arrangements pratiques.

Les recompositions familiales n'augmentent pas

Au cours de ces dernières années, l'augmentation des ruptures familiales a eu pour conséquence un accroissement du nombre des familles monoparentales, mais contrairement à ce que nous anticipions, elle n'a pas entraîné une progression des familles recomposées. En 1994, 11,5 % des enfants vivaient dans une famille monoparentale, 4,6 % dans une famille recomposée et 1,1 % étaient séparés de leurs deux parents et vivaient dans un autre foyer (tableau 1) ; une comparaison des enquêtes de l'Ined de 1986 et 1994 et de l'enquête sur les familles de 1990 (Desplanques, 1994) semble indiquer une légère diminution des familles recomposées en 1994 (tableau 4).

Plusieurs causes peuvent être envisagées pour expliquer cette baisse inattendue : des remises en couple plus tardives ; une augmentation des ruptures des familles recomposées ; un mode de recueil de l'information différent ; des variations aléatoires propres aux enquêtes. Après vérifications, les deux premières hypothèses ont été totalement infirmées ; mais la troisième permet

---

[4] Les questions portant sur les enfants étant posées à un adulte résidant dans le même ménage que l'enfant (l'un de ses parents ou un autre adulte), la réponse « moins du mi-temps ou pas du tout » ne pouvait donc pas être choisie.
[5] Lois du 22/07/1987 et du 8/01/1993.

Tableau 4. – Situation familiale des enfants de 0 à 18 ans selon l'âge, d'après les enquêtes Ined de 1986 et de 1994, et l'enquête Insee sur les familles de 1990 (p. 100 enfants de chaque âge)

	Enfants ne vivant pas avec leurs deux parents [1]			Enfants en famille monoparentale			Enfants en famille recomposée		
	Ined 1986	Enquête sur les familles 1990	Ined 1994	Ined 1986	Enquête sur les familles 1990	Ined 1994	Ined 1986	Enquête sur les familles 1990	Ined 1994
0-4 ans	7,3	9,9	10,0	5,2	7,7	8,8	1,7	2,3	0,8
5-9 ans	12,5	13,4	16,0	6,9	8,7	10,4	4,5	4,7	4,7
10-14 ans	18,1	16,9	20,2	9,6	10,1	12,9	7,3	6,8	6,2
15-18 ans [2]	21,0	20,4	26,2	12,6	12,4	15,6	6,7	8,0	8,2
0-18 ans	14,5	15,1	17,2	8,4	9,6	11,5	5,0	5,5	4,6

(1) Les enfants séparés de leurs 2 parents constituent une catégorie à part dans les enquêtes de l'Ined (ni famille monoparentale, ni famille recomposée). Ils sont exclus des résultats présentés à partir de l'enquête sur les familles.
(2) 15-18 ans en 1986, 15-19 ans en 1990, 15-17 ans en 1994.
Sources : 1986, ESF ; 1990, Insee, Enquête sur les familles ; 1994, ESFE.

d'expliquer une surestimation des enfants en famille recomposée en 1990 et la dernière la baisse entre les deux enquêtes de l'Ined. Dans l'enquête de 1990, les enfants en famille recomposée ne sont distingués des enfants vivant avec leurs deux parents qu'en confrontant leur date de naissance avec celle du début de l'union du couple présent dans le ménage : les enfants dont les parents n'ont vécu ensemble qu'après leur naissance apparaissent donc à tort comme des enfants en famille recomposée. Le mode de questionnement était le même dans les deux enquêtes de l'Ined, et en s'appuyant sur les générations 1976-1980 représentées dans les deux enquêtes, nous avons pu vérifier que la baisse apparente de 0,4 % entre 1986 et 1994 n'était pas significative[6].

L'approche statistique sur échantillons d'un phénomène qui ne fait pas l'objet d'un enregistrement administratif ou d'une enquête exhaustive comporte toujours quelques aléas. En outre, si l'évolution est lente, elle peut être difficilement repérable lorsque l'observation porte sur une courte durée. Une diminution du nombre des familles recomposées paraît peu vraisemblable, mais aucune enquête ne signale une hausse ; le plus probable est que la proportion d'enfants vivant en famille recomposée n'ait guère varié au cours de ces dernières années.

---

[6] Pour les générations 1976-1980, la proportion d'enfants ne vivant pas avec leurs deux parents est identique à chaque âge dans les deux enquêtes ; mais, pour ces générations, les proportions d'enfants vivant ou ayant vécu en famille recomposée sont toujours inférieures dans la seconde. Ainsi, d'après l'enquête de 1986, à l'âge de 4 ans, 2,2 % des enfants avaient déjà connu une recomposition familiale, mais d'après celle de 1994 seulement 1,7 %. Un calcul des intervalles de confiance indique que la différence entre les deux enquêtes n'est pas significative. Les 2,2 % en 1986 portent sur 1 058 enfants et les 1,7 % en 1994 sur 1 459 enfants : pour 2,2 %, l'écart type est de 0,45 ; pour 1,7 % de 0,34.
Par ailleurs, le tableau 4 suggère que la proportion d'enfants de 10-14 ans vivant en famille recomposée a été surestimée en 1986.

Une rareté : avoir deux « belles-familles » Pour près de trois enfants sur quatre la séparation implique, en principe, la coexistence de deux foyers parentaux, les autres ayant au moins un parent décédé ou inconnu. La remise en couple d'un parent, parfois des deux, peut alors enrichir rapidement le réseau familial des enfants : après l'éclatement de la famille d'origine, un beau-père, une belle-mère, des demi-frères et sœurs et même des « quasi-frères » peuvent venir s'ajouter plus ou moins rapidement au noyau initial. Au moment de l'enquête de 1994, alors que l'ancienneté moyenne de la rupture était de six ans et demi, au moins 9 % des enfants avaient deux beaux-parents et au moins 35 % en avaient un (tableau 5).

TABLEAU 5. – COMPOSITION DU RÉSEAU PARENTAL DES ENFANTS SÉPARÉS D'UN PARENT OU DES DEUX

	Ensemble	Dont : résidence avec	
		la mère	le père
Deux beaux-parents	9,1	7,8	1,3
Un beau-parent	34,8	30,8	4,0
Résidence avec un parent et un beau-parent (ensemble)	17,6	15,0	2,6
l'autre parent :			
– ne vit pas en couple	6,2	5,5	0,7
– est décédé ou inconnu	4,7	3,6	1,1
– sa situation familiale est inconnue	6,7	5,9	0,8
Résidence avec un parent non en couple et l'autre parent vit en couple	17,2	15,8	1,4
Aucun beau-parent	49,5	46,3	3,2
Résidence avec un parent non en couple			
l'autre parent :			
– ne vit pas en couple	19,4	17,9	1,5
– est décédé ou inconnu	15,5	14,6	0,9
– sa situation familiale est inconnue	14,6	13,8	0,8
Enfant séparé de ses deux parents	6,6	–	–
Total	100,0	84,9	8,5
Enfants résidant avec un parent et dont :			
– l'autre parent est décédé ou inconnu (%)	20,2	18,2	2,0
– la situation familiale de l'autre parent est inconnue (%)	21,3	19,7	1,6

Ces proportions ne sont que des minimums, car elles ne tiennent compte ni des beaux-parents des enfants séparés de leurs deux parents[7], ni d'éventuels beaux-parents au domicile du parent extérieur lorsque la situation conjugale de celui-ci n'était pas indiquée à l'enquête (pour 21 % des enfants). Compte tenu des situations inconnues, on peut estimer que plus

---

[7] Mais peu d'enfants séparés de leurs deux parents ont ou voient un beau-parent, soit parce que leurs parents vivent ensemble (le quart de ces enfants), soit parce qu'ils ont plus souvent que les autres enfants des parents décédés ou inconnus ou qu'ils ne les voient plus.

d'un enfant sur deux, vivant séparé de son père ou de sa mère, a au moins un beau-parent. Comme le parent qui n'a pas la charge quotidienne des enfants se remet plus vite en couple que l'autre parent, surtout s'il s'agit d'un homme, les enfants ont plus souvent une belle-mère qu'un beau-père, et dans la majorité des cas ils ne résident pas avec ce nouveau parent[8]. Mais, en pratique, les enfants n'ont pas toujours la possibilité de rencontrer la nouvelle famille du parent extérieur, si bien qu'ils connaissent à peine plus souvent une belle-mère qu'un beau-père.

Le même brouillage, induit par l'absence de connaissance réelle ou par le refus de parler de l'ex-conjoint, s'étend aux demi-frères et demi-sœurs nés après la séparation ; en outre, il arrive également que des demi-frères ou sœurs plus âgés n'aient pas été signalés[9]. L. Toulemon (1995) a montré que les hommes interrogés sur leur descendance omettaient de déclarer 2 % de leurs enfants, ces enfants étant nés d'une union antérieure. Il semble donc que l'enquête soit fiable sur les demi-frères ou les demi-sœurs présents dans le ménage, mais qu'elle sous-estime les absents, qui sont presque toujours les enfants du père.

Parmi les enfants qui ne vivent pas avec leurs deux parents, quatre sur dix ont au moins un demi-frère ou une demi-sœur : 25 % en ont par leur mère, 22 % par leur père, mais 8 % en ont à la fois par leur père et par leur mère. Compte tenu des non-réponses et sous-déclarations, on peut estimer que près d'un enfant de parents séparés sur deux a au moins un demi-frère ou une demi-sœur (tableau 6).

Tous les enfants ayant un parent commun n'habitent pas ensemble : les plus âgés peuvent être déjà indépendants et les enfants de mère différente résident rarement ensemble. La proportion d'enfants qui résident avec un demi-frère ou une demi-sœur atteint cependant 22 %. Naturellement, ces situations sont surtout fréquentes lorsque le parent-gardien vit de nouveau en couple : dans ce cas, près d'un enfant sur deux cohabite avec des demi-frères nés de la nouvelle union. Les situations très complexes sont rares, elles ne peuvent concerner que les enfants vivant dans une famille recomposée, et même parmi ceux-ci à peine un sur dix a à la fois un beau-père, une belle-mère et des demi-frères dans chaque foyer. Une structure familiale encore plus complexe, réunissant sous le même toit des demi-frères et des quasi-frères, ne concerne que 2 % des enfants vivant dans une famille recomposée[10].

---

[8] Nous savons que 28 % des enfants ont une belle-mère et que celle-ci réside presque toujours dans le foyer extérieur (24 %), mais la nouvelle situation du père n'a pas été déclarée pour 20 % des enfants. La proportion d'enfants ayant une belle-mère pourrait donc être supérieure à 40 %. En revanche, 23 % des enfants résident avec un beau-père et 3 % au moins en ont un dans le foyer extérieur, mais peu d'enfants étant séparés de leur mère, la probabilité que celle-ci ait un nouveau conjoint non déclaré à l'enquête est très faible (2 %). La proportion d'enfants ayant un beau-père ne peut donc dépasser 28 %.

[9] L'enquête indique que, lorsque les deux parents vivent ensemble, 4,9 % des enfants ont des demi-frères plus âgés par leur mère et seulement 4,6 % par leur père. Les secondes unions étant plus fréquentes chez les hommes, la proportion d'enfants ayant un demi-frère par leur père devrait dépasser 5 %.

[10] La corésidence entre quasi-frères n'est connue que pour les enfants de moins de 18 ans.

TABLEAU 6. – LES DEMI-FRÈRES ET LES QUASI-FRÈRES* DES ENFANTS SÉPARÉS D'UN PARENT OU DES DEUX

	Enfants ayant des demi-frères	Résidence commune			Enfants ayant un beau-parent et des demi-frères dans chaque foyer
		Avec des demi-frères	Avec des quasi-frères	Avec des demi + des quasi-frères	
Pour 100 enfants séparés d'un parent	39,2	21,9	1,2	0,6	2,5
Pour 100 enfants résidant :					
– dans une famille recomposée	58,2	47,0	4,4	2,3	9,5
dont : avec leur mère	60,6	48,5	2,6	1,7	8,9
avec leur père	44,6	38,3	14,7	6,2	12,9
– dans une famille monoparentale	31,5	12,6	0,0	0,0	0,0
– séparés de leurs deux parents	39,1	13,6	0,0	0,0	Inconnu
Enfants qui ont un demi-frère par leur mère (sur 100 enfants séparés)	24,7	19,6	–	–	–
Enfants qui ont un demi-frère par leur père (sur 100 enfants séparés)	22,1	2,6	–	–	–
% sur l'ensemble des enfants (parents unis + parents séparés)	13,8	5,9	0,2	0,1	0,4

* Enfants n'ayant aucun parent commun mais dont l'un des parents vit en couple avec un parent de l'autre.

Histoire familiale des adolescents

Considérons maintenant les adolescents (les 13-17 ans), dont l'histoire familiale, en tant qu'enfant, est quasiment achevée. Parmi eux 23 % sont séparés d'un parent et 2 % des deux : ce sont aux premiers, les plus nombreux, que nous nous intéresserons. La moitié de ces enfants avaient moins de 7 ans au moment de la séparation de leurs parents, ou du décès de l'un d'eux. Un jugement, ou un accord entre les parents, a alors fixé leur résidence principale chez l'un ou l'autre, près de neuf fois sur dix chez leur mère, et peu d'enfants (9 %) ont été amenés à changer de résidence par la suite. Parmi ces adolescents, 44 % ont vécu quotidiennement avec un beau-père ou une belle-mère, mais comme tous les beaux-parents ne sont pas restés, la proportion d'enfants vivant actuellement avec un beau-parent est moindre (33 %). Très peu ont vécu deux recompositions familiales successives dans leur foyer, mais certains ont pu en connaître une dans chaque foyer : au moment de l'enquête un peu plus d'un enfant sur trois avait un beau-parent chez son père et chez sa mère. La fratrie s'est également agrandie : plus de quatre adolescents sur dix ont des demi-frères et demi-sœurs, mais tous les enfants ne vivant pas ensemble, seulement un sur quatre vit avec un demi-frère (tableau 7).

La configuration familiale varie avec l'ancienneté de la rupture d'origine, mais, même lorsque la séparation est récente, moins de cinq ans,

TABLEAU 7. – SITUATION ET HISTOIRE FAMILIALES DES ADOLESCENTS (13-17 ANS) VIVANT AVEC UN SEUL PARENT, SELON L'ANCIENNETÉ DE LA SÉPARATION

	Ensemble	Ancienneté de la séparation		
		< 5 ans	5 à 9 ans	> 9 ans
Âge médian à la séparation des parents (en années)	7	13	8	2
Composition du foyer de l'enfant :				
– mère non en couple	60	77	52	52
– père non en couple	6	7	7	5
– mère + beau-père	27	13	31	35
– père + belle-mère	7	3	10	8
Total	100	100	100	100
Demi-frère(s) ou demi-sœur(s) présent(s) (%)	25	4	20	44
Composition du foyer « à distance » :				
– un parent non en couple	24	37	19	16
– un parent en couple	34	29	38	35
– parent décédé ou inconnu	22	20	25	21
– situation du parent inconnue	20	14	18	28
Total	100	100	100	100
Réseau parental :				
– au moins un beau-parent	54	37	63	60
– aucun beau-parent	32	50	25	23
– co-résidence avec un parent seul et situation de l'autre parent inconnue	14	13	12	17
Total	100	100	100	100
Au moins un demi-frère(sœur) (%)	42	18	35	65
Principaux changements entre la séparation et la situation actuelle :				
– changement de foyer (%)	9	4	8	13
dont : résidence antérieure chez l'autre parent	*7*	*3*	*7*	*11*
– enfants vivant ou ayant vécu avec un beau-parent (%)	44	18	51	61
– enfant ayant connu la séparation d'une famille recomposée (%)	12	2	10	20
Effectifs observés	650	213	178	259
Répartition (après pondération)	100	32	27	41
Champ : enfants de 13 à 17 ans vivant avec un seul parent.				

plus du tiers des enfants ont déjà un beau-parent (la proportion réelle est vraisemblablement proche de la moitié), et environ un sur cinq a déjà un demi-frère ou une demi-sœur. Si la séparation est un événement ancien, au moins neuf ans, plus de trois enfants sur cinq ont un beau-parent. Les enfants qui ont été affectés par la séparation ou le décès d'un parent durant leur petite enfance ont six chances sur dix de vivre à nouveau dans un foyer biparental, mais le risque de connaître une nouvelle rupture menace le tiers de ces enfants (20 % des enfants séparés d'un parent depuis plus de 9 ans).

INDEX ET TABLES POUR 1999

Index des auteurs.......................... I
Sommaires français..................IX

Index des matières.........................V
English contents XVI

I. INDEX DES AUTEURS

A

AVDEEV Alexandre, MONNIER Alain, 1999, 4-5, p. 635

B

BACCAÏNI Brigitte, 1999, 4-5, p. 801

BARBERGER-GATEAU Pascale, *voir* : GAÜZÈRE Frank, COMMENGES Daniel, BARBERGER-GATEAU Pascale, LETENNEUR Luc, DARTIGUES Jean-François

BAUDCHON Gérard, RALLU Jean-Louis, 1999, 3, p. 391

BLUM Alain, *voir* : GUÉRIN-PACE France, BLUM Alain

BOURGOIN Nicolas, 1999, 1, p. 73

C

CALOT Gérard, SARDON Jean-Paul, 1999, 3, p. 509

CAZES Marie-Hélène, *voir* : HEYER Évelyne, CAZES Marie-Hélène

CHESNAIS Jean-Claude, 1999, 1, p. 127 ; 4-5, p. 611

COMMENGES Daniel, *voir* : GAÜZÈRE Frank, COMMENGES Daniel, BARBERGER-GATEAU Pascale, LETENNEUR Luc, DARTIGUES Jean-François

COURBAGE Youssef, 1999, 3, p. 573

COURGEAU Daniel, NEDELLEC Vincent, EMPEREUR-BISSONNET Pascal, 1999, 2, p. 331

D

DARTIGUES Jean-François, *voir* : GAÜZÈRE Frank, COMMENGES Daniel, BARBERGER-GATEAU Pascale, LETENNEUR Luc, DARTIGUES Jean-François

DESGRÉES du LOÛ Annabel, MSELLATI Philippe, VIHO Ida, WELFFENS-EKRA Christiane, 1999, 3, p. 427

E

EMPEREUR-BISSONNET Pascal, *voir* : COURGEAU Daniel, NEDELLEC Vincent, EMPEREUR-BISSONNET Pascal

G

GAÜZÈRE Frank, COMMENGES Daniel, BARBERGER-GATEAU Pascale,

LETENNEUR Luc, DARTIGUES Jean-François, 1999, 2, p. 205

GRIBBLE James N., *voir* : ROGERS Susan M., GRIBBLE James N., TURNER Charles F., MILLER Heather G.

GUÉRIN-PACE France, BLUM Alain, 1999, 2, p. 271

H

HEYER Évelyne, CAZES Marie-Hélène, 1999, 4-5, p. 677

L

LA ROCHEBROCHARD Élise de, 1999, 6, p. 933

LASSALLE Didier, 1999, 4-5, p. 791

LERIDON Henri, RIANDEY Benoît, 1999, 2, p. 225

LETENNEUR Luc, *voir* : GAÜZÈRE Frank, COMMENGES Daniel, BARBERGER-GATEAU Pascale, LETENNEUR Luc, DARTIGUES Jean-François

LÉVY-VROELANT Claire, 1999, 4-5, p. 707

M

MARPSAT Maryse, 1999, 2, p. 303 ; 6, p. 885 ; 6, p. 1019

MARTINEAU Hélène, *voir* : SIMMAT-DURAND Laurence, MARTINEAU Hélène

MILLER Heather G., *voir* : ROGERS Susan M., GRIBBLE James N., TURNER Charles F., MILLER Heather G.

MONNIER Alain, 1999, 4-5, p. 745

MONNIER Alain, *voir aussi* : AVDEEV Alexandre, MONNIER Alain

MSELLATI Philippe, *voir* : DESGRÉES du LOÛ Annabel, MSELLATI Philippe, VIHO Ida, WELFFENS-EKRA Christiane

MUNOZ-PÉREZ Francisco, PRIOUX France, 1999, 2, p. 251 ; 3, p. 481 ; 6, p. 853

N

NEDELLEC Vincent, *voir* : COURGEAU Daniel, NEDELLEC Vincent, EMPEREUR-BISSONNET Pascal

NOUMBISSI Amadou, SANDERSON Jean-Paul, 1999, 1, p. 131

P

PRIOUX France, 1999, 3, p. 449

PRIOUX France, *voir aussi* : MUNOZ-PÉREZ Francisco, PRIOUX France

R

RALLU Jean-Louis, *voir* : BAUDCHON Gérard, RALLU Jean-Louis

ROGERS Susan M., GRIBBLE James N., TURNER Charles F., MILLER Heather G., 1999, 2, p. 231

ROHRBASSER Jean-Marc, 1999, 4-5, p. 693

ROHRBASSER Jean-Marc, VÉRON Jacques, 1999, 6, p. 993

RIANDEY Benoît, *voir* : LERIDON Henri, RIANDEY Benoît

S

SANDERSON Jean-Paul, *voir* : NOUMBISSI Amadou, SANDERSON Jean-Paul

SARDON Jean-Paul, *voir* : CALOT Gérard, SARDON Jean-Paul

SCHOUMAKER Bruno, 1999, 6, p. 963

SIMMAT-DURAND Laurence, MARTINEAU Hélène, 1999, 4-5, p. 777

T

TAPINOS Georges Photios, 1999, 1, p. 103

THIERRY Xavier, 1999, 2, p. 177 ; 6, p. 1015

TOUTAIN Stéphanie, 1999, 3, p. 555

TURNER Charles F., *voir* : ROGERS Susan M., GRIBBLE James N., TURNER Charles F., MILLER Heather G.

V

VÉRON Jacques, *voir* : ROHRBASSER Jean-Marc, VÉRON Jacques

VIHO Ida, *voir* : DESGRÉES du LOÛ Annabel, MSELLATI Philippe, VIHO Ida, WELFFENS-EKRA Christiane

VILLENEUVE-GOKALP Catherine, 1999, 1, p. 9

W

WELFFENS-EKRA Christiane, *voir* : DESGRÉES du LOÛ Annabel, MSELLATI Philippe, VIHO Ida, WELFFENS-EKRA Christiane

Z

ZARCA Bernard, 1999, 1, p. 37

II. – INDEX DES MATIÈRES

Accroissement démographique
Histoire, 1999, 4-5, p. 693

Adolescence
Puberté, 1999, 6, p. 933

Afrique du Sud
Pauvreté, fécondité, 1999, 6, p. 963

Analphabétisme
Enquête internationale, 1999, 2, p. 271

Avortement
Côte d'Ivoire, 1999, 3, p. 427

Biographie
Paul Leroy-Beaulieu, 1999, 1, p. 103

Cameroun
Planification familiale, 1999, 1, p. 131

Catégorie socioprofessionnelle
Héritabilité, 1999, 1, p. 37

Chômage
Suicide, 1999, 1, p.73

Côte d'Ivoire
Avortement, 1999, 3, p. 427
Fécondité, 1999, 3, p. 427

Divortialité
Famille, dimension, 1999, 1, p. 9
Russie, 1999, 4-5, p. 635

Élection
Démographie, Irlande du Nord, 1999, 3, p. 573

Enfant
Famille, 1999, 1, p. 9

Enquête
Entretiens autoadministrés, 1999, 2, p. 231
Illettrisme, comparaison internationale, 1999, 2, p. 271
Méthodologie, 1999, 2, p. 231

Naissance illégitime, 1999, 2, p. 251 ; 3, p. 481
Naissance illégitime, milieu social, 1999, 6, p. 853

Espagne
Fécondité prénuptiale, 1999, 6, p. 1015

Espérance de vie
Calcul, Frères Huygens, 1999, 6, p. 993
État matrimonial, 1999, 2, p.177
Santé, 1999, 2, p. 205

États-Unis
Immigration, 1999, 4-5, p. 611
Peuplement, 1999, 4-5, p. 611
Ségrégation, quartier, 1999, 2, p. 303

Europe
Situation démographique, 1999, 4-5, p. 745

Famille
Dimension, 1999,1, p. 9

Famille recomposée
Dimension, 1999,1, p. 9

Fécondité
Afrique du Sud, 1999, 6, p. 963
Côte d'Ivoire, 1999, 3, p. 427
France, 1999, 3, p. 449
Planification familiale, Cameroun, 1999, 1, p.131

Fécondité illégitime
Enquête, 1999, 2, p. 251 ; 3, p. 481 ; 6, p. 853
Espagne, 1999, 6, p. 1015
Russie, 1999, 4-5, p. 635

Filiation
Enquête, 1999, 3, p. 481 ; 6, p. 853
Naissance illégitime, 1999, 2, p. 251 ; 3, p. 481
Naissance illégitime, milieu social, 1999, 6, p. 853

France
Population, 1999, 3, p. 449
Situation démographique, 1999,3, p. 449

Fratrie
Divorce, dimension, 1999,1, p. 9

Génétique
Enfant utile, 1999, 4-5, p. 677

Héritage
Mobilité différentielle, apparentés, 1999,1, p. 37

Homicide
Pays industriels, 1999, 1, p. 125

Huygens (Christiaan)
Biographie, 1999, 6, p. 993

Huygens (Lodewijk)
Biographie, 1999, 6, p. 993

Illettrisme
Comparaison internationale, 1999, 2, p. 271
Enquête, 1999, 2, p. 271

Immigration
États-Unis, 1999, 4-5, p. 611

Insalubrité
Logement, Paris, 1999, 4-5, p. 707

Irlande du Nord
Élection, démographie, 1999, 3, p. 573

Italie
Population active, 1999, 3, p. 555

Législation
Toxicomanie, 1999, 4-5, p. 777

Leroy-Beaulieu (Paul)
Biographie, 1999, 1, p 103

Logement
Conditions, salubrité, Paris, 1999, 4-5, p. 707
Durée de résidence, 1999, 2, p. 333
Migration interne

Logement, durée de résidence, 1999, 2, p. 333
Solde migratoire externe, 1999, 4-5, p. 801

Minorité ethnique
États-Unis, 1999, 4-5, p. 611

Mobilité résidentielle
Durée de résidence, 1999, 2, p. 333

Mobilité sociale
Héritabilité, 1999, 1, p. 37

Morbidité
Dépendance, personnes âgées, 1999, 2, p. 205

Mortalité
France, 1999, 3, p. 449
Suicide, homicide, 1999, 1, p.125
Veuvage, 1999, 2, p.177

Naissance illégitime
Enquête, 1999, 2, p. 251 ; 3, p. 481 ; 6, p. 853

Naturalisation
Royaume-Uni, 1999, 4-5, p. 791
Naturalisation, citoyenneté, Royaume-Uni, 1999, 4-5, p. 791

Niveau de vie
Fécondité, Afrique du Sud, 1999, 6, p. 963

Nouvelle-Calédonie
Population, 1999, 3, p. 391
Situation démographique, 1999, 3, p. 391

Nuptialité
France, 1999, 3, p. 449
Russie, 1999, 4-5, p. 635

Paris
Insalubrité, logement, 1999, 4-5, p. 707

Pauvreté
Afrique du Sud, 1999, 6, p. 963
Femme sans domicile, 1999, 6, p. 885

Pays développés
Situation démographique, 1999, 4-5, p. 745

Personne sans domicile
Femme, 1999, 6, p. 885
Origine sociale, 1999, 6, p. 1019

Personnes âgées
Dépendance, 1999, 2, p. 205

Petty (William)
Biographie, 1999, 4-5, p. 693

Peuplement
Histoire, États-Unis, 1999, 4-5, p. 611

Planification familiale
Cameroun, 1999, 1, p. 131

Population active
Italie, 1999, 3, p. 555

Population
Évolution, États-Unis, 1999, 4-5, p. 611
France, 1999, 3, p. 449
Nouvelle-Calédonie, 1999, 3, p. 391

Projection démographique
Vieillissement, 1999, 3, p. 509

Puberté
Âge, adolescence, 1999, 6, p. 933

Recomposition familiale
Divorce, dimension, 1999, 1, p. 9

Royaume-Uni
Naturalisation, citoyenneté, 1999, 4-5, p. 791

Russie
Divortialité, 1999, 4-5, p. 635
Fécondité illégitime, 1999, 4-5, p. 635
Nuptialité, 1999, 4-5, p. 635

Ségrégation sociale
États-Unis, 1999, 2, p. 303

Sexualité
Adolescence, 1999, 6, p. 933

Situation démographique
Europe, 1999, 4-5, p. 745
France, 1999, 3, p 449
Nouvelle-Calédonie, 1999, 3, p. 391

Sociologie politique
Démographie, Irlande du Nord, 1999, 3, p. 573

Sociologie urbaine
Quartier, États-Unis, 1999, 2, p. 303

Solde migratoire externe
Migration intérieure, 1999, 4-5, p. 801

Statistique démographique
Histoire, 1999, 4-5, p. 693

Stupéfiant
Usagers, 1999, 4-5, p. 777

Suicide
Activité professionnelle, 1999, 1, p.73
Catégorie socioprofessionnelle, pays industriels, 1999, 1, p. 125
Chômage, 1999, 1, p.73

Surmortalité
Veuvage, 1999, 2, p. 177

Toxicomanie
Législation, 1999, 4-5, p. 777

Veuvage
Surmortalité, 1999, 2, p.177

Vieillissement
Dépendance, 1999, 2, p. 205

Vieillissement démographique
France, 1999, 3, p. 509

N° 1, JANVIER-FÉVRIER 1999

Catherine VILLENEUVE-GOKALP	— La double famille des enfants de parents séparés.....................	9
Bernard ZARCA	— Proximités socioprofessionnelles entre germains et entre alliés : une comparaison dans la moyenne durée.....................	37
Nicolas BOURGOIN	— Suicide et activité professionnelle.....................	73
Georges Photios TAPINOS	— Paul Leroy-Beaulieu et la question de la population. L'impératif démographique, limite du libéralisme économique.....................	103

Notes de recherche

Jean-Claude CHESNAIS	— L'homicide et le suicide dans le monde industriel. Le cas russe.....................	127
Amadou NOUMBISSI, Jean-Paul SANDERSON	— La communication entre conjoints sur la planification familiale au Cameroun. Les normes et les stratégies du couple en matière de fécondité.....................	131

Bibliographie critique

Analyse critique

ATTIAS-DONFUT Claudine, LAPIERRE Nicole	— La famille providence. Trois générations en Guadeloupe.....................	145

Comptes rendus

ATTIAS-DONFUT Claudine, SEGALEN Martine	— Grands-parents : la famille à travers les générations	149
BASU Alaka Malwade, AABY Peter Eds.	— The Methods and Uses of Anthropological Demography.....................	150
EDMONDSON Brad	— Asian Americans in 2001 (*Demographics*)...............	151
FEBRERO Ramon, SCHWARTZ S. Pedro	— The essence of Becker...........................	152
LE VAN Charlotte	— Les grossesses à l'adolescence. Normes sociales, réalités vécues.....................	153

Informations bibliographiques..................... 155

N° 2, MARS-AVRIL 1999

X. Thierry	— Risques de mortalité et de surmortalité au cours des dix premières années de veuvage	177
F. Gaüzère, D. Commenges, P. Barberger-Gateau, L. Letenneur, J.-F. Dartigues	— Maladie et dépendance : description des évolutions par des modèles multi-états	205

Données et enquêtes sensibles

H. Leridon, B. Riandey	— Présentation	225
S.M. Rogers, J.N. Gribble, C.F. Turner, H.G. Miller	— Entretiens autoadministrés sur ordinateur et mesure des comportements sensibles	231
F. Munoz-Pérez, F. Prioux	— Une enquête dans les registres d'état civil. Filiation et devenir des enfants nés hors mariage	251
F. Guérin-Pace, A. Blum	— L'illusion comparative. Les logiques d'élaboration et d'utilisation d'une enquête internationale sur l'illettrisme	271
M. Marpsat	— La modélisation des « effets de quartier » aux États-Unis: une revue des travaux récents	303

Notes de recherche

D. Courgeau, V. Nedellec, P. Empereur-Bissonnet	— La durée de résidence dans un même logement. Essai de mesure à l'aide de fichiers EDF	331

Bibliographie critique

Analyses critiques

Brooks-Gunn J., Duncan G.J., Aber J. L., ed	— Neighborhood Poverty, vol. 1 : Context and Consequences for Children, vol. 2 : Policy Implications in Studying Neighborhoods	343
De Bruijn Bart J.	— Foundations of demographic theory. Choice, process, context	346

Comptes rendus

Cattacin S., Panchaud C., Tattini V.	— Les politiques de lutte contre le VIH/sida en Europe de l'ouest	349
Dechaux J.-H.	— Le souvenir des morts	350
Harrami N.	— Les jeunes issus de l'immigration marocaine dans la région de Bordeaux : étude de quelques aspects de leur participation à la culture parentale	351
Ionescu D.C., Limnios N. eds.	— Statistical and probabilistic models in reliability	353

LE CALLOC'H B.	— Les Samoyèdes (*Acta Geographica*)	354
MCCLORY R.	— Rome et la contraception. Histoire secrète de l'encyclique *Humanae Vitae*	354
OLSON J.S.	— An Ethnohistorical Dictionary of China	356

Informations 357

Informations bibliographiques 363

N° 3, MAI-JUIN 1999

G. BAUDCHON, J.-L. RALLU	— Changement démographique et social en Nouvelle-Calédonie après les accords de Matignon	391
A. DESGRÉES du LOÛ, P. MSELLATI, I. VIHO, C. WELFFENS-EKRA	— Le recours à l'avortement provoqué à Abidjan : une cause de la baisse de la fécondité ?	427

La conjoncture démographique en France

F. PRIOUX	— L'évolution démographique récente	449
F. MUNOZ-PÉREZ, F. PRIOUX	— Les enfants nés hors mariage et leurs parents. Reconnaissances et légitimations depuis 1965	481
G. CALOT, J.-P. SARDON	— Les facteurs du vieillissement démographique	509

Notes de recherche

S. TOUTAIN	— L'activité après 55 ans en Italie	555
Y. COURBAGE	— Les élections de juin 1998 et de juin 1999 en Irlande du Nord. Le poids de la démographie	573

Bibliographie critique

Analyses critiques

SüßMILCH Johann Peter	— L'Ordre divin dans les changements de l'espèce humaine, démontré par la naissance, la mort et la propagation de celle-ci	579
DANZON Françoise (sous la dir. de Ch. Dressen)	— Féminin santé	581

Comptes rendus

HOCHSCHILD Adam	— Les fantômes du Roi Léopold. Un holocauste oublié	583
LE BOURG Éric	— Le vieillissement en questions	584
NASSIET Michel	— La diffusion du blé noir en France à l'époque moderne	586
SAVIN Ada	— Les Chicanos aux États-Unis : étrangers dans leur propre pays ?	586

Informations bibliographiques 589

N° 4-5, JUILLET-OCTOBRE 1999

J.-C. CHESNAIS	— L'immigration et le peuplement des États-Unis	611
A. AVDEEV, A. MONNIER	— La nuptialité russe: une complexité méconnue	635
É. HEYER, M.-H. CAZES	— Les «enfants utiles» : une mesure démographique pour la génétique des populations....	677
J.-M. ROHRBASSER	— William Petty (1623-1687) et le calcul du doublement de la population	693
C. LÉVY-VROELANT	— Le diagnostic d'insalubrité et ses conséquences sur la ville : Paris 1894-1960	707

**La conjoncture démographique :
l'Europe et les pays développés d'outre-mer**

par Alain MONNIER... 745

Notes de recherche

L. SIMMAT-DURAND, H. MARTINEAU	— Vingt-cinq années de répression de l'usage illicite de stupéfiants	777
D. LASSALLE	— Citoyenneté et naturalisation au Royaume-Uni (1986-1997)	791
B. BACCAÏNI	— Analyse des migrations internes et estimation du solde migratoire externe au niveau local à l'aide des données censitaires	801

Bibliographie critique

Comptes rendus

BARRAT C.-F.	— La pauvreté	817
BEC C.	— L'assistance en démocratie, les politiques assistantielles dans la France des XIXe et XXe siècles	818
BLEY D., BOËTSCH G.	— L'anthropologie démographique	819
BOLOGNE J.-C.	— Histoire du mariage en Occident	820
EMKE-POULOPOULOS I.	— Les citoyens âgés en Grèce. Passé, présent, avenir	821
GENDREAU F., DE CARVALHO-LUCAS E.	— Crises, pauvreté et changements démographiques dans les pays du Sud	822
NOIRIEL G.	— Réfugiés et sans-papiers : la République face au droit d'asile XIXe-XXe siècle	823
Qualité de vie : santé, écologie, environnement	— Prévenir	824

RENAUT M.-H.	— Vagabondage et mendicité : délits périmés, réalité quotidienne (*Revue historique*)	825
WEDO	— Risks, rights and reforms. A 50-country survey assessing government actions 5 years after the international conference on population and development.	826

Informations 827

Informations bibliographiques 829

N° 6, NOVEMBRE-DÉCEMBRE 1999

F. Munoz-Pérez, F. Prioux	— Reconnaissances et légitimations des enfants nés hors mariage depuis 1965. Des comportements différents selon l'âge des parents et leur milieu social	853
M. Marpsat	— Un avantage sous contrainte : le risque moindre pour les femmes de se trouver sans abri	885
É. de La Rochebrochard	— Les âges à la puberté des filles et des garçons en France. Mesures à partir d'une enquête sur la sexualité des adolescents	933
B. Schoumaker	— Indicateurs de niveau de vie et mesure de la relation entre pauvreté et fécondité : l'exemple de l'Afrique du Sud.........................	963
J.-M. Rohrbasser, J. Véron	— Les frères Huygens et le « calcul des aages » : l'argument du pari équitable...........................	993

Notes de recherche

X. Thierry	— La fécondité prénuptiale en Espagne...............	1015
M. Marpsat	— Les sans-domicile d'origine « bourgeoise »......	1019

Commentaires

— À propos de l'article d'Y. Charbit
« Malthus populationniste ? Une lecture transdisciplinaire »

E. Van de Walle	— Malthus et la régulation de la fécondité.........	1033
Y. Charbit	— Réponse..	1037

Bibliographie critique

Analyses

Chauvel L.	— Le destin des générations. Structure sociale et cohortes en France au XXe siècle.................	1041
Hartl D., Clark A.	— Principles of Population Genetics	1042

Comptes rendus

Lewontin R.C., Gelbart W.M.	— Introduction à l'analyse génétique..........................	1044
Livi Bacci M.	— La population dans l'histoire de l'Europe	1045
Morgan J.	— The last generation	1045
Tur J.-J.	— Six milliards d'hommes. La « bombe P » est-elle désamorcée ?..	1046

Informations	1049
Informations bibliographiques	1051

N° 1, JANUARY-FEBRUARY 1999

Catherine VILLENEUVE-GOKALP	— The double family of children whose parents are separated...	9
Bernard ZARCA	— Socio-occupational proximity between siblings and between their partners: a medium-term comparison..	37
Nicolas BOURGOIN	— Suicide and professional activity......................	73
Georges Photios TAPINOS	— Paul Leroy-Beaulieu and the population question. The demographic imperative and the limit to economic liberalism............................	103

Short papers

Jean-Claude CHESNAIS	— Homicide and suicide in the industrialized world. The case of Russia.............................	127
Amadou NOUMBISSI, Jean-Paul SANDERSON	— Communication about family planning in couples in Cameroun. The fertility norms and strategies of couples......................................	131
Bibliography...		145
Informations...		155

N° 2, MARCH-APRIL 1999

X. THIERRY	— Risks of mortality and excess mortality during the first ten years of widowhood....................	177
F. GAÜZÈRE, D. COMMENGES, P. BARBERGER-GATEAU, L. LETENNEUR, J.-F. DARTIGUES	— Illness and dependency: description of changes using multistate models............................	205

Sensitive Data and Surveys

H. LERIDON, B. RIANDEY	— Presentation...	225
S.M. ROGERS, J.N. GRIBBLE, C.F. TURNER, H.G. MILLER	— Computerized self-interviewing and the measurement of sensitive behaviors....................	231
F. MUNOZ-PÉREZ, F. PRIOUX	— A survey in the civil registration registers. Filial relations and changing status of children born outside marriage...	251
F. GUÉRIN-PACE, A. BLUM	— The comparative illusion. The conception and application of an international survey of illiteracy..	271
M. MARPSAT	— Models of "neighborhood effects" in the United States: a review of recent surveys................	303

Short papers

D. COURGEAU, V. NEDELLEC, P. EMPEREUR-BISSONNET	— Length of residence in the same dwelling: A measurement using electricity supply company (EDF) records...	331
Bibliography		343
Informations		357

N° 3, MAY-JUNE 1999

G. BAUDCHON, J.-L. RALLU	— Demographic and social change in New Caledonia after the Matignon Agreements................................	391
A. DESGRÉES du LOÛ, P. MSELLATI, I. VIHO, C. WELFFENS-EKRA	— The use of induced abortion in Abidjan: a possible cause of the fertility decline?................	427

Demographic situation in France

F. PRIOUX	— Recent trends	449
F. MUNOZ-PÉREZ, F. PRIOUX	— Children born outside marriage, and their parents. Recognitions and legitimations since 1965..	481
G. CALOT, J.-P. SARDON	— The factors of population ageing	509

Short papers

S. TOUTAIN	— Working after age 55 in Italy.............................	555
Y. COURBAGE	— The June 1998 and June 1999 elections in North Ireland: the demographic factor...........	573

Bibliography	579
Informations	589

N° 4-5, JULY-OCTOBER 1999

J.-C. Chesnais	— Immigration and the population of the United States	611
A. Avdeev, A. Monnier	— Russian nuptiality: a little-understood and complex phenomenon	635
É. Heyer, M.-H. Cazes	— The notion of 'useful children': a demographic measure for population genetics....................	677
J.-M. Rohrbasser	— William Petty (1623-1687) and the calculation of the doubling of the population	696
C. Lévy-Vroelant	— The diagnosis of insalubrity and its consequences for the city: Paris 1894-1960..................	707

The current demographic situation in developed countries

    by Alain Monnier 745

Short papers

L. Simmat-Durand, H. Martineau	— Twenty-five years of repression of illegal drug use	777
D. Lassalle	— Citizenship and naturalization in the United Kingdom (1986-1997)	791
B. Baccaïni	— Analysis of internal migrations and estimation of the external migratory balance at the local level by means of census data	801

Bibliography 817

Informations 827

N° 6, NOVEMBER-DECEMBER 1999

F. Munoz-Pérez, F. Prioux	— Recognitions and legitimation of children born outside marriage since 1965. Differences by age and social origins of parents..................	853
M. Marpsat	— An advantage with limits: the lower risk for women of becoming homeless............................	885
É. de La Rochebrochard	— Age at puberty of boys and girls in France. Measures from a survey of the sexuality of adolescents...	933
B. Schoumaker	— Indicators of living standards and measurement of the relation between poverty and fertility: the South African example	963
J.-M. Rohrbasser, J. Véron	— The Huygens brothers and the `calcul des aages': the argument of the `pari équitable'	993

Short papers

X. Thierry	— Pre-marital fertility in Spain	1015
M. Marpsat	— The "upper middle class" homeless.................	1019

Comments

— On « Malthus as populationist? A cross-disciplinary reading » by Yves Charbit

E. van de Walle	— Malthus and the birth control............................	1033
Y. Charbit	— Reply	1037

Bibliography 1041

Informations 1049

II. – Les relations avec le parent absent

La dissociation familiale fragilise bien plus les liens avec le père que les liens avec la mère, puisque 1,8 million d'enfants (soit 15,7 %) ne vivent pas avec lui, tandis que seulement 300 000 enfants ne vivent plus avec leur mère. La fréquence des rencontres avec le parent non-cohabitant est à peu près la même pour les enfants résidant avec leur mère que pour les enfants résidant avec leur père : un peu plus d'un enfant sur trois voit le parent dont il est séparé au moins une fois par mois, 16 à 20 % ne le voient jamais, et un peu plus d'un sur cinq n'a aucune possibilité de le voir, ce parent étant décédé ou inconnu (tableau 8). Mais les enfants étant rarement séparés de leur mère, les enfants totalement privés de père (père décédé ou inconnu[11]) sont beaucoup plus nombreux (408 000) que les enfants privés de mère (88 000). Quant aux enfants séparés de leurs deux parents, ils ont plus souvent un parent décédé et (ou) inconnu ; et les rencontres parents-enfants sont aussi plus espacées, même lorsqu'elles sont théoriquement possibles.

Les enfants séparés de leur mère ou de leurs deux parents sont trop peu nombreux pour que l'on puisse en dire davantage sur leurs relations avec ces parents. En revanche, nous disposons d'un sous-échantillon de 1 381 enfants résidant avec leur mère et dont le père est vivant (représentant 1 455 000 enfants), ce qui nous a permis d'analyser les relations de ces enfants avec leur père.

Une plus grande continuité des liens père-enfants après la séparation

Parmi les enfants résidant avec leur mère et dont le père est vivant, 20 % voient leur père toutes les semaines et 20 % tous les quinze jours[12] (le plus souvent, un jugement de divorce fixe le droit de visite légal à un week-end sur deux et à la moitié des vacances scolaires). Le tiers des enfants ne voient jamais leur père (32 %), mais cette proportion inclut les enfants de père inconnu ; lorsque le père est connu, ce n'est qu'un enfant sur quatre qui ne le voit plus (tableau 9a).

---

(11) Cf. *supra* (note 3) la définition des « pères inconnus ».
(12) Pour chaque enfant séparé d'un parent, deux questions étaient posées : « À quelle fréquence cet enfant voit-il son père (sa mère) en dehors des vacances scolaires ? » (et) « pendant les vacances ? ». Pour présenter les résultats, nous avons privilégié les rencontres en dehors des vacances, lorsqu'elles avaient lieu au moins une fois par mois. Cependant la distance géographique qui sépare le père de ses enfants ne permet pas toujours des visites mensuelles régulières ; les parents peuvent alors mettre en place un mode de rencontres plus adapté. Ces arrangements sont exceptionnels : ainsi seulement 1 % des enfants résidant avec leur mère passent toutes leurs vacances chez leur père et ne le voient pas en dehors de ces périodes. Pour ces enfants, nous avons regroupé les fréquences « toutes les vacances scolaires » et « une fois par mois ».

TABLEAU 8. – VIE COMMUNE ET FRÉQUENCE DES RENCONTRES DES ENFANTS AVEC CHACUN DE LEURS PARENTS

	Ensemble des enfants Vie commune ou rencontres				Ensemble des enfants ne résidant pas avec leurs deux parents					
					Vie commune ou rencontres		Enfants résidant		Dans une autre famille	
	Avec la mère *en milliers*	Avec le père *en milliers*	Avec la mère %	Avec le père %	Avec la mère	Avec le père	Avec le père, rencontres avec la mère	Avec la mère, rencontres avec le père	Rencontres avec la mère	Rencontres avec le père
Vie commune	11 380	9 844	97,4	84,3	84,9	8,6	–	–	–	–
Rencontres :										
– au moins une fois par mois ou toutes les vacances scolaires	97	680	0,9	5,9	4,8	33,9	37,3	38,5	22,3	17,6
– moins d'une fois par mois	60	286	0,5	2,4	3,0	14,2	21,8	15,4	16,9	17,5
– jamais	47	368	0,4	3,2	2,4	18,3	15,7	20,0	14,5	19,7
Parent décédé	88	275	0,7	2,4	4,4	13,7	23,6	14,8	24,6	17,0
Parent inconnu	–	133	–	1,1	–	6,6	–	6,7	14,7	14,7
Non réponse	13	96	0,1	0,7	0,5	4,7	1,6	4,6	7,0	13,5
Total	11 685	11 682	100,0	100,0	100,0	100,0	100,0	100,0	100,0	100,0

Une comparaison avec l'enquête de 1986 indique une plus grande continuité des liens avec le père : en 1986, seulement 12 % des enfants allaient chez leur père au moins une fois par semaine et 15 % tous les quinze jours, 30 % ne le voyaient jamais (y compris les enfants de père inconnu). Dans les deux enquêtes, les questions portant sur la fréquence des relations n'ont pas toujours été renseignées : la proportion de non-réponses est faible en 1994 (5 %), mais importante en 1986 (13 %). Si l'on exclut les non-réponses des deux enquêtes, la proportion d'enfants qui ne voient plus leur père passe alors à 34 % dans chacune, et celle des enfants qui le rencontrent au moins une fois tous les quinze jours à 31 % en 1986 et à 42 % en 1994. *La proportion d'un enfant sur trois qui ne voit jamais son père semble donc stable, mais les relations sont plus fréquentes que par le passé lorsqu'elles sont maintenues.*

Ce resserrement des liens entre le père et ses enfants trouve son origine dans l'évolution des conceptions des rôles parentaux de ces dernières années : l'idée que le couple parental doive survivre au couple conjugal s'impose progressivement en France. Les mères qui font obstacle au droit de visite sont soupçonnées de faire passer leur intérêt personnel avant celui de leurs enfants, tandis que les pères, plus proches de leurs enfants que par le passé, renoncent moins souvent à leurs droits. Parallèlement, les ruptures d'unions s'accroissent et deviennent relativement moins conflictuelles ; et des relations plus détendues au moment de la séparation facilitent sans doute leur continuité.

Les relations avec le père à l'épreuve des recompositions familiales

De nombreux facteurs sont susceptibles d'influencer la poursuite et le rythme des rencontres entre le père et ses enfants : une recomposition familiale et la rapidité à laquelle elle intervient, l'ancienneté de la rupture et l'âge des enfants à ce moment-là, leur âge au moment de l'observation, le caractère légitime ou consensuel de l'union précédant la séparation, le milieu social enfin. Mais tous sont étroitement associés, cumulant ainsi leurs effets ou les contrecarrant. Ainsi, les recompositions familiales et la naissance d'autres enfants ne peuvent qu'augmenter avec l'ancienneté de la rupture, mais on sait par ailleurs qu'elles diminuent avec un niveau d'instruction élevé de la mère (G. Desplanques, 1994)[13]. L'âge des enfants s'élève avec l'ancienneté de la rupture et leur âge à la séparation, mais celui-ci dépend également du type d'union parentale.

Nous avons effectué *deux régressions logistiques* afin de déterminer les « effets purs » de chaque facteur. La première permet de déterminer ceux qui favorisent des rencontres fréquentes, au moins une fois par quinzaine ; la seconde, ceux qui risquent d'entraîner une rupture complète des

---

[13] G. Desplanques (1994) a montré, à partir de l'enquête sur les familles, que les femmes qui élèvent seules leurs enfants forment plus rapidement un nouveau couple et ont plus souvent d'autres enfants quand elles ont un faible niveau d'instruction.

TABLEAU 9a. – Fréquence des rencontres avec le père des enfants qui résident avec leur mère, selon la nouvelle situation familiale de chaque parent, le sexe des enfants et leur âge à la séparation (*si le père est vivant*)

	Effectifs observés	Mi-temps ou plus	1 fois par semaine	Tous les 15 jours	1 fois par mois ou toutes les vacances scolaires	Moins d'1 fois par mois	Jamais	Père inconnu	Non réponse	Total
Ensemble 1994	1 381	8	12	20	5	18	24	8	5	100
dont : enfants dont le père n'est pas inconnu	*1 276*	*9*	*13*	*22*	*5*	*20*	*26*	*–*	*5*	*100*
Ensemble 1986	1 237	6	6	15	7	23		30	13	100
1994										
Enfant résidant avec :										
– sa mère + un beau-père + enfant du couple	181	5	5	19	6	18	33	7	6	100
– sa mère + un beau-père, pas d'enfant	210	6	12	26	5	14	29	7	1	100
– sa mère seule, avec une relation stable	215	18	18	18	2	15	14	5	10	100
– sa mère seule, pas de relation stable	775	7	11	19	6	20	22	9	5	100
Situation familiale du père :										
– père + belle-mère + enfant du couple	156	3	6	22	4	29	31	–	5	100
– père + belle-mère, pas d'enfant	312	6	15	33	8	23	15	–	0	100
– père seul	452	19	19	24	7	18	11	–	2	100
– situation du père inconnue	356	3	5	9	4	15	49	–	15	100
Sexe de l'enfant :										
– garçon	683	9	13	16	6	18	24	8	6	100
– fille	698	7	10	24	5	18	23	8	5	100
Âge de l'enfant à la séparation :										
– moins de 4 ans	749	9	10	15	3	17	27	14	5	100
– 4 à 8 ans	363	7	13	26	8	20	21	–	5	100
– 9 ans ou plus	256	9	16	27	8	20	17	–	3	100

TABLEAU 9b. – FRÉQUENCE DES RENCONTRES AVEC LE PÈRE DES ENFANTS QUI RÉSIDENT AVEC LEUR MÈRE, SELON LE DIPLÔME DE LA MÈRE, LE MODE ET L'ANCIENNETÉ DE LA SÉPARATION, L'ÂGE DES ENFANTS À L'ENQUÊTE (*si le père est vivant*)

	Effectifs observés	Mi-temps ou plus	1 fois par semaine	Tous les 15 jours	1 fois par mois ou toutes les vacances scolaires	Moins d'1 fois par mois	Jamais	Père inconnu	Non réponse	Total
Diplôme de la mère :										
– sans diplôme ou CEP	540	8	11	14	3	17	29	13	5	100
– BEPC	127	5	8	29	13	8	24	3	10	100
– CAP, BEP	337	10	11	22	5	20	20	7	5	100
– baccalauréat	145	11	12	14	9	26	23	2	3	100
– bac + 2	119	6	23	27	5	21	14	4	0	100
– bac + 3	72	13	15	39	5	18	6	0	4	100
Mode de séparation des parents :										
– divorce	863	6	13	27	6	21	23	–	4	100
– séparation d'une union libre	304	13	9	13	8	17	35	–	5	100
– n'ont jamais vécu ensemble	103	19	21	4	2	18	15	–	21	100
Ancienneté de la séparation :										
– 0-3 ans	607	12	16	25	6	13	19	5	4	100
– 4-8 ans	448	7	9	21	5	21	24	8	5	100
– 9-17 ans	313	5	7	10	5	25	31	12	5	100
Âge de l'enfant à l'enquête :										
– 0-4 ans	255	15	15	16	2	11	20	14	7	100
– 5-9 ans	399	7	11	24	4	15	24	10	5	100
– 10-14 ans	444	9	11	23	6	19	24	4	4	100
– 15-17 ans	283	4	11	13	9	26	26	5	6	100

relations. *A priori*, les résultats de ces régressions devraient être complémentaires : les catégories d'enfants qui ont de fortes chances de voir leur père toutes les quinzaines devraient avoir de faibles risques de ne jamais le voir. Le plus souvent cette correspondance est vérifiée, mais pas toujours. Certaines conditions favorisent de manière significative des rencontres fréquentes lorsque les relations ne sont pas coupées, mais elles ne permettent pas d'éviter une éventuelle rupture des relations.

Nous dégagerons les facteurs explicatifs en nous appuyant sur ces deux régressions (tableau 10). Nous avons exclu de celles-ci les enfants de père décédé ou inconnu (qui par définition ne voient jamais leur père), et ceux dont la fréquence des visites chez le père est inconnue ; mais le lecteur pourra se reporter aux tableaux 9a et 9b pour connaître les résultats bruts, les proportions d'enfants de père inconnu et les non-réponses. Le fait que dans les deux enquêtes les non-réponses soient proches de 20 % quand les parents n'ont jamais vécu ensemble laisse penser qu'elles ne sont pas distribuées au hasard, et qu'un refus de répondre aux questions sur la fréquence des contacts avec l'autre parent cache souvent une absence de relations.

Toutes choses égales par ailleurs, *la nouvelle situation familiale du père* apparaît comme l'élément le plus important de la continuité des relations entre le père et ses enfants. Au fur et à mesure que le père « refait sa vie », il s'éloigne des enfants qu'il a eus avec son ancienne compagne : les enfants dont le père vit seul ont deux à trois fois plus de chances de le voir plusieurs fois par mois, et risquent trois fois moins une rupture totale, que les enfants dont le père revit en couple et a eu d'autres enfants. Les effets de *la nouvelle situation conjugale de la mère* sur la fréquence des visites sont moins importants. La présence d'un nouveau partenaire n'accroît pas de manière significative les risques d'une interruption des relations. En revanche, la rencontre d'un nouveau conjoint favorise les visites fréquentes, mais ses effets disparaissent progressivement à mesure que la nouvelle union devient plus solide. Lorsque la mère entretient « une relation amoureuse stable » sans cohabitation, les enfants ont deux fois plus de chances de voir leur père plusieurs fois par mois que les enfants dont la mère vit seule ; lorsque la mère vit de nouveau en couple, les enfants ont une fois et demie plus de chances de le voir plusieurs fois par mois ; lorsque le nouveau couple a des enfants, il n'existe alors plus de relation directe entre la composition du foyer de la mère et les visites chez le père (tableau 10).

Finalement, les parents qui vivent seuls et n'ont pas d'ami stable[14] sont plus enclins à garder leurs enfants le week-end : tout se passe comme si les pères seuls étaient plus disponibles et les mères seules redoutaient les week-ends sans enfant. Il se peut aussi que les pères qui n'ont pas créé une nouvelle famille restent plus attentifs à conserver des liens avec

---

[14] Nous ne pouvions pas demander à la mère (ou au beau-père) si son ex-conjoint entretenait actuellement une relation stable non cohabitante, nous n'avons donc pas pu faire de distinctions entre les pères vivant seuls.

TABLEAU 10. – FRÉQUENCE DES RENCONTRES AVEC LE PÈRE DES ENFANTS RÉSIDANT AVEC LEUR MÈRE : RÉSULTATS D'UNE RÉGRESSION LOGISTIQUE
(VALEURS DES RISQUES RELATIFS)
(enfants dont le père est vivant et « connu »)

Variables explicatives	Rencontres	
	Au moins 1 fois tous les 15 jours	Jamais
Enfant résidant avec :		
– sa mère + beau-père + enfant du couple	1,23	1,36
– sa mère + beau-père, pas d'enfant	1,44**	1,40
– sa mère seule, avec une relation stable	2,17***	0,78
– *sa mère seule, sans relation stable*	*1,00*	*1,00*
Situation familiale du père :		
– père + belle-mère + enfant du couple	0,41***	2,96***
– père + belle-mère, pas d'enfant	0,69**	1,55*
– *père seul*	*1,00*	*1,00*
– situation familiale du père inconnue	0,17***	9,50***
Sexe de l'enfant :		
– garçon	0,93	1,21
– *fille*	*1,00*	*1,00*
Âge de l'enfant à la séparation :		
– avant 4 ans	0,73	1,42
– 4-8 ans	0,80	1,02
– *9 ans ou plus*	*1,00*	*1,00*
Diplôme de la mère :		
– sans diplôme ou CEP	0,99	2,22***
– BEPC	1,45	1,50
– CAP - BEP	1,50*	1,06
– *baccalauréat*	*1,00*	*1,00*
– bac + 2	1,89**	0,75
– bac + 3	3,60***	0,32**
Mode de séparation des parents :		
– divorcés	1,82***	0,66**
– *rupture d'union libre*	*1,00*	*1,00*
– jamais vécu ensemble (mais le père n'est pas inconnu)	1,73	0,47
Ancienneté de la séparation :		
– 0-3 ans	2,26***	0,60
– 4-7 ans	1,38	0,67
– *8-17 ans*	*1,00*	*1,00*
Âge de l'enfant à l'enquête :		
– 0-4 ans	3,15***	1,26
– 5-9 ans	2,42***	1,19
– 10-14 ans	1,98***	0,97
– *15-17 ans*	*1,00*	*1,00*

* Coefficient significatif au seuil de 10 %.
** Au seuil de 5 %.
*** Au seuil de 1 %.
Les catégories de référence sont en *italique* (odds ratio : 1).
Le modèle utilisé est un modèle logit.

leurs enfants, et que les mères cherchent à passer des week-ends sans enfant lorsqu'elles entament une nouvelle relation conjugale ; un échantillon plus important serait nécessaire pour étudier les relations père-enfants en tenant compte de la composition des deux foyers. Signalons cependant que lorsque les conditions optimales sont réunies, la mère entretenant une relation stable non cohabitante et le père vivant seul, alors six enfants sur dix vont chez leur père au moins une fois par semaine (observation faite à partir de 92 enfants).

Toujours toutes choses égales par ailleurs, *le sexe de l'enfant* et *son âge à la séparation* n'ont aucune conséquence directe sur les relations ultérieures. En revanche, plus les enfants sont jeunes au moment de l'observation, plus ils ont de chances de voir souvent leur père, les moins de cinq ans ayant trois fois plus de chances d'aller chez lui plusieurs fois par mois que les enfants de quinze ans ou plus. Toutefois, une rupture des relations avec le père est indépendante de l'âge des enfants. On s'interrogera plus loin sur le rôle des enfants dans leur relation avec leur père et sur son évolution avec l'âge.

Le milieu socioculturel, approché par le diplôme de la mère, ne joue que dans des situations extrêmes. Si la mère a un diplôme nécessitant trois années d'études après le bac, les enfants ont près de quatre fois plus de chances de voir leur père au moins deux week-ends par mois et risquent trois fois moins de ne jamais le voir; si la mère n'a aucun diplôme, les visites chez le père sont deux fois plus souvent interrompues que si elle a le baccalauréat. P. Festy et M.-F. Valetas (1988, 1993) ont montré que, dans les milieux populaires, le divorce pour faute était plus fréquent et le paiement des pensions alimentaires moins régulier ou inexistant ; ces conflits entre les parents pourraient contribuer à l'espacement ou à la disparition des contacts avec le père. De son côté, C. Martin (1997) a établi qu'une « logique de substitution » du père par le nouveau partenaire de la mère s'imposait plus souvent dans les milieux à faible capital culturel que dans les milieux plus favorisés où prévaut la volonté de maintenir la pérennité des relations.

Dans une moindre mesure, la *nature des liens qui unissaient les parents* et l'ancienneté de leur séparation jouent également un rôle. Ainsi, l'engagement du père à l'égard de ses enfants reste toujours plus fort si les parents étaient mariés, mais tout laisse croire qu'avec la diffusion des unions hors mariage la distinction entre enfants de divorcés et enfants de parents séparés d'une union libre s'estompe[15].

---

[15] Il y a huit ans, un enfant sur deux de parents séparés après une union consensuelle ne voyait plus son père (46 %) ; aujourd'hui cette proportion est à peine supérieure à un enfant sur trois (35 %). En revanche, la proportion d'enfants de divorcés qui ne voient plus leur père n'a pas varié : 22 % en 1986, 23 % en 1994 (tableau 9a). Curieusement, 40 % des enfants qui n'ont jamais vécu avec leur père le voient toutes les semaines. Ce résultat peut avoir plusieurs causes : un sous-échantillon insuffisant, et qui ne comprend pas d'enfant de père inconnu ; des parents qui entretiennent une relation stable mais ne se présentent pas comme un couple et ont toujours gardé leur autonomie résidentielle (sur les couples qui ne résident pas ensemble, voir C. Villeneuve-Gokalp, 1997).

L'ancienneté de la séparation n'accroît pas de manière significative les risques d'espacement ou d'interruption des rencontres, sauf lorsque la séparation date de moins de quatre ans : les probabilités de voir son père au moins une fois tous les quinze jours sont alors deux fois plus élevées que pour les enfants séparés depuis au moins huit ans. Une enquête menée auprès d'enfants américains âgés de 12 à 16 ans a montré que le processus selon lequel un parent devient étranger à son enfant apparaît dans les deux premières années suivant la rupture, et que le rythme des relations se stabilise ensuite (F. Furstenberg *et al.*, 1983).

Les résultats des régressions permettent de réfuter certaines idées couramment admises, qui se fondent, en partie, sur une observation directe de certains comportements. Ainsi, prétendre que vivre avec un beau-père éloigne les enfants de leur père est une affirmation qui vient d'être infirmée, mais elle s'appuie sur le constat (réel) d'une interruption des visites chez le père toujours plus fréquente pour les enfants en famille recomposée que pour les enfants en famille monoparentale (tableau 9a). Une autre opinion courante est que les pères se désintéressent plus facilement de leurs enfants s'ils n'ont pas vécu longtemps avec eux. Cette opinion est démentie par l'analyse sur les risques relatifs, mais elle repose sur le fait que seulement un enfant sur trois voit son père plusieurs fois par mois s'il a été séparé de son père avant l'âge de 4 ans, contre un sur deux s'il avait au moins neuf ans (tableau 9a). Il ne faut pas non plus généraliser l'importance du milieu culturel. Toutes choses égales par ailleurs, celui-ci ne pèse qu'aux deux extrémités de l'échelle des niveaux d'instruction ; mais les résultats bruts laissent croire que la fréquence des contacts décroît régulièrement avec le diplôme de la mère (tableau 9b).

Les aînés voient moins leur père que leurs cadets

Reste à savoir si les pères manifestent des préférences entre leurs filles et leurs fils, ou entre l'aîné et les cadets, ou bien s'ils ne font aucune différence entre leurs enfants.

Aux États-Unis de nombreuses recherches ont tenté de savoir si le sexe de l'enfant jouait un rôle dans la poursuite des relations. Les résultats sont très contradictoires, certaines n'indiquant aucune distinction, d'autres concluant que les parents gardent plus de contacts avec l'enfant du même sexe qu'eux. Les résultats de l'enquête française ne montrent pas de différences significatives selon le sexe de l'enfant.

Les probabilités pour qu'un adolescent de 15 à 17 ans aille chez son père plusieurs fois par mois sont trois fois moins élevées que celles d'un enfant de moins de 5 ans, et deux fois moins que celles d'un enfant de 10 à 14 ans. En revanche, le risque qu'un enfant ne voit jamais son père est le même à tout âge (tableau 10). Ce double constat autorise deux hypothèses : lorsque le père n'a pas totalement rompu les liens avec sa première famille, soit il manifeste une « préférence » pour les plus jeunes, et l'idée couramment admise que les pères s'intéressent plus à leurs enfants lorsque ceux-ci grandissent est démentie; soit les enfants les plus âgés parviennent à imposer à leurs parents leur souhait de ne pas aller chez leur père aussi souvent que ce qui est convenu, et on peut conclure que les adolescents prennent une part plus active à l'espacement des relations qu'on ne l'envisage habituellement.

On pourrait voir une preuve de la plus grande autonomie des adolescents en observant des différences entre enfants d'une même fratrie; il faut, bien entendu, que les enfants aient la possibilité, au moins théorique, de voir leur père, c'est-à-dire que celui-ci ne soit ni décédé ni inconnu. Pour chaque fratrie d'au moins deux enfants, nous avons construit une variable dichotomique : la fréquence des visites chez le père n'est pas la même pour tous les frères et sœurs, la fréquence des visites est la même pour tous (l'observation porte sur les 709 enfants appartenant à une fratrie de deux ou plus). Par commodité, nous avons présenté simultanément les résultats d'une régression logistique (tableau 12) et les résultats bruts (tableau 11). Nous avons également indiqué au tableau 11 les proportions de benjamins qui voient leur père plus souvent que l'aîné de leurs frères et sœurs, et de benjamins qui le voient moins que l'aîné (observation sur 401 enfants). Nous avons retenu comme variables explicatives, les principales caractéristiques de la fratrie : sa taille, la répartition par sexe des enfants (uniquement des garçons, uniquement des filles, les deux sexes), l'âge de l'aîné et du benjamin, la fréquence des rencontres du plus jeune avec son père (lorsque le rythme des rencontres n'est pas le même pour tous, le benjamin est, dans la majorité des familles, celui qui voit le plus son père). La situation conjugale de chaque parent étant apparue comme un des principaux déterminants de la fréquence des rencontres, nous nous sommes demandé si elle pouvait également favoriser des différences entre frères et sœurs.

Une fois sur dix, le rythme des visites chez le père n'est pas identique pour tous les frères et sœurs : 5,8 % des benjamins voient plus souvent leur père que l'aîné et 3,9 % le voient moins ; des différences peuvent également exister entre cadets, mais elles sont plus rares. Lorsque la fratrie comprend des filles, les différences entre enfants sont un peu plus fréquentes (tableau 11) mais non significatives (tableau 12).

La probabilité que tous les enfants ne voient pas leur père au même rythme est la plus forte dans les fratries où l'aîné est déjà adolescent, et ensuite dans celles où le benjamin a moins de 6 ans (tableau 12). Mais c'est surtout l'écart d'âge entre enfants qui donne lieu à des différences fréquentes; dans les familles où l'aîné a au moins 12 ans et le dernier moins de 6 ans, le plus jeune voit son père nettement plus souvent que l'aîné : 23 % (contre 9 % qui le voit moins) (tableau 11). Quand l'écart d'âges entre frères et sœurs est faible, des différences relativement importantes existent encore si tous les enfants ont au moins 12 ans; mais elles disparaissent si tous les enfants ont entre 6 et 11 ans. Lorsque tous les enfants ont moins de 6 ans, le dernier est forcément très jeune et le père a tendance à le garder moins souvent que l'aîné.

LA DOUBLE FAMILLE DES ENFANTS DE PARENTS SÉPARÉS

TABLEAU 11. – PROPORTIONS D'ENFANTS APPARTENANT À UNE FRATRIE OÙ LA FRÉQUENCE DES RENCONTRES AVEC LE PÈRE N'EST PAS LA MÊME POUR TOUS LES ENFANTS ; PROPORTIONS DE DERNIERS ENFANTS QUI VOIENT LEUR PÈRE PLUS OU MOINS QUE LEUR AÎNÉ

	Fréquence différente au sein d'une même fratrie (p. 100 enfants)	Le plus jeune des enfants voit son père	
		Plus souvent que l'aîné %	Moins souvent que l'aîné %
Effectifs	709	401	401
Ensemble	10,0	5,8	3,9
Nombre d'enfants dans la fratrie :			
– 2	8,9	4,3	4,6
– 3 et plus	11,8	10,1	1,9
Sexe des enfants :			
– tous des garçons	8,0	3,8	4,7
– tous des filles	10,8	4,2	6,0
– garçon(s) et fille(s)	10,2	7,2	2,7
Âge de l'aîné et âge du dernier :			
– âge de l'aîné 12-18 ans	12,3	7,9	3,9
et âge du dernier : 12-18 ans	10,9	6,4	4,4
6-11 ans	28,6	22,6	8,7
moins de 6 ans	13,8	9,0	4,7
ensemble			
– âge de l'aîné 6-11 ans			
et âge du dernier : 6-11 ans	0,0	0,0	0,0
moins de 6 ans	3,4	1,9	1,9
ensemble	2,1	1,2	1,2
– tous les enfants ont moins de 6 ans	9,2	0,0	10,0
Âge du dernier enfant :			
– 12-18 ans	10,8	7,9	4,0
– 6-11 ans	7,5	4,2	2,9
– moins de 6 ans	12,3	5,8	4,9
Fréquence des rencontres entre le père et le plus jeune des enfants :			
– au moins une fois tous les 15 jours	16,8	10,8	4,6
– moins souvent	2,5	1,9	1,0
– jamais	3,2	0,0	3,8
Mère vivant :			
– en couple + enfants du couple	12,2	10,6	3,1
– en couple sans enfant	2,0	0,0	2,3
– seule avec une relation stable	8,6	6,7	2,3
– seule sans relation stable	11,9	6,2	4,9
Père vivant :			
– en couple + enfants du couple	15,6	8,2	3,9
– en couple sans enfant	8,5	3,8	5,1
– seul	12,3	8,5	3,3

Champ : enfants résidant avec leur mère et ayant au moins un frère ou une sœur et dont le père est vivant et « connu ».

TABLEAU 12. – FRÉQUENCE DIFFÉRENTE ENTRE FRÈRES ET SŒURS
DES RENCONTRES AVEC LE PÈRE
(*Résultats d'une régression logistique : valeurs des risques relatifs*)

Variables explicatives	Appartenir à une fratrie où la fréquence des rencontres avec le père n'est pas la même pour tous les enfants
Effectifs	709
Nombre d'enfants dans la fratrie :	
– *2*	*1,00*
– 3 et plus	0,83
Sexe des enfants :	
– *tous des garçons*	*1,00*
– tous des filles	1,21
– garçon(s) et fille(s)	1,22
Âge de l'aîné :	
– 12-18 ans	19,13***
– *6-11 ans*	*1,00*
– moins de 6 ans	2,23
Âge du plus jeune :	
– 12-18 ans	1,64
– *6-11 ans*	*1,00*
– moins de 6 ans	5,48***
Fréquence des rencontres entre le père et le plus jeune des enfants :	
– au moins une fois tous les 15 jours	7,67***
– *moins souvent*	*1,00*
– jamais	1,76
Mère vivant :	
– en couple + enfants du couple	1,06
– en couple sans enfant	0,12**
– seule avec une relation stable	0,43*
– *seule sans relation stable*	*1,00*
Père vivant :	
– en couple + enfants du couple	1,38
– en couple sans enfant	0,60
– *seul*	*1,00*

* Coefficient significatif au seuil de 10 %.
** Au seuil de 5 %.
*** Au seuil de 1 %.
Les catégories de référence sont en *italique* (odds ratio : 1).
Le modèle utilisé est un modèle logit.
Champ : enfants résidant avec leur mère et ayant au moins un frère ou une sœur et dont le père est vivant et « connu ».

Avant 12 ans, l'organisation des visites chez le père dépend entièrement des parents ; ceux-ci ne faisant pas de distinctions entre leurs enfants, tous les enfants vont ensemble chez lui, excepté le benjamin s'il est très jeune. Mais, à l'adolescence, les parents ne peuvent plus exercer les mêmes contraintes sur leurs enfants : ils peuvent exiger qu'ils continuent à voir leur père, mais ils ne peuvent plus réguler totalement leurs visites. Plusieurs raisons, qui se développent à cet âge, peuvent inciter les enfants à les espacer : les sorties avec des amis, une surcharge de travail scolaire, une mésentente avec le père... Après une séparation, il n'est pas exceptionnel que les enfants prennent parti pour l'un ou l'autre parent, et que leur désir de voir le parent extérieur soit très inégal. Les réticences des mères seules (et sans relation amoureuse stable) aux weekends passés chez le père (cf. *supra*) semblent entraîner une plus grande diversité des comportements entre frères et sœurs, comparativement aux familles où la mère a un nouveau conjoint (tableau 12). En revanche, bien que la situation familiale du père détermine son intérêt pour s'occuper de ses enfants, elle ne constitue pas un attrait ou un obstacle supplémentaire auquel seraient sensibles seulement certains de ses enfants ; aucune différence significative n'apparaît.

Des différences apparaissent plus souvent dans les familles nombreuses que dans les familles de deux enfants : en fait, elles ne sont pas liées au nombre d'enfants mais à un écart d'âge plus grand entre l'aîné et le dernier.

Vue d'ensemble

En 1994, un peu plus d'un enfant sur quatre ne vit pas avec ses deux parents lorsqu'il atteint sa majorité, mais comme les jeunes enfants ont plus souvent des parents encore unis, seulement un enfant (de moins de 18 ans) sur six est séparé d'un parent. Il est difficile de prévoir l'évolution future des séparations entre parents et enfants et leurs conséquences, mais au cours des huit années précédentes leur augmentation a été moins rapide que celle des ruptures conjugales, et les familles recomposées ne se sont pas développées. Immédiatement après la séparation ou le décès d'un parent, la vie dans un foyer monoparental est la situation la plus fréquente que connaît un enfant, mais celle-ci peut évoluer vers une recomposition familiale. En outre, la famille d'un enfant ne se réduit pas au foyer du parent gardien ; dans la majorité des cas, les liens sont maintenus avec l'autre parent. Pour plus d'un enfant sur deux, la séparation des parents aboutit, plus ou moins rapidement, à l'élargissement du réseau de parenté avec l'installation d'un beau-parent chez le père ou chez la mère, puis avec la naissance de demi-frères ou sœurs. Cependant les familles très complexes sont rares : moins de 3 % des enfants ne vivant pas avec leurs deux parents ont deux beaux-parents simultanément, et des demi-frères dans chaque foyer.

Depuis le début des années soixante-dix, la proportion d'enfants ne vivant plus avec leur père n'a cessé de s'élever. Le risque majeur est celui d'un désengagement du père, quand un enfant sur trois ne le voit jamais, cette proportion ne semblant pas prête à diminuer. Mais, une plus grande continuité des relations s'est amorcée ces dernières années : entre 1986 et 1994, la proportion d'enfants qui voient leur père au moins un week-end sur deux a augmenté d'un tiers, pour atteindre 40 % en 1994. Chacun des acteurs peut être à l'origine de cette évolution. Les pères qui ne se remettent pas en couple et n'ont pas d'autres enfants restent plus proches des enfants dont ils sont séparés ; les mères sont plus favorables aux visites de leurs enfants chez leur père lorsqu'elles ont rencontré un nouveau compagnon. Quant aux adolescents, qui bénéficient d'une marge d'autonomie, ils sont à la fois plus nombreux à vivre chez leur père, et plus nombreux à espacer leurs visites chez lui lorsqu'ils vivent chez leur mère.

BIBLIOGRAPHIE

DESPLANQUES Guy, 1994, « Les familles "recomposées" en 1990 », *Population et Sociétés*, n° 286.
FESTY Patrick, VALETAS Marie-France, 1988, « Le divorce en plus : ruptures et continuités », *Société française*, n° 26, p. 20-24.
FESTY Patrick, VALETAS Marie-France, 1993, « Les pensions alimentaires à l'épreuve de la recomposition familiale », in *Les recompositions familiales aujourd'hui*, sous la dir. de M.-T. Meulders-Klein et I. Théry, Nathan, (Essais et Recherches), p. 97-120.
FURSTENBERG F., WINQUIST NORD C., PETERSON J. L., ZILL N., 1983, « The life course of children of divorce : marital disruption and parental contacts », *American Sociological Review*, vol. 48.
LERIDON Henri, VILLENEUVE-GOKALP Catherine, 1994, « Constance et inconstances de la famille. Biographies familiales des couples et des enfants », Paris, Ined/Puf, Cahier n° 134, ch. 9.
MARTIN C., 1997, *L'après divorce. Lien familial et vulnérabilité*, Presses Universitaires de Rennes, 331 p.
TOULEMON Laurent, LAPIERRE-ADAMCYK Évelyne, 1995, « Demographic patterns of motherhood and fatherhood in France », communication présentée au *Seminar on male fertility in the era of fertility decline*, UIESP, Zacatecas, Mexique, 13-16 novembre 1996, (à paraître in Bledsoe C. (ed), *Male fertility*, Clarendon Press, Oxford).
TOULEMON Laurent, 1996, « La cohabitation hors mariage s'installe dans la durée », *Population*, vol. 51, n° 3, p. 675-716.
VILLENEUVE-GOKALP Catherine, 1997, « Vivre en couple chacun chez soi », *Population*, vol. 52, n° 5, p. 1059-1082.

Catherine VILLENEUVE-GOKALP, Institut national d'études démographiques, 133 boulevard Davout, 75980 PARIS Cedex 20, France, tél. (33) 01 56 06 21 42, fax. (33) 01 56 06 21 99, e-mail : gokalp@ined.fr

VILLENEUVE-GOKALP (Catherine).– **La double famille des enfants de parents séparés**

L'augmentation des ruptures conjugales et des remises en couple suscite de nombreuses interrogations sur leurs conséquences pour les enfants. Les sources statistiques courantes étant insuffisantes pour les connaître l'Ined a organisé deux enquêtes, en 1986 et en 1994, pour saisir la situation familiale des enfants dont les parents ne vivent pas ensemble.

En 1994, 17 % des enfants mineurs ne vivaient plus avec leurs deux parents, soit près de 20 % de plus qu'en 1986. L'augmentation des ruptures familiales a eu pour conséquence un accroissement du nombre des familles monoparentales, mais elle n'a pas entraîné une progression des familles recomposées. En 1994, 11,5 % des enfants vivaient dans une famille monoparentale, 4,6 % dans une famille recomposée et 1,1 % étaient séparés de leurs deux parents et vivaient dans un autre foyer.

Le réseau familial des enfants ne vivant pas avec leurs deux parents est soit plus large que celui des enfants de parents unis (un enfant sur deux ayant un beau-parent et un sur dix en ayant deux simultanément) soit réduit de moitié (près d'un enfant sur quatre ayant au moins un parent décédé ou inconnu). Le risque majeur est celui d'une augmentation des enfants «privés» de père : 15 % de l'ensemble des enfants ne vivent pas avec lui contre 12 % huit ans plus tôt. Parmi ces enfants, un sur trois ne le voit jamais et cette proportion n'a pas varié depuis 1986. En revanche, la proportion d'enfants qui voient leur père au moins un week-end sur deux a augmenté d'un tiers, pour atteindre 40 % en 1994. Les rencontres entre le père et ses enfants sont plus fréquentes lorsque le père ne se remet pas en couple et n'a pas d'autres enfants et lorsque la mère a rencontré un nouveau compagnon avec lequel elle ne cohabite pas.

VILLENEUVE-GOKALP (Catherine).– **The double family of children whose parents are separated**

The increase in partnership breakdowns and new couple formation raises many questions about the impact on children. This issue is not fully covered by the usual statistical sources, so Ined organized two surveys, in 1986 and 1994, to explore the family situation of children whose parents were separated.

In 1994, 17 % of children under-18 no longer lived with both their parents, representing an increase of 20 % since 1986. The increase in partnership breakdown has been responsible for an increase in single-parent families but has not caused a growth of recomposed families. In 1994, 11.5 % of children were living in single-parent families, 4.6 % in recomposed families, and 1.1 % were separated from both their parents and living in a different household.

Children who are not living with both their parents have family networks which are either larger than those of children whose parents are living together – one in two children has one step parent and one in ten has two step parents at once – or reduced by a half: nearly one in four children had at least one parent who was dead or of unknown whereabouts. The highest risk is of an increase in children `deprived' of a father: 15 % of all children lived apart from their father, compared with 12 % eight years earlier. Of these children, one in three never sees their father, a proportion which is unchanged since 1986. On the other hand, the proportion of children who see their father at least one weekend in two increased by a third, to stand at 40 % in 1994. Contact between fathers and children is more frequent when the father has not formed another couple and has no other children, and when the mother has a new but not cohabiting partner.

VILLENEUVE-GOKALP (Catherine).– **La doble familia de los hijos de padres separados**

El aumento de rupturas conyugales y de formación de nuevas parejas suscitan numerosas reflexiones sobre sus consecuencias para los hijos. Las fuentes estadísticas existentes no permiten estudiarlas. No obstante, el INED elaboró dos encuestas, en 1986 y 1994, para analizar la situación familiar de los hijos cuyos padres no viven juntos.

En 1994, un 17 % de menores – un 20 % en 1986 – no vivían con ambos progenitores. El aumento de rupturas familiares tuvo como consecuencia un aumento del número de familias monoparentales, pero no implicó un crecimiento de familias reconstituidas. En 1994, un 11,5 % de hijos vivían en el seno de una familia monoparental, un 4,6 % en familias reconstituidas y un 1.1 % vivían en otro hogar, separados de sus padres.

Entre los hijos que no viven con ambos progenitores se observan tanto familias más amplias que las de padres no separados – uno de cada dos tiene padrastro o madrastra y uno de cada diez los tiene a ambos – como familias reducidas a la mitad – en uno de cada cuatro casos, uno de los progenitores no es conocido o ha fallecido. El mayor riesgo es el aumento de hijos «privados» de la presencia del padre : un 15 % del total de niños no viven con el padre en 1994, en comparación con un 12 % ocho años antes. Entre los hijos que no viven con el padre, uno de cada tres no lo ve nunca ; esta proporción no ha variado desde 1986. Por el contrario, la proporción de hijos que ven a su padre al menos un fin de semana de cada dos ha aumentado en un tercio, y alcanza el 40 % en 1994. Los encuentros son más frecuentes si el padre no vive con otra pareja y no tiene otros hijos, y si la madre ha encontrado un nuevo compañero con el cual no cohabita.

7

PROXIMITÉS SOCIOPROFESSIONNELLES ENTRE GERMAINS ET ENTRE ALLIÉS
Une comparaison dans la moyenne durée

Bernard ZARCA*

> *Dans un précédent article,* Bernard ZARCA *avait montré que la mobilité sociale était un processus plus familial qu'individuel : un enfant a plus de chances d'hériter de la position paternelle si l'un des frères ou sœurs en a déjà hérité, de même qu'il a plus de chances d'accéder à une position sociale donnée si l'un des membres de la fratrie y a déjà accédé* ; B. ZARCA *observait aussi une certaine « complémentarité » du célibat des frères, sauf dans les classes les plus aisées. Ce résultat global n'empêchait cependant pas que, dans certains milieux, l'aîné bénéficie parfois d'un avantage relatif sur ses cadets dans l'héritage paternel. Une enquête plus récente lui permet de reprendre et d'approfondir ses analyses : l'héritage demeure, mais se fait un peu plus égalitaire.*

L'étude de la mobilité et de l'héritage socioprofessionnels des germains précédemment publiée dans cette revue mettait en évidence, à partir de données concernant des fratries extraites de l'enquête Réseaux familiaux de 1976, plusieurs phénomènes de dépendance entre les destins sociaux des germains de même sexe. Il nous a semblé opportun de chercher à savoir si ces phénomènes étaient persistants ou s'ils s'estompaient dans une conjoncture historique différente[1]. Nous disposons en effet de nouvelles données portant sur des fratries dans l'enquête Proches et parents réalisée en 1990, c'est-à-dire lors d'une année appartenant à une longue période de crise, marquée par un chômage croissant[2]. Cette enquête est de quatorze ans postérieure à l'enquête précédente – quatorze ans qui ont vu une sensible transformation de la structure de la population active masculine aussi bien que féminine, s'accompagnant

---

* Centre national de la recherche scientifique, Paris.
[1] On trouvera dans la première partie de l'étude déjà publiée (*Population*, 2, 1995, 331-356) une analyse des travaux déjà parus sur cette question ainsi qu'une bibliographie.
[2] Nous remercions Catherine Bonvalet de nous avoir permis d'accéder aux données de cette enquête et Arnaud Bringé de s'être chargé de la constitution du fichier de travail.

d'une forte augmentation du taux d'activité des femmes, notamment dans la tranche d'âges que nous étudions : celle des 45-64 ans.

C'est dans un tel contexte qu'il faut analyser l'évolution des phénomènes d'héritage et de mobilité sociale au sein des fratries. Nous avions défini et continuons donc de *définir le phénomène d'héritage* en un sens très large de la manière suivante : au sein d'un groupe donné, il y a héritage d'une propriété P que possède ou possédait un père (ou une mère) d'un individu appartenant à ce groupe, si la probabilité pour qu'un tel individu possède cette propriété est plus grande que la probabilité pour qu'un individu semblable à lui sous les différents rapports qui contribuent à la définition du groupe (sexe, tranche d'âges, position dans la fratrie, etc.), mais dont le père (la mère) ne possédait pas la propriété P, la possède lui-même. Par exemple, on dira qu'il y a héritage de la position socioprofessionnelle du père au sein du groupe des aînés des fils d'un père ouvrier, appartenant à une tranche d'âges et à une génération données, si la probabilité pour qu'un tel fils soit lui-même ouvrier est plus forte que la probabilité pour qu'un individu de sexe masculin, aîné de ses frères, de même tranche d'âges et de même génération, mais dont le père n'était pas ouvrier, soit lui-même ouvrier.

Malgré une solide tradition d'étude de la mobilité sociale en France à laquelle nous nous référions dans notre précédent travail, les destins socioprofessionnels des membres d'une même fratrie n'avaient pas jusque-là été comparés. Certes avait-on étudié, depuis la multiplication des recherches sur la mobilité sociale dans les années 1970 (Cuin, 1993) et la première synthèse de Claude Thélot (Thélot, 1982), les différences de statut professionnel selon le rang dans la fratrie, à origine sociale et génération constantes (Desplanques, 1981, 1986), de même que les effets, sur le destin professionnel des enfants, de la situation professionnelle des grands-pères (Pohl et Soleilhavoup, 1985), de l'activité professionnelle de la mère et des lignées paternelles et maternelles (Gollac et Laulhé, 1987) ou de la taille de la fratrie (Tabard, 1984, 1986) ; ou encore a-t-on analysé plus récemment, grâce à des données d'enquêtes rétrospectives, les carrières des ouvriers (Chenu, 1993) ; mais la question des relations entre positions socioprofessionnelles des germains (frères et sœurs) n'avait jusqu'ici jamais été abordée directement. Les enquêtes de l'Ined de 1976 et de 1990, par la richesse de leur information sur cette question, nous ont permis de traiter ce problème et d'étudier les changements au cours d'une période pendant laquelle se sont sensiblement modifiées la structure socioprofessionnelle et la composition par sexe de la population active.

Dans notre travail sur l'enquête Réseaux familiaux de 1976, nous nous étions attaché à analyser des phénomènes que nous avions qualifiés de *phénomènes de complémentarité*. Par complémentarité des situations fraternelles – le terme est pris dans une acception particulière que nous maintenons par souci de continuité avec notre travail précédent –, il faut entendre que la probabilité pour qu'un germain se trouve dans une situation donnée est plus grande lorsque l'autre germain se trouve dans la même situation. Le principal phénomène mis en évidence était la complémentarité des destins socioprofessionnels des frères, et notamment la complémentarité, croissante au fur et à mesure qu'on s'élevait dans l'échelle sociale, de l'héritage du statut socioprofessionnel de leur père, en dépit de l'avantage conféré par l'aînesse : plus il y avait à hériter, plus les frères avaient de chances d'hériter ensemble, avions-nous conclu.

Considérons par exemple l'héritage de la position socioprofessionnelle paternelle. Il y a donc, avons-nous dit, héritage dans la catégorie A si la probabilité pour que le fils se trouve dans A est plus grande si son père s'y trouvait déjà. On définit ainsi un coefficient d'héritage par la distance logistique entre deux probabilités : $ln \left(\frac{a}{(1-a)}\right) - \ln \left(\frac{\underline{a}}{(1-\underline{a})}\right)$ où a est la probabilité que le fils se trouve dans A comme le père, $\underline{a}$ étant celle que le fils se trouve dans A quand son père ne relève pas de cette catégorie. On ne peut à l'évidence parler d'héritage que si ce coefficient est positif. Supposons alors que l'on observe que les benjamins aussi bien que les aînés originaires de la catégorie A soient en ce sens des héritiers. Cela ne veut pas dire que tous héritent, mais qu'ils ont plus de chances d'occuper cette position paternelle que les benjamins et les aînés d'autres origines. A *fortiori*, cela n'implique pas qu'aîné et benjamin d'une même famille héritent tous deux ensemble de la position de leur père. *Il y a complémentarité de l'héritage si le coefficient d'héritage relatif aux benjamins (resp. aux aînés) est plus grand lorsqu'on se limite au cas où ces benjamins (resp. ces aînés) ont un frère aîné (resp. benjamin) se trouvant lui-même avoir hérité*. En d'autres termes, la force de l'héritage s'accroît alors par synergie intrafamiliale. Ce phénomène de complémentarité était d'autant plus saillant que l'on montait dans la hiérarchie sociale. Par contre, la complémentarité de l'activité des sœurs (de la possession du statut d'active sur le plan professionnel) et de l'héritage du statut d'active de leur mère concernait principalement les filles d'indépendants et, à un moindre degré, celles des employés et ouvriers.

Nous allons donc actualiser ici les analyses de l'étude précédente afin de tester la permanence ou le changement des phénomènes concernés : héritage du statut socioprofessionnel paternel par chacun des fils, complémentarité de cet héritage, complémentarité de l'héritage du statut d'active de la mère par les filles, complémentarité de l'héritage du statut paternel par le fils marié et de l'alliance homogamique de la fille (au sens où elle tendrait à épouser un homme ayant la même position socioprofessionnelle que son père) dans les fratries comprenant au moins un germain de chaque sexe. Si ces phénomènes persistaient dans l'ensemble des classes sociales, malgré les changements ayant affecté la structure de la population active en quatorze ans, on pourrait conclure à une sorte de donne structurelle, et en cela probablement culturelle, concernant la famille de la société française. La famille continuerait-elle d'exercer une influence si forte sur le destin des individus qu'on ne saurait dissocier les destins fraternels, en dépit des changements économiques marqués par le développement du chô-

> **Méthode**
>
> Pour des raisons d'effectifs, nous ne distinguerons parfois, du point de vue de l'origine sociale, que les enfants des classes populaires (père ouvrier ou employé), les enfants de petits indépendants (petits et moyens agriculteurs, artisans, petits commerçants) et les enfants des classes aisées (père exerçant une profession intermédiaire ou appartenant aux classes supérieures : cadres supérieurs et professions libérales, gros agriculteurs, chefs d'entreprise employant plus de dix salariés). Comme pour l'étude de 1976, on considère que les professions intermédiaires sont plus proches des classes supérieures que des petits indépendants (pour la génération des parents de germains parmi lesquels un au moins avait de 45 à 64 ans en 1990 ou était le conjoint d'une personne de cette tranche d'âges), car on évalue probablement la situation parentale au cours des années 1960 qui marquèrent seulement le début de la forte progression numérique, et donc de la baisse de statut social, des professions aujourd'hui dites intermédiaires (la nomenclature des PCS utilisée est donnée en annexe 2).
>
> Comme dans nos précédents articles, on a calculé des *coefficients d'héritage différentiel* (CHD). On calcule la distance logistique entre probabilités pour un enfant de rang et de sexe donnés d'occuper une position socioprofessionnelle donnée selon que son père occupait celle-ci ou pas (l'héritage étant attesté si la probabilité d'occuper la position parentale pour un enfant est supérieure à celle d'un agent comparable sous le rapport du sexe et du rang dans la sous-fratrie limitée aux germains de même sexe, mais d'origine différente). Par ailleurs, pour appréhender les phénomènes de complémentarité des destins sociaux des germains, on calcule des distances logistiques entre probabilités conditionnelles d'accès d'un germain de sexe et de rang donnés à une position donnée, selon que le germain de même sexe et de rang différent occupait ou non lui-même cette position : cette distance, indépendante de celui des deux germains que l'on choisit comme occupant la position conditionnant celle de l'autre, mesure le *coefficient de complémentarité* pour le phénomène étudié. On parle de complémentarité de l'héritage d'une position par des germains de même sexe (héritage du statut socioprofessionnel du père par les fils ou du statut d'activité de la mère par les filles, etc.) si l'héritage est attesté dans les deux cas et que, de plus, la force de l'héritage pour l'un d'entre eux est plus grande s'il y a héritage par l'autre. Ainsi, s'il y a héritage d'une position par des germains de même sexe et de rang différent, une valeur positive de la différence entre coefficients d'héritage différentiel, selon que l'autre frère appartient ou non à la catégorie, indique un phénomène de complémentarité ; une valeur proche de zéro indique l'absence du phénomène, une valeur négative indiquerait au contraire un phénomène d'héritage préférentiel puisqu'alors un germain hériterait mieux si l'autre n'héritait pas.

mage de longue durée, en dépit du fort développement du travail des femmes dans toutes les couches de la société et de telle manière que le modèle maternel d'inactivité n'est plus un frein à l'activité féminine, en dépit de la forte baisse du poids des agriculteurs dans la population active – tous phénomènes qui contrarient l'inertie de la tradition – ? Si tel était le cas, on serait conduit, pour mieux mesurer les phénomènes de reproduction et de mobilité sociales, à prendre systématiquement les fratries comme unités d'analyse. Si nous suggérons que le phénomène serait alors culturel, ce n'est nullement pour nier sa composante économique (la condition ou le statut dont on hérite ne peuvent être définis sans référence aux différentes composantes du capital économique du couple parental), mais pour souligner qu'il concerne les différentes classes sociales et que son intensité n'est pas directement liée au montant du capital économique des parents. Toutefois, il faut aussi envisager l'hypothèse plus plausible selon laquelle les changements, culturels justement, qui ont affecté la famille au cours de ce dernier quart de siècle en l'éloignant de ses formes traditionnelles et qui

> **Méthode (suite)**
>
> On peut traduire l'idée de complémentarité de l'héritage mathématiquement en se limitant aux probabilités conditionnelles (selon que le frère appartient à la catégorie du père, d'une part, selon qu'il ne lui appartient pas, d'autre part) pour calculer le coefficient d'héritage des fils pour un rang donné. Ainsi y a-t-il complémentarité de l'héritage si, b_a étant la probabilité que le benjamin se trouve en A comme son père, étant donné que l'aîné s'y trouve, $b_{a'}$ étant la même probabilité si l'aîné ne se trouve pas dans A, $\underline{b_a}$ et $\underline{b_{a'}}$ étant les probabilités correspondantes lorsque le père ne se trouvait pas dans A, l'inégalité suivante est vérifiée :
>
> $\ln(b_a \times (1 - b_a)) - \ln(\underline{b_a} \times (1 - \underline{b_a})) > \ln(b_{a'} \times (1 - b_{a'})) - \ln(\underline{b_{a'}} \times (1 - \underline{b_{a'}}))$
>
> (et on peut montrer que la complémentarité est bien une relation symétrique). Remarquons que l'inégalité peut encore s'écrire :
>
> $\ln(b_a \times (1 - b_a)) - \ln(b_{a'} \times (1 - b_{a'})) > \ln(\underline{b_a} \times (1 - \underline{b_a})) - \ln(\underline{b_{a'}} \times (1 - \underline{b_{a'}}))$
>
> Le premier membre de l'inégalité, supposé positif, est une mesure de la complémentarité d'accès à la catégorie A des frères aîné et benjamin lorsque le père relevait de la catégorie A (et non de l'héritage du statut socioprofessionnel paternel) ; le second membre, s'il est positif, quant à lui, indique, sur ce même complémentarité lorsque le père ne relevait pas de la catégorie A. La complémentarité de l'héritage est donc une idée équivalente à ce que la complémentarité d'accès à une catégorie est plus grande lorsque le père relevait de la catégorie plutôt que l'inverse.
>
> Les calculs effectués pour 1990 sont équivalents à ceux effectués pour 1976. Les résultats présentés étant cette fois relatifs aux comparaisons entre ces deux années, on peut observer si ces coefficients croissent ou décroissent sensiblement sur la période considérée, voire changent de signe ou tendent vers zéro, afin de trancher entre la permanence, le changement ou l'effacement des phénomènes étudiés[1].
>
> ---
> [1] On a réuni en une même publication les comparaisons concernant les hommes et celles qui concernent les femmes. Il nous a paru pertinent de ne pas les séparer afin que puissent être montrées les évolutions éventuellement différentielles des phénomènes pour chacun des deux sexes.

ont trouvé une traduction dans des réformes juridiques d'ampleur et de rythme sans précédent, se sont accompagnés aussi d'une plus grande individualisation des destins sociaux des membres d'une même fratrie, les phénomènes de complémentarité tendant ainsi à s'estomper.

Problèmes d'échantillonnage et comparabilité des échantillons dans le temps

La constitution d'un échantillon de fratries de 1990, comparable à celui que nous avions constitué pour l'année 1976, est suffisamment complexe, étant donné le champ de l'enquête Proches et parents, pour que son traitement soit exposé à part, dans une note méthodologique à laquelle le lecteur est invité à se reporter[3]. Il y est également exposé, à titre principal,

---
[3] *Comment passer d'un échantillon de ménages à un échantillon de fratries ?*, Ined, Dossiers et recherches, n° 73, 1999.

la manière dont chaque fratrie a été affectée d'un coefficient de pondération. Le calcul de ce coefficient était simple pour l'échantillon de 1976, mais s'est avéré particulièrement délicat pour l'échantillon par grappes constitué à partir de l'enquête de 1990 : il a fallu, à partir d'hypothèses plausibles, la construction de modèles pour l'estimer dans la plupart des situations rencontrées. Un résumé des méthodes de constitution des échantillons de fratries, et de la méthode de calcul du coefficient de pondération ainsi que des informations sur les tailles respectives des sous-échantillons de travail sont donnés en annexe 1.

Les fratries étudiées en 1976 étaient des fratries de mêmes père et mère dont au moins un membre (en l'occurrence la personne enquêtée) avait alors de 45 à 64 ans et vivait sur le territoire de la France métropolitaine, ou était l'époux légitime d'une telle personne (conjoint de la personne enquêtée). Chaque fratrie retenue était pondérée de telle sorte que toute fratrie ainsi définie ait les mêmes chances de faire partie de l'échantillon : son poids était donc inversement proportionnel au nombre de germains ayant de 45 à 64 ans, augmenté du nombre de germains mariés avec une personne susceptible de faire partie de l'enquête et donc ayant elle-même de 45 à 64 ans[4]. Il a donc fallu construire, pour 1990, un échantillon comparable à celui construit à partir de l'enquête de 1976. On dispose, pour chaque personne enquêtée (18 ans et plus), d'informations sur sa fratrie (y compris les demi-frères et les demi-sœurs), sur celles de ses père et mère, sur celle de ses enfants, ainsi que sur celle de son éventuel conjoint, légitime ou non. Pour tout membre d'une fratrie ainsi considérée on dispose également d'informations sur un éventuel conjoint.

Nous avons décidé, vu l'évolution des conditions de vie commune des couples, qu'il fallait considérer les couples (mariés ou non) en 1990 et dont un conjoint au moins avait alors de 45 à 64 ans comme représentant une population directement comparable à celle des couples mariés en 1976 et ayant la même caractéristique. Pour toute fratrie étudiée en 1990, nous n'avons cependant retenu que les germains de mêmes père et mère afin de maintenir l'appariement et de pouvoir caractériser de la même manière la position sociale du couple parental. Avec ces contraintes, l'échantillon a été construit de façon à maximiser le nombre de fratries analysées : on a retenu toutes celles où un germain au moins aurait pu faire partie d'un échantillon équivalent à celui de l'enquête de 1976, si celle-ci avait été refaite en 1990, ou être le conjoint éventuel d'un tel enquêté virtuel. L'échantillon a donc été construit de la manière suivante : nous retenons comme unité statistique d'analyse la fratrie de la personne enquêtée à la condition qu'un de ses membres au moins soit vivant, vive en France et ait de 45 à 64 ans en 1990, ou que son éventuel conjoint remplisse cette condition complexe ; et la fratrie de l'éventuel conjoint de la personne en-

---

[4] En fait, comme on ne connaît pas l'âge du conjoint, on suppose que l'écart d'âge entre un germain marié et son conjoint est de deux ans, l'homme étant plus âgé : il faut donc que le germain marié de sexe masculin ait de 47 à 66 ans et que le germain marié de sexe féminin ait de 43 à 62 ans pour que son conjoint soit pris en compte dans le calcul de la pondération.

quêtée en 1990 si la même condition est remplie en ce qui la concerne. Ensuite, nous retenons la fratrie des enfants de l'enquêté et de son conjoint actuel dans la mesure où un des enfants au moins est vivant, vit en France et a de 45 à 64 ans en 1990, ou encore si son conjoint appartient à cette tranche d'âges ; on explique pourquoi, dans la note méthodologique, il était impossible de retenir la fratrie des enfants qu'un enquêté aurait eus avec un ex-conjoint (son dernier conjoint, dont il serait divorcé, séparé ou veuf). Nous retenons également la fratrie du père de l'enquêté et/ou celle de sa mère si la même condition est remplie.

D'après les recensements de 1975 et de 1990, les hommes de 45 à 64 ans appartiennent plus souvent, en 1990, aux classes supérieures et aux professions intermédiaires, tandis qu'ils sont relativement moins souvent employés ou ouvriers (tableau 1). La baisse absolue et relative du poids des indépendants ne concerne que les exploitants agricoles, celui des artisans et commerçants augmentant de telle sorte que le rapport des contributions respectives des deux sous-catégories à l'ensemble qu'elles forment s'inverse, la catégorie voyant son poids global diminuer légèrement. Cependant l'augmentation du poids des indépendants non agricoles concerne la tranche d'âges considérée, mais non l'ensemble de la catégorie, qui a tendance à vieillir.

TABLEAU 1. – DISTRIBUTION DES HOMMES, PUIS DES FEMMES DE 45 À 64 ANS, EN GROUPES SOCIOPROFESSIONNELS

	Recensement 1975	Réseaux familiaux 1976	Recensement 1990	Proches et parents 1990
Hommes				
Classes supérieures	14,0	13,5	19,2	27,7
Prof. intermédiaires	14,0	15,6	18,5	19,5
Agriculteurs	*12,8*		*7,4*	
Petits indépendants	20,1	30,1	18,9	17,6
Artisans, petits commerçants	*7,3*		*11,5*	
Employés	13,5	11,7	8,0	9,5
Ouvriers	38,6	29,0	35,4	25,7
Femmes				
Classes supérieures	5,4	7,6	8,5	10,1
Prof. intermédiaires	13,4	13,7	18,1	23,9
Agriculteurs	*12,7*		*7,9*	
Petits indépendants	22,5	31,9	16,7	16,3
Artisans, petits commerçants	*9,8*		*8,8*	
Employés	35,2	24,9	42,6	37,7
Ouvriers	23,5	21,8	14,1	12,2

En ce qui concerne les femmes de la même tranche d'âges, le taux d'activité (lorsqu'on inclut les anciennes actives pour tenir compte de l'avancement de l'âge de la retraite entre les deux dates de 65 à 60 ans) passe de 42,6 % à 64,6 %, soit une augmentation de plus de moitié. L'évolution de la structure socioprofessionnelle est plus marquée pour elles : augmentation équivalente du poids des professions intermédiaires, augmentation plus forte encore de celui des classes supérieures, augmentation du poids des employées (la féminisation de cette dernière catégorie s'est poursuivie au cours de cette période de tertiarisation de l'activité économique), tandis que chutait le poids des ouvrières. Quant aux « petites indépendantes », leur proportion diminue, mais aussi bien pour les agricultrices (la diminution est équivalente à celle des agriculteurs) que, de façon plus modérée, pour les artisanes et commerçantes, de telle sorte que le poids des indépendantes parmi les femmes actives, qui était en 1975 plus grand que celui des indépendants parmi les hommes actifs de la tranche d'âges considérée, est en 1990 plus faible que ce dernier.

Nos enquêtes montrent-elles les mêmes tendances ? On peut à titre indicatif considérer, pour l'ensemble des fratries comprenant au moins un homme, l'échantillon composé des plus âgés des frères qui ont de 45 à 64 ans et opérer de même en ce qui concerne les femmes.

Dans nos données, parmi les hommes, ces « individus théoriques » montrent une surreprésentation des petits indépendants en 1976, au détriment des ouvriers, les écarts aux données du recensement de 1975 étant faibles pour les autres catégories (tableau 1). En 1990, les ouvriers sont toujours sous-représentés, mais à l'avantage cette fois des classes supérieures, les écarts aux données du recensement de 1990 étant faibles pour les employés, les petits indépendants et les professions intermédiaires. Malgré ces divergences en partie liées à ce que nous ne pouvons pas comparer des populations identiques, les évolutions observées entre 1975 et 1990 à partir des données des recensements et celles observées entre 1976 et 1990 dans les deux sources sont de même sens, et le plus souvent du même ordre de grandeur relative.

Pour les femmes, nous observons en 1976 aussi bien qu'en 1990 un taux d'activité supérieur à celui fourni par les données des recensements : 47,9 % au lieu de 42,6 et 76,9 % au lieu de 64,6 ; mais les évolutions sont aussi de même sens et du même ordre de grandeur relative. Il en va de même pour la distribution socioprofessionnelle des femmes actives : en 1976, les petites indépendantes sont surreprésentées au détriment des employées, les écarts par rapport aux chiffres du recensement de 1975 étant faibles pour les ouvrières, les professions intermédiaires et les classes supérieures. En 1990, les différences s'atténuent globalement (fidèle représentation des petites indépendantes, beaucoup plus faible sous-représentation des employées, notamment). Dans l'ensemble, les évolutions entre 1975 et 1990 ou entre 1976 et 1990 sont de même sens et de même ordre de grandeur relative. On peut donc en conclure que ces enquêtes permettent de saisir l'évolution entre 1976 et 1990 des phénomènes d'héritage et de complémentarité que nous analysons.

Après avoir, dans une première partie, analysé l'évolution de l'héritage par les frères de la position paternelle, ainsi que l'évolution de l'activité professionnelle des sœurs et de l'héritage du statut d'activité de leur mère, on pose, dans une seconde partie, la question principale du devenir au bout de quatorze ans de la complémentarité de l'héritage de la position socioprofessionnelle du père par les frères ou les sœurs actives, puis de celle du statut d'agent professionnellement actif de la mère par les sœurs. Dans une troisième partie est étudiée l'évolution de l'effet du mariage sur l'activité et la complémentarité de l'activité des sœurs. L'évolution des relations entre positions socioprofessionnelles des alliés de même sexe (fils et gendre, fille et bru), dans les familles où il y a au moins un germain de chaque sexe marié, est analysée dans une quatrième partie, avant que nous ne concluions sur l'ensemble des évolutions au cours de la période qui va du milieu des années soixante-dix à l'orée de la dernière décennie du siècle[5].

I. – Les tendances principales entre 1976 et 1990

Les lignées masculines

Dans la moitié des situations, et conformément à l'évolution de la structure de la population active masculine de la tranche d'âges étudiée, la probabilité pour que l'aîné ou le benjamin des fils d'un homme qui occupait (ou qui n'occupait pas) une position socioprofessionnelle donnée occupe à son tour cette position a varié de façon significative entre 1976 et 1990[6]; dans l'autre moitié des situations, les chiffres, basés sur des effectifs modestes, ne contredisent pas les changements structuraux mis en évidence par les données des recensements de 1975 et de 1990 (tableau 2).

On doit d'abord souligner que la probabilité d'accès aux classes supérieures, dont le poids relatif s'est le plus accru à 45-64 ans entre ces deux dates, a augmenté pour les aînés et les benjamins, mais surtout pour les benjamins dont le père appartenait à ces classes, au point d'ailleurs d'être désormais égale, en ce cas, à celle des aînés. Il est plausible que l'évolution historique profite davantage à la plus jeune génération au sein d'une même fratrie[7].

---

[5] Les analyses relatives à l'année 1976 ayant concerné des grandes catégories socioprofessionnelles, vu les informations dont nous disposons sur les professions des germains cette année-là et, plus encore, les effectifs limités disponibles aussi bien dans une enquête que dans l'autre, il n'est pas possible d'affiner l'analyse et de distinguer, par exemple, les ouvriers qualifiés des ouvriers non qualifiés, bien que nous disposions de cette information en 1990 (mais en 1990 seulement).

(6) On calcule un intervalle de confiance de longueur $p \pm 1,96 \times s$ pour chaque probabilité, où p est supposé représenter la moyenne d'une variable normale de variance $s^2 = \dfrac{p \times (1-p)}{n}$ et où n est l'effectif du sous-échantillon correspondant. On conclut à une différence et donc à une évolution, avec un risque d'erreur égal à 5 % si les deux intervalles sont disjoints. Sinon on conclut à la stabilité du phénomène. Vu la taille relativement limitée des échantillons, on a également calculé des intervalles de confiance au risque 10 %.

(7) Rappelons qu'en toute rigueur il est impossible de comparer les hommes d'un rang donné dans la fratrie aux hommes ayant de 45 à 64 ans recensés en 1975 ou en 1990, car on sait seulement qu'un germain (homme ou femme) au moins, ou le conjoint d'un tel germain, appartient à cette tranche d'âges en 1976 ou en 1990. Cependant, cette tranche d'âges est suffisamment large et les différences d'âges entre aîné et benjamin, qui correspondent à des générations successives, ou celles entre conjoints, suffisamment faibles pour qu'il soit possible d'affirmer qu'aîné et benjamin ont de bonnes chances d'appartenir tous deux à cette tranche d'âges, à très peu près.

TABLEAU 2. – ACCÈS DE L'AÎNÉ ET DU BENJAMIN DES FRÈRES À DIFFÉRENTES POSITIONS EN 1976 ET EN 1990 SELON QUE LE PÈRE OCCUPAIT OU PAS LA POSITION (*FRATRIES COMPRENANT AU MOINS DEUX HOMMES*)

Probabilité d'accès à la position	Selon que le père est	De l'aîné des frères		Différence logistique	Du benjamin des frères		Différence logistique	Intervalles de confiance pour 1976 et pour 1990 disjoints au seuil		Effectifs 1976	Effectifs 1990
		En 1976	En 1990		En 1976	En 1990		Pour l'aîné	Le benjamin		
D'ouvrier	Ouvrier Autre CHD* Seuil χ2	57,3 22,0 **1,6** .001	51,6 20,6 **1,4** .001	– 0,2 – 0,1 **– 0,1**	52,9 25,3 **1,2** .001	43,0 21,0 **1,0** .001	**– 0,4** **– 0,2** *– 0,2*	ns ns	.10 ns	363 812	309 568
D'employé	Employé Autre CHD Seuil χ2	20,8 11,0 **0,8** .006	16,8 9,8 **0,6** .025	– 0,3 – 0,1 **– 0,1**	18,7 13,0 ns	20,0 12,0 0,6 .023	**0,1** **– 0,1** *0,2*	ns ns	ns ns	92 1 083	103 774
De petit indépendant	Petit indép. Autre CHD Seuil χ2	49,6 14,3 **1,8** .001	28,6 9,9 **1,3** .001	– 0,9 – 0,4 **– 0,5**	42,9 19,0 **1,16** .001	32,9 11,1 1,37 .001	**– 0,4** **– 0,6** *0,2*	.05 .10	.05 .05	562 613	307 570
De profession intermédiaire	Prof. inter. Autre CHD Seuil χ2	20,7 11,3 **0,7** .016	31,9 20,2 0,6 .020	0,6 0,7 **– 0,1**	34,0 11,4 **1,4** .001	35,5 19,2 **0,8** .001	**0,1** **0,6** *– 0,5*	ns .05	ns .05	68 1 107	63 814
Des classes supérieures	Classes sup. Autre CHD Seuil χ2	45,6 9,6 **2,1** .001	56,6 16,1 **1,9** .001	0,4 0,6 **– 0,1**	56,9 14,7 **2,0** .001	56,9 14,7 **2,0** .001	**0,9** **0,8** *0,1*	ns .05	.05 .05	90 1 085	95 772

* CHD : coefficient d'héritage différentiel. 1,6 est égal à la distance logistique différentiel. 1,6 est égal à la distance logistique entre 57,3 % et 22,0 %. La différence entre ces deux proportions est significative au seuil .001.
La différence logistique entre 51,6 % et 57,3 % est égale à – 0,2, mais c'est la simple différence (arrondie) entre 1,4 et 1,6 qui est égale à – 0,1.
Sources : enquêtes Réseaux familiaux de 1976 et Proches parents de 1996, Ined.

Dans un contexte d'augmentation relative semblable du poids des professions intermédiaires dans la population active masculine de 45-64 ans, seuls les aînés et les benjamins des fils d'un homme qui n'appartenait pas lui-même à cette catégorie voient leurs chances d'y accéder augmenter entre 1976 et 1990 et ce, dans une mesure semblable. La catégorie s'est donc largement ouverte en grossissant.

Par contre, la probabilité d'occuper une position de petit indépendant diminue entre les deux dates, dans un contexte de tassement du poids de cette catégorie dans la population active masculine de la tranche d'âges étudiée, aussi bien pour les aînés que pour les benjamins des fils de petits indépendants ou d'hommes qui n'appartenaient pas à cette catégorie, mais surtout pour les aînés des fils de petits indépendants, lesquels héritaient traditionnellement mieux que leurs autres frères de la position socioprofessionnelle de leur père.

La catégorie des employés, qui a tendu à se fermer au sexe masculin, n'est cependant pas l'objet de fortes turbulences. Il est difficile de conclure en ce qui concerne les fils d'employés, mais il semblerait que la diminution observée entre 1975 et 1990 du poids de cette catégorie ne concerne pas les agents qui n'en sont pas issus.

Enfin, la diminution du poids des ouvriers dans la population active masculine semble, quant à elle, plus fortement concerner les benjamins que les aînés, et principalement les benjamins d'origine ouvrière. Ici encore, le mouvement historique se traduit par une différence entre générations successives au sein de la fratrie. Il n'en demeure pas moins qu'en 1990 comme en 1976, les fils aîné et benjamin d'un homme ouvrier sont plus fréquemment ouvriers que ceux d'un homme qui ne l'est pas. L'héritage de la position paternelle ouvrière se maintient donc, bien que le coefficient d'héritage ait tendance à un peu baisser, l'aîné héritant toujours mieux que le benjamin et ce, dans une mesure qui ne varie guère.

À l'autre extrême de la hiérarchie sociale, l'héritage de la position socioprofessionnelle d'un homme appartenant aux classes supérieures, par l'aîné comme par le benjamin de ses fils, se maintient, la force du phénomène demeurant constante et égale pour les deux frères, dans un contexte d'accroissement du poids de ces catégories dans la population active masculine. L'inverse eût signifié un fort infléchissement de la rigidité sociale dans une période où bien des indicateurs économiques montrent l'accroissement des inégalités.

Au milieu de l'échelle sociale, l'héritage de la position socioprofessionnelle d'un petit indépendant par l'aîné ou par le benjamin de ses fils persiste lui aussi, bien que sa force diminue en ce qui concerne l'aîné au point que les deux fils héritent désormais aussi bien l'un que l'autre et ce, dans un contexte de tassement du poids des indépendants dans la population active masculine, mais surtout de forte diminution de celui des agriculteurs.

En 1976, l'héritage de la position paternelle par l'aîné ou le benjamin des fils d'un employé était attesté, la force du phénomène étant moins grande que dans les trois groupes précédents. En 1990, alors que le poids des employés dans la population active masculine a baissé, ce phénomène semble perdurer.

Enfin l'héritage d'une profession intermédiaire par l'un des fils aîné ou benjamin demeure un phénomène attesté en 1990, mais sa force diminue en ce qui concerne le benjamin des fils, au point que cette force est désormais la même pour les deux frères, dans un contexte d'augmentation des professions intermédiaires dans la population active masculine.

En dépit des variations de structure de la population active en quatorze ans, le phénomène d'héritage étudié s'est donc en définitive peu altéré : il a certes diminué d'intensité pour les aînés des frères dans toutes les classes sociales tandis qu'il a pu augmenter pour les benjamins de certaines d'entre elles, de sorte que l'écart s'est réduit pour les fils d'employés et des professions intermédiaires, estompé pour les fils des petits indépendants et des membres des classes supérieures. Seul l'héritage de la position socioprofessionnelle d'un ouvrier demeure un phénomène discriminant fortement les rangs, l'aîné des frères étant toujours promis à reproduire la position paternelle dans la majorité des cas, mais non plus le benjamin. Une conclusion de ce type serait-elle valable pour les lignées féminines ? Les choses, on va le voir, sont plus nuancées.

Les lignées féminines et la transmission du statut socioprofessionnel de père à fille

Entre 1976 et 1990, le taux d'activité[8] féminine a sensiblement augmenté (tableau 3) : cette augmentation est quasi générale et vaut pour les benjamines comme pour les aînées des filles, mais elle est plus ou moins importante selon le statut d'activité de la mère et la position socioprofessionnelle du père[9]. Elle est particulièrement importante pour les filles des classes aisées dont la mère était active, le taux passant alors presque du simple au double ; mais il était aussi le plus bas en 1976 parmi les femmes de ces classes, lorsque la mère était active. Ainsi, pour ces femmes, le taux d'activité augmente davantage lorsqu'il y a continuité plutôt que rupture avec le modèle maternel, les chances d'activité des benjamines et des aînées étant désormais semblables dans l'un et l'autre cas. À l'inverse, le taux d'activité n'augmente pas de manière significative pour les aînées des filles de petits indépendants dont la mère était active, mais il était le plus fort en 1976 ; en ce cas, c'est le taux d'activité des femmes qui rompent avec le modèle maternel qui augmente de manière significative. L'évolution est un peu

---

[8] On parle de l'activité féminine (sous-entendu professionnelle) et non de l'emploi féminin car les femmes peuvent aussi bien être indépendantes que salariées et que l'on analyse en général les variations du taux d'emploi salarié.

[9] On calcule comme précédemment des intervalles de confiance pour conclure d'une manière ou de l'autre.

différente pour les benjamines puisque le taux d'activité augmente même si la mère était active, mais pour elles aussi, l'augmentation est plus forte si cette mère ne l'était pas. Enfin, le taux d'activité des femmes d'origine populaire a augmenté dans des proportions semblables, et fortement, que la mère fût active ou pas, pour les benjamines comme pour les aînées. Il résulte de ces évolutions différenciées qu'à situation d'activité de la mère et à rang dans la sous-fratrie de même sexe constants, les femmes d'origine sociale différente voient leurs chances d'activité se rapprocher en 1990 (tableau 3).

Dans ce contexte général de forte augmentation de l'activité féminine entre les deux dates, le fait pour une femme d'être plus souvent active lorsque sa mère l'était que lorsqu'elle ne l'était pas a, quant à lui, évolué différemment selon les milieux sociaux. Ainsi l'héritage de l'activité de la mère existe en 1990 comme en 1976 pour les femmes (aînées ou benjamines) d'origine populaire. Le phénomène persiste alors que l'activité de ces femmes s'est beaucoup accrue. Sa force reste constante pour les aînées des filles, elle augmente considérablement pour les benjamines, si bien que le rapport des propensions à l'héritage de l'activité maternelle par les sœurs s'inverse entre 1976 et 1990, à l'avantage des benjamines.

Le phénomène perd de sa force entre les deux dates pour les filles d'un petit indépendant, surtout pour les aînées des sœurs, du fait que la proportion des femmes actives quand leur mère l'était a peu augmenté sur la période, tandis que les femmes dont la mère était inactive ont, comme les femmes d'origine populaire, beaucoup plus souvent rompu avec le modèle maternel de la mère au foyer en 1990. Les aînées et les benjamines des filles de ces milieux traditionnels n'ont plus tendance à suivre le modèle maternel d'inactivité : elles sont désormais en majorité actives. On peut voir là une confirmation de ce que le rapport à l'activité professionnelle des femmes en France a subi une révolution qui a commencé au début des années 1960 : la norme est désormais que la femme travaille.

Enfin la conformité au modèle maternel qui n'était pas attestée en 1976 parmi les femmes d'origine aisée, l'est désormais, aussi bien pour les aînées que pour les benjamines. Même si la proportion de femmes actives dont la mère était inactive a beaucoup augmenté entre les deux dates, la proportion des actives filles d'actives a augmenté plus encore et de façon très considérable : le taux de l'activité féminine conforme au modèle maternel est maximum dans les classes aisées en 1990, alors qu'il y était minimum en 1976. Tout ce passe comme si les mères actives des classes aisées n'avaient d'abord pas eu d'influence sur l'avenir professionnel de leurs filles – les filles de mère inactive étant aussi désireuses de ne pas reproduire le modèle maternel que les filles de mère active de suivre l'exemple de celle-ci – tandis que ce modèle maternel a une influence forte pour des générations plus jeunes d'une quinzaine d'années. On peut, à titre d'hypothèse exigeant vérification, dater l'émergence du phénomène autour de 1968, moment de rupture culturelle auquel les femmes âgées de 45 ans en 1990 étaient jeunes étudiantes. Que la force de l'héritage ait eu tendance

TABLEAU 3. – HÉRITAGE DE LA SITUATION D'ACTIVE DE LA MÈRE PAR L'AÎNÉE ET LA BENJAMINE DES SŒURS SELON LA POSITION SOCIOPROFESSIONNELLE DU PÈRE. DONNÉES DE 1976 ET DE 1990 (*FRATRIES COMPRENANT DEUX FEMMES AU MOINS*)

Position socioprofessionnelle du père	Situation d'activité de la mère	Probabilité % pour que soit active						Intervalles de confiance pour 1976 et 1990 disjoints au seuil		Effectifs 1976	Effectifs 1990
		L'aînée des sœurs			La benjamine des sœurs						
		en 1976	en 1990	Distance logistique	en 1976	en 1990	Distance logistique	Pour l'aînée	La benjamine		
Classes populaires	Inactive	41,3	66,4	**1,0**	46,2	69,8	**1,0**	.05	.05	362	471
	Active	56,5	79,3	**1,1**	56,0	84,4	**1,4**	.05	.05	170	392
	CHD*	**0,6**	**0,7**	*0,0*	**0,4**	**0,9**	*0,5*				
	Seuil χ2	.001	.001		.01	.001					
Petits indépendants	Inactive	46,5	66,6	**0,8**	39,1	64,4	1,0	.05	.05	217	203
	Active	68,8	78,3	**0,5**	68,5	80,9	0,7	.05	.05	404	389
	CHD	**0,9**	0,6	*-0,3*	**1,2**	**0,9**	*-0,4*				
	Seuil χ2	.001	.002		.01	.001					
Classes aisées	Inactive	55,8	71,5	**0,7**	45,9	77,2	**1,4**	.05	.05	144	243
	Active	46,1	84,8	**1,9**	48,7	90,2	**2,3**	.05	.05	33	152
	CHD	**-0,4**	**0,8**	*1,2*	**0,1**	**1,0**	*0,9*				
	Seuil χ2	.001	.002		.01	.001					

*CHD : 0,6 est la différence logistique entre 56,5 % et 41,3 %. 1,0 est égal à la différence logistique entre 66,4 % et 41,3 %.
Sources : enquêtes Réseaux familiaux 1976 et Proches et parents 1990, Ined.

à augmenter ou à diminuer entre les deux dates, que l'aînée héritât mieux ou moins bien que sa sœur benjamine en 1976, la benjamine hérite toujours mieux que l'aînée en 1990, et l'intensité de la force de l'héritage tend, pour une sœur comme pour l'autre, vers une même valeur pour les différentes classes sociales.

En 1976, l'aînée comme la benjamine des sœurs héritaient de la position socioprofessionnelle de leur père si elles étaient actives, quelle que fût cette position socioprofessionnelle. La force de cet héritage était particulièrement grande pour les femmes dont le père appartenait aux classes supérieures (CHD égal à 3,0 aussi bien pour la benjamine que pour l'aînée) ou était petit indépendant (CHD égal à 1,3 pour les aînées et à 2,1 pour les benjamines). Cette force était plus grande pour la benjamine en ce dernier cas, plus petite si le père était employé, sensiblement égale pour les deux sœurs pour les autres origines sociales.

Cet héritage demeure un phénomène attesté en 1990, à l'exception du cas des benjamines d'un homme qui était employé, mais sa force a très sensiblement diminué ou augmenté selon les situations (tableau 4, colonnes *ensemble*). Elle a très sensiblement diminué pour les aînées et les benjamines d'un homme appartenant aux classes supérieures ou pour les benjamines d'un petit indépendant, c'est-à-dire quand elle était particulièrement grande en 1976. Elle a un peu diminué pour les aînées des filles d'un employé et à peine augmenté pour les filles d'un homme exerçant une profession intermédiaire. Par contre, elle a très sensiblement augmenté pour les filles d'un ouvrier. Ainsi, l'égalité de cette force pour les aînées et les benjamines s'est-elle conservée dans les seuls cas où l'héritabilité a augmenté pour les deux sœurs (filles d'un ouvrier ou d'une profession intermédiaire). À l'inverse, si l'héritabilité a diminué pour les deux sœurs (filles d'un homme appartenant aux classes supérieures ou employé), alors l'aînée hérite mieux (ou mieux encore) désormais que la benjamine. Enfin, lorsque la valeur du coefficient d'héritage a évolué en sens contraire pour les deux sœurs (filles de petits indépendants), alors la force de l'héritage de la benjamine est désormais plus grande que celle de l'aînée.

L'augmentation de la proportion de femmes actives, qui a accompagné celle du poids des employées principalement et une relative diminution de celui des ouvrières, s'est donc aussi traduite par une plus grande diversification des destins socioprofessionnels des femmes par rapport à leur milieu d'origine, sauf pour les filles d'ouvriers et les aînées de petits indépendants (dont l'entrée plus massive sur le marché du travail a accentué l'héritage de la position paternelle) et pour les filles des professions intermédiaires qui reproduisent autant qu'auparavant la position paternelle.

En définitive, et malgré des évolutions différenciées de la force du phénomène selon les classes et les rangs, qui opèrent de manière indépendante pour les hommes et pour les femmes, *l'héritage de la position socioprofessionnelle du père demeure un phénomène persistant pour les deux sexes dans la quasi-totalité de l'espace social.* L'héritage de l'activité de

TABLEAU 4. – HÉRITAGE DE LA POSITION PATERNELLE ET COMPLÉMENTARITÉ DE CET HÉRITAGE DE L'AÎNÉE ET DE LA BENJAMINE DES SŒURS TOUTES DEUX ACTIVES SELON LA POSITION SOCIOPROFESSIONNELLE DU PÈRE (*FRATRIES COMPRENANT DEUX FEMMES AU MOINS*)

Probabilité d'accès...		...de l'aînée des sœurs selon que l'autre				...de la benjamine des sœurs selon que l'autre			Seuil χ2**	Effectifs
À la position	Selon la position du père	(Ensemble)	N'y a pas accédé	Y a accédé	Différence logistique	N'y a pas accédé	Y a accédé	(Ensemble)		
D'ouvrière	Ouvrier	28,3	22,7	42,5	0,9	22,3	62,9	28,6	.001	158
	Autre	6,6	4,1	41,4	2,8	4,3	42,8	6,8	.001	368
	CHD*	**1,7**	**1,9**	**0,0**	**-1,9**	**1,9**	**0,8**	**1,7**		
	Rappel 1976	**0,7**	**0,5**	**0,8**	**0,3**	**0,6**	**1,0**	**0,8**		
D'employée	Employé	47,8	47,0	49,4	0,1	33,6	35,8	34,6	ns	85
	Autre	35,6	24,0	56,6	1,4	24,1	56,8	35,8	.001	441
	CHD	**0,5**	**1,0**	**-0,3**	**-1,3**	**0,5**	**-0,9**	**-0,1**		
	Rappel 1976	**0,8**	**0,5**	**1,0**	**0,5**	**0,1**	**0,6**	**0,5**		
De petit indépendance	Petit indép.	27,6	20,7	50,1	1,3	16,3	42,8	23,6	.001	162
	Autre	6,6	6,3	10,0	0,5	7,5	11,9	7,8	ns	354
	CHD	**1,7**	**1,4**	**2,2**	**0,8**	**0,9**	**1,7**	**1,3**		
	Rappel 1976	**1,3**	**0,9**	**0,8**	**-0,1**	**2,0**	**1,8**	**2,1**		
De profession intermédiaire	Prof. inter.	38,9	23,1	61,7	1,7	25,8	65,1	41,1	.004	54
	Autre	24,6	19,6	39,0	1,0	20,9	41,0	25,9	.001	472
	CHD	**0,7**	**0,2**	**0,9**	**0,7**	**0,3**	**1,0**	**0,7**		
	Rappel 1976	**0,5**	**1,0**	**-1,5**	**-2,5**	**1,1**	**-1,5**	**0,6**		
Des classes supérieures	Classes sup.	31,5	29,6	40,8	0,5	14,7	21,9	16,9	ns	67
	Autre	7,3	6,1	17,4	1,2	9,4	25,1	10,5	.005	459
	CHD	**1,8**	**1,9**	**1,2**	**-0,7**	**0,5**	**-0,2**	**0,6**		
	Rappel 1976	**3,0**	**2,2**	**infini**	**infini**	**2,2**	**infini**	**3,0**		

La différence logistique entre 42,5 % et 22,7 % est égale à 0,9.
*CHD : coefficient d'héritage différentiel. 1,7 est égal à la différence logistique entre 28,3 % et 6,6 %.
** Dans tous les tableaux, les valeurs du test sont calculées pour des effectifs pondérés, la somme des poids étant égale à 1.
En italiques, différences entre CHD données dans la même ligne ou entre distances logistiques données dans la même colonne.
Chiffres 1976 complets in *Population*, numéro 4-5, 1995, p. 1146, tableau 4B.
Source : enquête Proches et parents, 1990, Ined.

la mère par les femmes est, quant à lui, un phénomène nouveau dans les classes supérieures au cours de la période étudiée, un phénomène qui se renforce dans les classes populaires et dont la force tend à diminuer chez les petits indépendants. C'est donc dans ce contexte de persistance des phénomènes d'héritage, mais de variations divergentes de leur intensité, sur une période assez longue, qu'il s'agit de tester si la complémentarité des destins des germains de même sexe est, elle aussi, demeurée stable.

II. – La complémentarité de l'héritage se maintient-elle?

Complémentarité de l'héritage de la position socioprofessionnelle du père par les frères

L'héritage de la position socioprofessionnelle paternelle étant donc attestée en 1990 pour chacun des frères aîné et benjamin, le coefficient d'héritage est-il nettement plus grand lorsque l'autre frère a hérité – tel est le critère de complémentarité de l'héritage –, comme on l'avait constaté en 1976 pour le milieu et surtout pour le haut de la hiérarchie sociale ? Si la réponse est positive, on pourra conclure que la complémentarité se maintient ou apparaît là où elle n'existait pas, c'est-à-dire dans les classes populaires. Si le coefficient est au contraire nettement plus petit en cas d'héritage fraternel, on devra conclure qu'il y a, non pas complémentarité, mais sélectivité du phénomène d'héritage, comme tel était le cas en 1976 pour les fils d'employés[10].

En 1990 comme en 1976, le phénomène de simple complémentarité d'accès des frères à une position sociale donnée est attesté à deux exceptions près (tableau 5)[11] : l'accès à la position de petit indépendant par les hommes non originaires de ce milieu (phénomène relativement rare, ayant un caractère individuel marqué) et l'accès à une position supérieure par les hommes dont le père occupait cette position, ce que l'on peut expliquer par une sorte de saturation conduisant à ce que les chances de reproduction de la position paternelle par les frères se sont alors égalisées à la hausse.

En ce qui concerne l'héritage de la position socioprofessionnelle du père, en 1990, il y a effectivement complémentarité pour les fils de petits indépendants et les fils des professions intermédiaires, à un moindre degré pour les fils d'employés ; à l'inverse, il y a sélectivité pour les fils d'ouvriers et des classes supérieures. Dans le premier cas, le phénomène de

---

[10] En général les chiffres de l'année 1976 ne sont pas donnés *in extenso* dans un tableau concernant 1990, mais on rappelle alors la référence du tableau relatif à l'année la plus ancienne déjà publié et auquel il est ainsi possible de se reporter.

[11] Rappelons que, quelle que soit l'origine sociale des germains, la complémentarité d'accès à une position A se définit par le fait que l'aîné (ou, de manière équivalente, le benjamin) a plus de chances d'avoir accédé à la position A lorsque le benjamin (l'aîné) y a accédé, plutôt que lorsque tel n'a pas été le cas.

TABLEAU 5. – HÉRITAGE DE LA POSITION PATERNELLE ET COMPLÉMENTARITÉ DE CET HÉRITAGE DE L'AÎNÉ ET DU BENJAMIN DES FRÈRES SELON LA POSITION SOCIOPROFESSIONNELLE DU PÈRE *(FRATRIES COMPRENANT DEUX HOMMES AU MOINS)*

Probabilité d'accès...		...de l'aîné des frères selon que l'autre		Différence logistique	...du benjamin des frères selon que l'autre		Seuil χ2
À la position	Selon la position du père	N'y a pas accédé	Y a accédé		N'y a pas accédé	Y a accédé	
D'ouvrier	Ouvrier	46,4	58,6	0,5	36,9	48,8	.038
	Autre	15,9	38,0	*1,2*	16,4	38,7	.001
	CHD*	**1,5**	**0,8**	**– 0,7**	**1,1**	**0,4**	
	Rappel 1976	0,9	0,8	*– 0,2*	1,4	1,2	
D'employé	Employé	13,1	31,8	1,1	16,4	37,8	.048
	Autre	9,2	14,9	0,5	11,3	18,1	0.84
	CHD	**0,4**	**1,0**	**0,6**	**0,4**	**1,0**	
	Rappel 1976	0,5	– 0,2	*– 0,7*	0,9	0,2	
De petit indépendant	Petit indép.	25,3	35,4	0,5	29,8	40,6	.061
	Autre	10,1	8,6	– 0,2	11,2	9,6	ns
	CHD	**1,1**	**1,8**	**0,7**	**1,2**	**1,9**	
	Rappel 1976	0,7	0,8	0,1	1,5	1,6	
De profession intermédiaire	Prof. inter.	25,5	43,4	0,8	29,5	48,3	.112
	Autre	18,4	27,5	0,5	17,4	26,2	.011
	CHD	**0,4**	**0,7**	*0,3*	**0,7**	**1,0**	
	Rappel 1976	1,3	1,5	*0,2*	0,5	0,6	
Des classes supérieures	Classes sup.	56,8	56,4	0,0	57,1	56,7	ns
	Autre	13,1	33,9	1,2	11,6	30,9	.001
	CHD	**2,2**	**0,9**	**– 1,2**	**2,3**	**1,1**	
	Rappel 1976	1,1	1,6	*0,5*	1,5	2,1	

La différence logistique entre 58,6 % et 46,4 % est égale à 0,5.
*CHD : coefficient d'héritage différentiel. 1,5 est égal à la différence logistique entre 46,4 % et 15,9 %.
En italiques, différences entre CHD données dans la même ligne ou entre distances logistiques données dans la même colonne.
Chiffres complets pour 1976 *in Population*, numéro 2, 1995, p. 341, tableau 3.
Source : enquête Proches et parents, 1990, Ined.

sélectivité de l'héritage accompagne une complémentarité d'accès à la position par les frères qui en sont originaires, mais moins forte que la complémentarité de mobilité descendante des frères issus d'autres milieux sociaux : ceux-ci ont de bien plus fortes chances de devenir ouvriers ensemble, ce qui pourrait traduire un déclassement familial. Dans le second cas, la sélectivité est due en fait à une forte complémentarité d'accès aux classes supérieures des frères dont l'origine sociale relève d'une autre catégorie (ce qui correspond à une synergie intrafamiliale de mobilité sociale ascendante), la probabilité de se maintenir, une fois adulte, dans les classes supérieures pour un frère dont c'est l'origine sociale étant désormais indépendante du fait que l'autre frère s'y soit inséré ou non.

Notre conclusion relative à 1976, à savoir que plus il y avait à hériter, plus les frères avaient de chances d'hériter ensemble, n'est donc plus valable en 1990. En effet, les fils d'ouvriers héritent comme en 1976, mais sans qu'il y ait complémentarité de l'héritage, la sélectivité s'étant renforcée ; les fils de petits indépendants comme les fils de professions intermédiaires héritent, la complémentarité de l'héritage s'étant renforcée ; mais les fils des classes supérieures héritent *sans qu'il y ait désormais complémentarité de l'héritage* : principalement parce que la probabilité pour que le benjamin des fils ait accédé alors à la position paternelle, l'aîné de ses frères n'y ayant pas accédé, a considérablement augmenté (de 16 % en 1976 à 56 % en 1990) et est désormais du même ordre que la probabilité pour qu'il y ait accédé conjointement avec ce frère. *La complémentarité de cet héritage n'est donc désormais plus attestée qu'au milieu de l'échelle sociale : c'est un phénomène persistant dans les milieux de petits indépendants et de professions intermédiaires.*

Complémentarité de l'héritage du statut d'active de la mère par les sœurs

La seule complémentarité des situations d'activité des sœurs consiste en ce que la probabilité pour que l'une d'elles soit active est plus grande si l'autre l'est aussi plutôt que si elle ne l'est pas (tableau 6). Ce phénomène était attesté en 1976 pour toutes les origines sociales des sœurs, et que leur mère fût elle-même active ou pas. Tel est toujours le cas en 1990, à l'exception des filles des classes populaires dont la mère était active. Cette complémentarité reste stable (son intensité étant mesurée par la différence logistique entre probabilités conditionnelles) pour les filles de petits indépendants dont la mère était active et pour les filles des classes populaires dont la mère était inactive ; elle a tendance à diminuer dans les autres cas, surtout pour les filles d'un homme appartenant aux classes aisées dont les chances respectives d'activité tendent à devenir indépendantes.

En 1976, la complémentarité de l'héritage du statut d'active de la mère par ses filles était attestée pour les filles de petits indépendants et, à un moindre degré, pour les filles des membres des classes populaires ; mais elle ne pouvait pas l'être pour les filles des membres des classes aisées, puisque celles-ci n'héritaient pas de cette activité. En 1990, le tableau a complètement changé : le phénomène de complémentarité de l'héritage a disparu pour les sœurs dont le père était un petit indépendant, car la complémentarité de l'activité des sœurs est désormais plus forte lorsque la mère était inactive plutôt qu'active (l'évolution de cette complémentarité est d'ailleurs inverse selon que la mère était active ou non : dans le premier cas, elle diminue, dans le second, elle augmente). Il a également disparu pour les sœurs originaires des classes populaires, encore qu'il fût à peine perceptible en 1976. Mais, le phénomène apparaît pour les sœurs dont le

TABLEAU 6. – HÉRITAGE ET COMPLÉMENTARITÉ DE L'HÉRITAGE DE LA SITUATION D'ACTIVE
DE LA MÈRE PAR L'AÎNÉE ET LA BENJAMINE DES SŒURS SELON LA POSITION
SOCIOPROFESSIONNELLE DU PÈRE *(FRATRIES COMPRENANT AU MOINS DEUX FEMMES)*

Position socioprofessionnelle du père	Situation d'activité de la mère	Probabilité % que l'aînée soit active selon que la benjamine est		Différence logistique	Probabilité % que la benjamine le soit selon que l'aînée est		Seuil χ2	Effectifs
		Inactive	Active		Inactive	Active		
Classes populaires	Inactive	57,2	70,4	**0,6**	61,6	74,0	.005	351
	rappel 76			0,5				
	active	74,2	80,3	**0,3**	80,5	85,4	ns	229
	rappel 76			0,6				
	CHD*	**0,8**	**0,5**	*– 0,2*	**0,9**	**0,7**		
	rappel 76	*0,5*	*0,6*	*0,1*	*0,2*	*0,3*		
	seuil χ2	.022	.003		.003	.001		
	effectifs	203	660		239	624		
Petits indépendants	Inactive	41,1	80,6	**1,8**	37,3	78,0	.001	136
	rappel 76			0,5				
	active	65,1	81,4	**0,9**	69,5	84,1	.002	253
	rappel 76			0,9				
	CHD*	**1,0**	**0,1**	*– 0,9*	**1,3**	**0,4**		
	rappel 76	*0,6*	*1,0*	*0,4*	*0,9*	*1,3*		
	seuil χ2	.003	ns		.001	.125		
	effectifs	147	445		152	440		
Classes aisées	Inactive	63,1	74,0	**0,5**	70,4	79,8	.114	163
	rappel 76			0,9				
	active	40,7	89,6	**2,5**	61,9	95,3	.001	78
	rappel 76			1,7				
	CHD*	**– 0,9**	**1,1**	*2,0*	**– 0,4**	**1,6**		
	rappel 76	*– 1,0*	*– 0,2*	*0,8*	*0,2*	*1,0*		
	seuil χ2	.121	.001		ns	.001		
	effectifs	71	324		94	302		

0,6 est la différence logistique entre 70,4 % et 57,2 % ou entre 74,0 % et 61,6 %.
*CHD : coefficient d'héritage différentiel : 0,6 est la différence logistique entre 74,2 % et 57,2 %.
En italiques, différence entre CHD données dans la même ligne ou entre différences logistiques données dans la même colonne.
Chiffres complets 1976 in *Population*, numéro 4-5, 1995, p. 1143, tableau 3.
Source : enquête Proches et parents, 1990, Ined.

père appartenait aux classes aisées, parce que les sœurs héritent désormais de l'activité de leur mère, le plus souvent toutes deux ensemble.

La disparition du phénomène pour les filles de petits indépendants est liée à la beaucoup plus forte augmentation, entre les deux dates, du taux d'activité des femmes originaires de la catégorie lorsque la mère était inactive, les filles ayant désormais tendance à se distinguer de leur mère ; son apparition pour les filles des membres des classes aisées est liée à la beaucoup plus forte augmentation du taux d'activité lorsque la mère était active, les filles ayant alors tendance à faire comme leur mère. Dans les deux cas, la modernité l'emporte sur la tradition.

Complémentarité de l'héritage de la position socioprofessionnelle du père par les sœurs

En 1976, la complémentarité de l'héritage de la position socioprofessionnelle paternelle par les sœurs toutes deux actives était attestée aux extrémités de l'échelle sociale : pour les filles d'ouvriers, d'employés et des classes supérieures. C'est l'inverse en 1990 : le phénomène est alors attesté pour les filles de petits indépendants et des professions intermédiaires (tableau 4).

La complémentarité de l'héritage socioprofessionnel en ligne masculine, comme la complémentarité de l'héritage de la position socioprofessionnelle du père par ses filles, tendent donc désormais à se concentrer au milieu de l'échelle sociale, alors que la complémentarité de l'héritage de l'activité maternelle par les sœurs tend à disparaître en bas et au milieu de cette échelle et à apparaître lorsqu'on s'y élève. Les évolutions des deux phénomènes ne sont donc pas parallèles.

III. – L'effet du statut matrimonial des femmes

Mariage et baisse de l'activité des sœurs

Le mariage a-t-il un effet négatif sur l'activité des femmes ? C'était vrai en 1976 pour l'aînée et pour la benjamine des sœurs, quelle que fût la situation d'activité de la mère, pour les femmes dont le père appartenait aux classes populaires et pour les seules aînées dont le père était un petit indépendant ou appartenait aux classes aisées. L'effet négatif s'affaiblit, voire s'estompe, en 1990 dans la plupart des situations (tableau 7) : il ne conserve son intensité que pour les benjamines des filles dont la mère était inactive, mais il apparaît avec une forte intensité chez celles de ces femmes dont le père était un petit indépendant. Bien qu'il diminue d'intensité, le phénomène perdure donc pour les aînées et les benjamines d'une femme inactive : en dépit de l'évolution de la situation des femmes par rapport à l'emploi, l'inactivité des femmes après le mariage reste ainsi en partie liée au modèle maternel.

TABLEAU 7. – ACTIVITÉ DES SŒURS CÉLIBATAIRES OU MARIÉES SELON LA POSITION
SOCIOPROFESSIONNELLE DE LEUR PÈRE OU LE STATUT D'ACTIVITÉ DE LEUR MÈRE
(FRATRIES COMPRENANT AU MOINS DEUX FEMMES)

Position socioprofessionnelle du père	Statut matrimonial	Probabilité % pour que soit active	
		L'aînée des sœurs	La benjamine
Classes populaires	célibataire	86,5	82,9
	effectifs	39	53
	mariée	68,6	73,5
	effectifs	357	389
	diflog	**– 1,1**	**– 0,6**
	rappel 76	**– 3,1**	**– 1,4**
	seuil χ2	.016	.06
Petits indépendants	célibataire	70,6	90
	effectifs	23	26
	mariée	72,8	71
	effectifs	276	300
	diflog	**0,1**	**– 1,3**
	rappel 76	**– 0,8**	**– 0,6**
	seuil χ2	ns	.02
Classes aisées	célibataire	76,0	85,4
	effectifs	18	46
	mariée	68,6	77,9
	effectifs	357	160
	diflog	**– 0,4**	**– 0,5**
	rappel 76	**– 1,1**	**– 0,8**
	seuil χ2	.016	ns
La mère est (était)			
Inactive	célibataire	83,9	82,2
	effectifs	48	74
	mariée	57,8	63,3
	effectifs	484	540
	diflog	**– 1,3**	**– 1,0**
	rappel 76	**– 2,0**	**– 0,8**
	seuil χ2	.001	.002
Active	célibataire	79,8	90,0
	effectifs	45	72
	mariée	76,7	79,6
	effectifs	511	534
	diflog	**– 0,2**	**– 0,8**
	rappel 76	**– 0,9**	**– 1,7**
	seuil χ2	ns	.02

Diflog : – 1,1 est la différence logistique entre 86,5 % et 68,6 %. La différence entre 86,5 % et 68,6 % est significative au seuil .016.
Chiffres 1976 complets *in Population*, numéro 4-5, 1995, p. 1448.
Source : enquête Proches et parents, 1990, Ined.

Mariage et complémentarité de l'activité des sœurs

La complémentarité de l'activité des sœurs n'existait en 1976 que si les deux sœurs s'étaient mariées : une opposition de statut entre elles (que l'aînée soit demeurée célibataire et la benjamine se soit mariée ou l'inverse) se traduisait par une indépendance de leurs situations d'activité respectives. Ce phénomène, qui corroborait l'idée de l'importance du mariage pour la reproduction du modèle maternel d'activité ou de non-activité, perd de sa pertinence en 1990, puisqu'il existe alors également lorsque l'aînée est mariée et la benjamine célibataire (tableau 8). Toutefois, l'indépendance des situations d'activité demeure dans le cas très minoritaire où l'aînée est demeurée célibataire tandis que sa benjamine s'est mariée, indiquant ainsi un écart à la norme.

TABLEAU 8. – COMPLÉMENTARITÉ DE LA SITUATION D'ACTIVITÉ DE L'AÎNÉE ET DE LA BENJAMINE DES SŒURS SELON LEUR STATUT MATRIMONIAL RESPECTIF
(FRATRIES COMPRENANT AU MOINS DEUX FEMMES)

Statut matrimonial		L'autre sœur est	Probabilité % que soit active		χ^2	Effectifs
de l'aînée	de la benjamine		l'aînée	la benjamine		
Mariée	Célibataire	Inactive Active	44,1 72,8	74,1 90,6	.01	97
		diflog rappel 76	**1,2** **0,9**	**1,2** **0,9**		
Célibataire	Mariée	Inactive Active	80,1 79,3	75,5 74,4	ns	57
		diflog rappel 76	**– 0,0** **– 0,3**	**– 0,0** **– 0,3**		
Mariée	Mariée	Inactive Active	45,1 74,6	53,5 80,4	.001	722
		diflog rappel 76	**1,3** **0,9**	**1,3** **0,9**		

1,2 est la différence logistique entre 72,8 % et 44,1 %.
Chiffres 1976 complets *in Population*, numéro 4-5, 1995, p. 1149, tableau 7.
Source : enquête Proches et parents, 1990, Ined.

IV. – Alliance et évolution du lien entre les positions des alliés

Complémentarité de l'héritage et alliance homogamique

L'alliance homogamique[12] n'est plus attestée en 1990 comme elle l'était en 1976 dans toutes les classes sociales (tableau 9, colonne *ensemble*, relative au premier des gendres – c'est-à-dire l'époux de l'aînée des filles mariées) : un gendre d'employé ou d'un homme exerçant une profession intermédiaire n'a désormais pas plus de chances d'occuper cette position que le gendre d'un homme qui n'occupe pas celle-ci. Toutefois l'alliance homogamique existe dans tous les groupes sociaux lorsque le fils marié occupe la position paternelle, mais non quand le fils n'occupe pas cette position, chez les employés et les professions intermédiaires.

En cohérence avec ce qui précède, on parlera de *complémentarité de l'alliance homogamique et de l'héritage* lorsque le coefficient d'héritage de la position paternelle par le fils prend une plus grande valeur quand le gendre occupe lui aussi cette position ou, de façon corrélative, quand le coefficient d'homogamie (égal à la distance logistique entre probabilités pour que le gendre occupe la position selon que son beau-père l'occupe ou non), est plus grand quand le fils occupe la position comme le père. En 1976, les deux phénomènes d'héritage de la position paternelle par le fils aîné marié et d'homogamie du premier des gendres étaient attestés, mais ils étaient exclusifs l'un de l'autre lorsque le (beau-)père exerçait une profession intermédiaire, et ne se renforçaient pas l'un l'autre lorsque ce dernier était ouvrier ou employé. Leur complémentarité n'existait donc que si le (beau-)père était un petit indépendant ou appartenait aux classes supérieures. En 1990, cette complémentarité ne perdure plus que pour le premier de ces deux groupes, mais elle apparaît lorsque le (beau-)père est employé ou exerce une profession intermédiaire (tableau 9).

Cette complémentarité de l'héritage et de l'alliance homogamique tend donc à disparaître en haut et en bas de l'échelle sociale, quand l'alliance homogamique elle-même ne s'estompe pas, mais se généralise à l'ensemble des autres classes sociales. Il y a donc désormais parallélisme de la présence ou de l'absence des phénomènes de complémentarité de l'héritage de la position socioprofessionnelle du père par les frères, d'une part,

---

[12] Rappelons que l'on parle ici d'alliance homogamique quand un homme a épousé une femme dont le père relevait de la même position socioprofessionnelle que lui (ou, dit autrement, quand une femme a épousé un homme qui désormais se trouve dans la position socioprofessionnelle qui était celle de son beau-père). Vu le nombre relativement faible de femmes actives et mariées dans l'échantillon de 1976, on n'avait pas analysé la correspondance entre les positions socioprofessionnelles des époux : on ne le fera donc pas en 1990 bien que cela eût été possible.

PROXIMITÉS SOCIOPROFESSIONNELLES

TABLEAU 9. – ACCÈS DU PREMIER DES GENDRES (OU DE L'AÎNÉ DES FILS MARIÉ) À DIFFÉRENTES POSITIONS SOCIOPROFESSIONNELLES SELON QUE LE FILS (OU LE GENDRE) Y A ACCÉDÉ OU PAS ET QUE LE PÈRE OCCUPAIT CETTE POSITION OU PAS
(FRATRIES COMPRENANT AU MOINS UNE FEMME MARIÉE ET DONT L'AÎNÉ DES HOMMES EST MARIÉ)

Probabilité d'accès...		... du premier des gendres selon que le fils			... de l'aîné des fils marié selon que le gendre			Seuil X2	Effectifs
À la position	Selon la position du père	(Ensemble)	N'y a pas accédé	Y a accédé	Différence logistique	N'y a pas accédé	Y a accédé	(Ensemble)		
D'ouvrier	Ouvrier	44,6	34,3	53,4	**0,8**	38,4	57,3	47,5	,004	293
	Autre	18,5	15,1	32,9	**1,01**	16,5	35,3	20,8	,001	571
	CHD*		**1,1**	**0,8**	*-0,2*	1,1	**0,9**			
	Rappel 76		**0,9**	**0,7**		1,2	**0,9**			
D'employé	Employé	11,5	9,2	18,3	0,8	18,8	33,7	19,7	ns	112
	Autre	11,8	12,1	9,5	-0,3	11,9	9,3	11,7	ns	752
	CHD		**-0,3**	**0,8**	*1,1*	**0,5**	1,6			
	Rappel 76		**1,0**	**0,4**		**1,0**	0,3			
De petit indépendant	Petit indép.	31,2	23,7	36,9	**0,6**	29,3	38,7	20,8	,01	295
	Autre	12,4	12,7	15,0	0,2	10,0	11,9	9,9	ns	569
	CHD		**0,8**	**1,2**	*0,4*	1,3	**1,5**			
	Rappel 76		**0,8**	**1,3**		1,4	**1,8**			
De profession intermédiaire	Prof. inter.	20,1	14,0	32,2	**1,1**	32,7	58,6	37,7	,05	67
	Autre	17,9	16,9	23,2	0,4	15,8	22,7	16,8	,02	797
	CHD		**-0,2**	**0,5**	*0,7*	1,0	**1,6**			
	Rappel 76		**0,9**	**0,0**		0,5	**-0,4**			
Des classes supérieures	Classes sup.	54,2	46,6	57,5	0,4	51,9	62,5	57,8	ns	97
	Autre	20,4	16,1	42,1	**1,3**	12,7	35,5	17,4	,001	767
	CHD		**1,5**	**0,6**	*-0,9*	2,0	**1,1**			
	Rappel 76		**0,8**	**1,7**		2,3	**3,0**			

*CHD : 1,1 est la différence logistique entre 34,3 % et 15,1 %.
0,8 est la différence logistique entre 53,4 % et 34,3 % ou entre 57,3 % et 38,4, et la différence entre les proportions de chaque couple est significative du seuil ,004.
Chiffres complets pour 1976 in *Population*, numéro 2, 1995, p. 350-351, tableau 7.
Source : enquête Proches et parents, 1990, Ined.

de l'héritage par l'aîné des fils marié de cette position et de l'homogamie de l'alliance de l'aînée des filles mariées, d'autre part.

Complémentarité de l'activité des belles-sœurs ou de l'héritage et du transfert du modèle maternel d'activité

On parle de complémentarité de l'activité des belles-sœurs (épouse de l'aîné des fils et aînée des filles mariées) si la probabilité pour que l'une soit active est plus grande quand l'autre est active. Cette complémentarité était attestée en 1976, que le (beau-)père appartînt aux classes aisées, aux classes populaires ou encore qu'il fût un petit indépendant, lorsque la mère était inactive; elle n'existait que dans les deux derniers groupes lorsque la mère était active. En 1990, il n'en est plus ainsi que dans le premier groupe si la mère était inactive (tableau 10). La distance logistique entre probabilités conditionnelles pour que la bru soit active étant donné que la fille l'est ou pas – qui indique la force du phénomène – demeure constante, entre les deux dates, pour les filles ou pour les femmes ayant épousé le fils aîné d'un petit indépendant ou d'un homme appartenant aux classes populaires et dont l'épouse est active; elle diminue si le (beau-)père appartient aux classes aisées, sa femme étant inactive.

On parlera enfin de transfert du statut d'active de la belle-mère à sa bru lorsque la probabilité pour que cette dernière soit active est plus grande si la belle-mère l'est (ou l'était). Ce transfert, comme l'héritage du statut d'active par la fille mariée, sont des phénomènes stables, repérables en 1990 comme en 1976, pour les trois positions paternelles distinguées. Bien que les valeurs des coefficients d'héritage ou de transfert puissent varier, ces variations ne revêtent pas un caractère statistiquement significatif. Cependant la complémentarité des deux phénomènes[13], c'est-à-dire leur renforcement mutuel, existait à peine en 1976 dans les classes populaires, faisant place au phénomène inverse d'affaiblissement réciproque chez les petits indépendants et même à leur incompatibilité dans les classes aisées. En 1990, la complémentarité est renforcée dans les classes populaires, elle apparaît chez les petits indépendants, l'incompatibilité s'effaçant sans qu'apparaisse la complémentarité dans les classes aisées. La tendance est donc à une complémentarité croissante de l'héritage du modèle d'activité maternelle et de son transfert à la bru.

---

[13] Toujours dans la même logique, on parle de complémentarité des phénomènes de transfert et d'héritage du statut d'active pour les groupes où ces deux phénomènes existent et de manière telle que : le coefficient de transfert croît lorsque la fille est active ou, de manière équivalente, le coefficient d'héritage croît lorsque la bru est active.

TABLEAU 10. – PROBABILITÉ POUR QUE SOIT ACTIVE LA PREMIÈRE DES BRUS (OU L'AÎNÉE DES FILLES MARIÉES) SELON QUE LA FILLE MARIÉE (OU LA BRU) ET LA MÈRE SONT ACTIVES OU PAS ET LA POSITION SOCIOPROFESSIONNELLE DU PÈRE *(FRATRIES COMPRENANT AU MOINS UNE FEMME MARIÉE ET DONT L'AÎNÉ DES FRÈRES EST MARIÉ)*

Position socioprofessionnelle du père	La mère est (était)	Selon que l'autre belle-sœur est	Probabilité % que soit active		Coeff. transfert à bru	Coeff. héritage fille	Seuil $\chi 2$	Effectifs
			la bru	la fille				
Classes populaires	Inactive	Inactive Active Difflog rappel 76	62,2 60,3 – 0,1 **0,5**	62,1 60,2 – 0,1 **0,5**			ns	312
	Active	Inactive rappel 76 Active rappel 76 Difflog rappel 76	67,1 79,4 **0,6** **0,6**	71,6 82,6 **0,6** **0,6**	**0,2** **0,7** **0,9** **0,8**	**0,4** **0,4** **1,1** **0,5**	.07	162
Petit indépendant	Inactive	Inactive Active Difflog rappel 76	56,3 57,6 **0,1** **1,1**	58,8 60,0 **0,1** **1,1**			ns	123
	Active	Inactive rappel 76 Active rappel 76 Difflog rappel 76	71,7 79,5 **0,4** **0,4**	70,0 78,2 **0,4** **0,4**	**0,7** **1,1** **1,1** **0,4**	**0,5** **1,0** **0,9** **0,3**	.03	217
Classes aisées	Inactive	Inactive Active Difflog rappel 76	58,2 66,0 **0,3** **0,7**	64,6 71,2 **0,3** **0,7**			ns	129
	Active	Inactive rappel 76 Active rappel 76 Difflog rappel 76	84,1 77,3 **– 0,4** **– 0,4**	88,8 83,5 **– 0,4** **– 0,4**	**1,3** **0,7** **0,6** **– 0,4**	**1,5** **0,4** **0,7** **– 0,5**	ns	57

– 0,1 est la différence logistique entre 60,3 % et 62,2 % ou entre 60,2 % et 62,1 %.
1,9 est la différence logistique entre 67,1 % et 62,2 %.
2,2 est la différence logistique entre 71,2 % et 62,1 %.
Chiffres complets pour 1976 *in Population*, numéro 4-5, 1995, p. 1150, tableau 8.
Source : enquête Proches et parents, 1990, Ined.

Conclusion

Les phénomènes d'héritage analysés ici ont tendance à se maintenir. L'héritage par les hommes de la position socioprofessionnelle de leur père constitue un phénomène persistant. La seule exception concerne la catégorie des employés, mais elle confirme en quelque sorte la règle puisque cette catégorie s'est très fortement féminisée. D'ailleurs, les femmes actives n'héritent pas davantage de cette position paternelle : la catégorie des employés s'est largement ouverte à des femmes d'origine modeste, mais différente. De façon parallèle, les classes supérieures tendraient à s'ouvrir aux jeunes femmes actives qui n'en sont pas originaires. Plus généralement, l'héritage de la position socioprofessionnelle du père par ses fils se maintient mieux que l'héritage de cette position par les filles, notamment vers le milieu et le haut de l'échelle sociale. La stabilité sociale des lignées masculines sera-t-elle finalement plus grande que celle des lignées féminines lorsque les femmes auront eu dans leur majorité une mère active ? Si on ne peut prévoir ce qu'il en sera dans une génération, on peut au moins observer dès à présent que les femmes continuent d'hériter en 1990 de la situation d'activité de leur mère, en dépit de la généralisation du travail féminin, et que ce phénomène d'héritage a pris, entre 1976 et 1990, une ampleur toute particulière dans les classes supérieures. L'héritage de l'activité maternelle est plus saillant si on se limite aux femmes mariées ; le phénomène paraît stable dans la moyenne durée comme l'est le transfert du modèle d'activité de la belle-mère à la bru dans toutes les classes sociales.

L'héritage de la position socioprofessionnelle paternelle semble donc un phénomène persistant, mais il tend à devenir plus égalitaire. La plus grande propension des aînés d'un sexe donné à hériter de la position paternelle était attestée en 1976 pour les hommes non situés aux extrêmes de la hiérarchie sociale, et pour les femmes qui n'appartenaient pas à des familles de petits indépendants. Ce phénomène tend à disparaître en 1990 : il ne demeure fort que pour les femmes originaires des classes supérieures.

Si l'héritage de la position socioprofessionnelle paternelle persiste dans la quasi-totalité des catégories sociales, il n'en est pas de même des phénomènes de complémentarité observés en 1976 : la complémentarité de l'héritage par les frères de la position socioprofessionnelle paternelle ne persiste en 1990 que dans les classes moyennes, petits indépendants ou professions intermédiaires, où il tend à se renforcer. Va de pair avec cette évolution la concentration au milieu de l'échelle sociale de la complémentarité de l'héritage de la position socioprofessionnelle paternelle par l'aînée et la benjamine des filles, de la complémentarité de l'héritage de cette position par le fils aîné marié et de l'alliance homogamique du premier des gendres.

La complémentarité de l'héritage de l'activité maternelle par les filles, elle, n'est attestée aux deux dates que pour les femmes originaires des classes populaires. La complémentarité de l'activité des sœurs qui s'observait en 1976 pour les femmes mariées uniquement (la différence de situation eu égard au mariage entraînant alors une indépendance des statuts d'activité des sœurs) s'observe également en 1990 lorsque l'aînée des sœurs est mariée et la benjamine célibataire. Enfin, héritage de l'activité de la mère par la fille mariée et transfert de ce modèle d'activité à la bru n'étaient des phénomènes complémentaires en 1976 que dans les classes populaires ; le phénomène persiste en 1990 et apparaît chez les petits indépendants.

Il n'existe pas, sinon pour les enfants de petits indépendants, de complémentarité, stable dans le temps, entre l'héritage de la position paternelle par le frère et l'alliance homogamique de la sœur. L'héritage et le transfert du statut d'active de la (belle-)mère sont eux-mêmes des phénomènes stables dans le temps. Ainsi le milieu qui paraît le moins ouvert socialement est-il aussi le milieu le plus traditionnel.

On observe donc une persistance de l'héritage, mais un affaiblissement ou une disparition de la plupart des phénomènes de complémentarité, qu'il s'agisse de l'héritage des germains de même sexe, de l'héritage et de l'alliance homogamique des germains de sexe opposé, ou de l'héritage du statut d'active par les sœurs : entre 1976 et 1990, la synergie qui marquait les rapports inter et intra-générationnels au sein de la famille s'est incontestablement affaiblie. Elle demeure cependant forte dans les milieux les plus traditionnels. Et comme l'évolution des formes familiales éloigne le plus souvent de la forme traditionnelle, le constat n'a pas de quoi surprendre. Les phénomènes de complémentarité ne constituent donc pas une donne structurelle, stable dans le long terme : ils ne semblent pas résister aux changements de différents ordres qui ont affecté les familles au cours des dernières décennies ; et ils demeurent liés aux milieux les plus traditionnels de la société française.

On peut alors douter de l'utilité d'interroger des individus sur les positions professionnelles de leurs frères et sœurs au cours d'enquêtes relativement lourdes. Ne suffirait-il pas de se limiter au suivi des phénomènes d'héritage et de mobilité sociale selon le sexe et le rang dans la fratrie ? Les informations fournies par les enquêtes Formation et Qualification Professionnelle de l'Insee seraient alors suffisantes. Il reste cependant qu'indépendamment des positions parentales, une liaison existe entre les destins sociaux des germains : ainsi, l'absence de complémentarité de l'héritage n'exclut pas une complémentarité d'accès à une position donnée par les frères ou du statut d'active des sœurs. Ces phénomènes, prévisibles, sont cependant trop globaux. On n'a pas encore étudié en quoi et comment l'environnement familial pouvait déterminer un éventail plus ou moins ouvert de possibles *professionnels*. On se doute qu'il puisse y avoir des traditions familiales de juristes, de banquiers, de militaires, de marins, de pêcheurs, de mineurs, d'enseignants, etc. Mais quand ces traditions concernent-elles plusieurs descendants, et que font ceux qui s'en écartent ? Quand, dans d'autres milieux sociaux, les jeunes s'orientent-ils vers des métiers appartenant à un faisceau assez étroit pour qu'on ne puisse pas seulement l'expliquer par le statut social des parents ? L'enquête Proches et parents permettrait certainement de repérer des constellations professionnelles significatives, caractéristiques de certains réseaux familiaux ; mais, afin d'analyser selon quelle logique la famille élargie peut être mobilisée pour infléchir les destins professionnels des nouvelles générations, les enquêtes lourdes sont sans doute peu adaptées. Le recueil d'informations aussi minutieuses et complexes exigerait un travail de terrain patient : des explorations monographiques sur l'ensemble d'un réseau familial seraient, dans cette perspective, bienvenues.

BIBLIOGRAPHIE

CHENU Alain, 1993, « Les ouvriers et leurs carrières : enracinements et mobilités », *Sociétés contemporaines*, n° 14-15, p. 79-17.
CUIN Charles-Henry, 1993, *Les sociologues et la mobilité sociale*, Paris, Puf, (Sociologies), 304 p.
DESPLANQUES Guy, 1981, « La chance d'être aîné », *Économie et Statistique*, n° 137, p. 53-56.
DESPLANQUES Guy, 1986, « Fratrie et démographie », *Le groupe familial*, n° 111, p. 64-70.
GOLLAC Michel, LAULHÉ Pierre, 1987, « Lignée paternelle, lignée maternelle : un rôle voisin dans l'hérédité sociale », *Économie et Statistique*, n° 111, p. 92-98.
POHL R, SOLEILHAVOUP S, 1982, « La transmission du statut social sur deux ou trois générations », *Économie et Statistique*, n° 144, p. 25-42.
TABARD Nicole, 1986, « Mobilité sociale entre générations et taille de la fratrie », *Le groupe familial*, n° 111, p. 54-63.
THÉLOT Claude, 1982, *Tel père, tel fils ?* Paris, Dunod.
ZARCA Bernard, 1995, « L'héritage et la mobilité sociale au sein de la fratrie. I - L'héritage et la mobilité sociale différentielle des frères », *Population*, vol. 50, n° 2, p. 331-356.
ZARCA Bernard, 1995, « L'héritage et la mobilité sociale au sein de la fratrie. II - L'activité professionnelle et la mobilité sociale différentielle des sœurs », *Population*, vol. 50, n° 4-5, p. 1137-1154.

ANNEXE 1
Les enquêtes Réseaux familiaux de 1976 et Proches et parents de 1990 : indications sur la constitution et la taille des échantillons de fratries et le calcul du coefficient de pondération

L'enquête de 1976

Le processus de constitution de l'échantillon de fratries à partir de l'enquête Réseaux familiaux de 1976 (conduite sous la responsabilité de Catherine Gokalp) était relativement simple. Après pondération, cet échantillon était représentatif des fratries dont au moins un membre avait de 45 à 64 ans ou dont le conjoint d'au moins un de ces membres appartenait à cette tranche d'âges. Il en comprenait 3 488, parmi lesquelles il fallait sélectionner, pour l'analyse, des fratries comprenant au moins deux hommes (2 768) ou au moins deux femmes (2 743). Le nombre de celles pour lesquelles l'analyse concernant les frères est possible parce que l'on connaît la situation socioprofessionnelle de l'aîné et du benjamin ainsi que celle de leur père est de 1 175 ; le nombre de celles pour lesquelles l'analyse concernant les sœurs est possible parce que l'on connaît à la fois la situation d'activité de l'aînée, de la benjamine et de la mère, ainsi que la situation socioprofessionnelle du père est de 1 387.

On peut observer l'importance de la baisse des effectifs entre l'échantillon initialement constitué et les sous-échantillons de travail : elle est de plus de la moitié. Aussi était-il prudent d'utiliser toute l'information disponible dans l'enquête : fratries d'individus enquêtés *et* celles de leurs éventuels conjoints. Cette remarque s'applique *a fortiori* à l'enquête Proches et parents de 1990 (conduite sous la responsabilité d'Hervé Le Bras et Catherine Bonvalet).

L'enquête de 1990

La situation est autrement complexe cette année-là, puisque les personnes interrogées dans l'enquête Proches et parents – désignons-les par EGO – avaient alors, par définition du champ de l'enquête, 18 ans et plus et vivaient en France dans un ménage dont ils étaient soit le chef (la personne de référence) soit le conjoint de ce dernier. En conséquence, le sous-échantillon de ceux qui avaient de 45 à 64 ans (éventuellement assimilable à un échantillon représentatif d'individus de cette tranche d'âges) ou dont le conjoint marié appartenait à cette tranche d'âges est trop petit : ne considérer que les fratries de telles personnes enquêtées et celles de leur éventuel conjoint marié donne un échantillon de 1 470 fratries, plus de deux fois inférieur à celui de 1976. Les fratries comportant au moins deux frères sont alors au nombre de 812. Le taux de non-déclaration, pour les variables que l'on étudie (professions des aîné et benjamin de sexe masculin ainsi que du père) est de l'ordre de 30 % ; le nombre d'observations utilisables est trop faible (576) pour l'analyse envisagée. Il fallait donc enrichir cet échantillon.

Le processus de constitution d'un échantillon par grappes

Or, on dispose dans l'enquête de 1990, pour chaque personne enquêtée, de riches informations sur différentes fratries : la sienne propre (en définitive, sur les 455 fratries comprenant au moins deux hommes et susceptibles d'être retenues,

129 doivent être écartées faute d'information), celle de son conjoint actuel, s'il en a un (sur les 357 telles fratries susceptibles d'être retenues, 107 doivent être écartées), celle des enfants qu'il a eus avec ce conjoint (14 fratries écartées sur 28), celles de ses père et mère (343 fratries écartées sur 630), voire celles de ses petits-enfants. Ces dernières informations ont été utilisées pour le calcul du coefficient de pondération, mais les fratries de petits-enfants n'ont pas été retenues comme cibles de l'échantillon à construire, car on sait seulement de quel enfant d'EGO ces petits-enfants sont les enfants : on ne sait rien sur leur autre parent et l'on ne peut donc reconstruire la fratrie de ceux qui ont *mêmes père et mère*, alors que les cas de familles recomposées et de fratries complexes sont fréquents dans ces jeunes générations.

Aperçu sur le calcul du coefficient de pondération[14]

L'enquête a été effectuée auprès d'un échantillon représentatif de ménages : il s'agit de ménages dont le chef a un nom commençant par la syllabe TRA et dont un échantillon aléatoire a été constitué à partir d'une liste de noms obtenue par le Minitel. Le chef a été interrogé systématiquement s'il n'avait pas de conjoint ; on interrogeait lui ou son conjoint, avec une chance sur deux, s'il vivait en couple, légitime ou non. L'échantillon a été redressé en fonction des refus de participation à l'enquête, variables notamment selon les régions. Soit REDRES le coefficient de redressement affecté à un ménage. Les statistiques prenant pour unité d'observation la personne enquêtée ont donc été pondérées par REDRES si EGO n'avait pas de conjoint, par 2 × REDRES s'il en avait un.

Nous sommes parti de cet échantillon de ménages pour constituer un échantillon de fratries au sens strict (germains ayant tous les mêmes père et mère). Lorsqu'une information venait à manquer, il a donc fallu faire quelques hypothèses pour conduire à son terme le calcul approché d'un coefficient de pondération. Celui-ci dépend du type de fratrie retenu : fratrie de l'enquêté, de son conjoint, etc. Pour que l'échantillon par grappes ainsi constitué soit représentatif, on a pondéré chaque observation par l'inverse du nombre de manières de l'atteindre, c'est-à-dire du nombre de ménages faisant potentiellement partie de l'enquête initiale et qui y auraient conduit, si le processus d'échantillonnage par grappes leur avait été appliqué ; ce nombre étant lui-même pondéré par 1 ou 1/2, en ce qui concerne les fratries des père et mère de la personne interrogée, selon que le chef de ménage n'a pas de conjoint ou qu'il en a un, puisque dans ce dernier cas il y a une chance sur deux d'atteindre ces fratries. Le détail du calcul est présenté dans la note méthodologique donnée en référence.

Un échantillon de fratries de taille satisfaisante

Le filtre des fratries dont un membre au moins ou le conjoint d'un tel membre vit en France et a de 45 à 64 ans au moment de l'enquête, et pour lesquelles nous disposons de l'information pertinente, retient un échantillon de 2 709 fratries, comprenant :

— 848 fratries d'une personne enquêtée ;

---

[14] Nous remercions Arnaud Bringé qui s'est chargé de la traduction informatique du calcul du coefficient de pondération. Le lecteur intéressé par le détail du calcul pourra se reporter à *Comment passer d'un échantillon de ménages à un échantillon de fratries ?*, Ined, Dossiers et recherches, n° 73, 1999.

— 622 fratries d'un conjoint d'une personne enquêtée ;
— 70 fratries des enfants que la personne enquêtée a eus avec son conjoint actuel ;
— 518 fratries du père d'une personne enquêtée ;
— 651 fratries de la mère d'une personne enquêtée.

On extrait de cet échantillon un sous-échantillon de fratries comprenant au moins deux hommes et de taille égale à 1 470 ; un sous-échantillon de fratries comprenant au moins deux femmes et de taille égale à 1 526.

Se priver des fratries du père ou de la mère d'EGO, parce qu'on ne pouvait en ces cas éliminer les demi-frères ou sœurs et parce que le calcul du coefficient de pondération résultait alors d'estimations, aurait été se priver de plus de 40 % des unités statistiques.

Afin de maximiser le nombre d'observations utiles, et quitte à diminuer la taille des intervalles de confiance des probabilités estimées, sans toutefois biaiser les estimations, nous avons conservé des fratries relevant d'une même famille élargie : il y a 104 cas, dans l'échantillon de travail, où sont à la fois présentes la fratrie d'EGO et la fratrie d'un de ses parents, 33 cas où le sont celle d'EGO et celle de ses enfants. Étant donné les différences d'âge entre générations familiales, il est très improbable *a priori* de se trouver dans le cas où des fratries de générations familiales de niveau $n-1$ et $n+1$ pourraient être retenues ensemble ; ce cas n'apparaît pas dans l'enquête.

L'échantillon de travail (pour lequel on dispose des informations utiles) comprend 877 fratries auxquelles appartiennent au moins deux hommes – on gagne 301 observations par rapport à la situation où on se serait contenté des fratries d'EGO et de son conjoint, soit un enrichissement de l'échantillon de 52 % – et 1 210 fratries auxquelles appartiennent au moins deux femmes – on gagne, de même, 460 observations, soit un enrichissement de 61 %. Le processus d'enrichissement de l'échantillon n'est donc pas une opération vaine : nous avons construit un échantillon suffisamment important pour que les comparaisons entre 1990 et 1976 soient possibles.

Autres redressements nécessaires

Il eût été d'autant plus regrettable de se priver des fratries des parents et des enfants d'EGO que l'information concernant ces fratries ne semble pas de qualité *très* inférieure à celle relative à sa fratrie ou à celle de son conjoint – du moins pour les questions qui nous ont occupé. Ainsi, par exemple, pour les fratries comprenant au moins deux hommes et éligibles (satisfaisant la condition de comparaison avec les fratries correspondantes de 1976), l'information relative aux professions du père, de l'aîné et du benjamin des frères manque, en ce qui concerne au moins l'un d'entre eux, pour : 28 % des fratries d'EGO ; 30 % des fratries de son conjoint actuel ; 48 % des fratries de son père ; 50 % des fratries des enfants qu'il a eus avec son conjoint actuel ; 62 % des fratries de sa mère. Le taux de non-déclaration de l'une au moins des catégories socioprofessionnelles de l'aîné et du benjamin des frères est relativement indépendant de celle de leur père, allant de 24 % pour les fils d'ouvriers ou ceux d'employés à 28 % pour ceux des petits indépendants ou des professions intermédiaires, et à 30 % pour ceux des classes supérieures. Aussi n'avons-nous pas redressé le coefficient de pondération en fonction de la position socioprofessionnelle du père et avons-nous fait l'hypothèse, qu'après avoir redressé ce coefficient en fonction du type de fratrie, les fratries pour lesquelles nous manquions d'information étaient assimilables aux fratries retenues.

ANNEXE 2
Codage des PCS

Vu la différence de nomenclature des PCS entre 1976 et 1990, et notamment l'élévation du seuil des effectifs pour déterminer la catégorie des chefs d'entreprise industrielle, commerciale ou de services, la correspondance dans une catégorisation en cinq classes, comprenant les ouvriers, les employés, les professions intermédiaires, les petits indépendants et les classes supérieures, salariées ou indépendantes, ne devrait pas être stricte. Mais, aussi bien en 1976 qu'en 1990, la différence entre petits et gros indépendants, dont celle entre petits ou moyens agriculteurs d'une part, gros agriculteurs de l'autre, n'a pu se faire le plus souvent qu'en fonction des renseignements sur la profession d'un membre de la famille élargie qu'a fournis la personne enquêtée : une marge de flou existe donc très certainement, mais elle porte sur des effectifs relativement faibles, les gros indépendants qui viennent renforcer la catégorie des classes supérieures étant peu nombreux dans l'échantillon de 1990 comme dans celui de 1976. Un nouveau codage de la catégorie socioprofessionnelle à 2 chiffres a d'ailleurs été effectué pour cette exploitation particulière de l'enquête de 1990 qui tirait avantage de la saisie en clair de l'ensemble des professions des membres de la famille élargie – un gain de rigueur et de précision étant alors permis par les contrôles de chiffrement que cette saisie autorisait[15].

En 1976, la nomenclature initiale des catégories socioprofessionnelles distinguait les cadres moyens et les contremaîtres, qui ont été regroupés ici pour former la catégorie des professions intermédiaires semblable à celle de 1990.

---

[15] Nous remercions le Service des enquêtes de l'Ined et tout particulièrement Suzanne L'Helgoual'ch qui s'est chargée de ce travail et l'a mené avec compétence et finesse.

ZARCA (Bernard).— **Proximités socioprofessionnelles entre germains et entre alliés : une comparaison dans la moyenne durée**

Les phénomènes d'héritage de la position socioprofessionnelle du père par chacun des frères aîné et benjamin, ou du statut d'active de la mère par chacune des sœurs aînée et benjamine (voire les transferts au gendre ou la bru de cette position ou de ce statut), ainsi que la tendance à ce que les frères (resp. les sœurs, les beaux-frères ou les belles-sœurs) héritent ensemble (tendance que nous appelions : complémentarité) avaient été mis en évidence pour l'année 1976 par l'étude des fratries que l'enquête Réseaux familiaux, effectuée par l'Ined cette année-là, permettait d'échantillonner.

Ces phénomènes sont-ils stables dans le temps ? L'enquête Proches et parents effectuée par l'Ined en 1990 permettant de composer un échantillon de fratries équivalent au précédent, une comparaison dans la moyenne durée est possible.

Les phénomènes d'héritage ou de transfert étudiés persistent dans le temps, dans la quasi-totalité de l'espace social, mais avec une force variable, telle que la tendance soit à une plus grande égalité entre les germains. Par contre, les phénomènes de complémentarité tendent à s'estomper, sauf pour les petits indépendants, c'est-à-dire dans les milieux les plus traditionnels de la société française. Cette constatation est cohérente avec ce que l'on sait des transformations de la famille au cours de la période considérée, notamment avec la plus grande individualisation de ses membres.

ZARCA (Bernard).— **Socio-occupational proximity between siblings and between their partners: a medium-term comparison**

Results from the "Family Network" survey carried out by Ined in 1976, identified a number of intergenerational transmissions of socio-occupational position from parents to children and their partners. These included transmission of the father's socio-occupational position to elder and younger brothers, and of the mother's labour force statute to elder and younger sisters (and even transfers to sons- and daughters-in-law), plus a tendency for them to be transmitted to all the brothers (and respectively sisters, brothers- and sisters-in-law), a pattern we have labelled `complementarity'.

This article addresses the question of the stability of these phenomena over time. The "Proches et parents" survey conducted by Ined in 1990 is used to form a sample of sibling groups comparable to the previous one, which provides a basis for comparison over the medium-term.

The phenomena of transmission and transfer are found to be present over time in all social categories though to varying degrees, with a trend towards a greater equality between siblings. On the other hand, the phenomena of complementarity are tending to lose their force, except among the small self-employed who form the most traditional sections of French society. This finding is consistent with what is known about the changes to the family during the period under review, in particular the greater individualism of family members.

ZARCA (Bernard).— **Proximidad socio-profesional entre hermanos y parientes políticos : una perspectiva a medio plazo**

La herencia de la posición socio-profesional del padre por parte de los hijos mayor y menor o de la participación de la madre en el mercado de trabajo por parte de las hijas mayor y menor (así como las influencias de tal posición y participación sobre el yerno o la nuera) y la tendencia a que estos hijos (hijas, yernos o nueras) las hereden simultáneamente (tendencia que denominamos de complementariedad) se describieron en un estudio realizado en 1976 en base a la encuesta de Familias llevada a cabo por el INED en el mismo año.

Para verificar si tales fenómenos son estables en el tiempo, este artículo utiliza la encuesta de Allegados y Parientes ,elaborada por el INED en 1990. Esta encuesta permite crear una muestra de hermanos equivalente a la anterior y por consiguiente hace posible la comparación. Los fenómenos de herencia o transmisión estudiados persisten a través del tiempo en la casi totalidad del espacio social, pero lo hacen con intensidad variable. El resultado es una creciente igualdad entre hermanos. La complementariedad tiende a desaparecer en todos los casos menos en la pequeña empresa independiente ; plain ; es decir, persiste en los medios más tradicionales de la sociedad francesa. Este resultado es consistente con las transformaciones de la familia observadas durante el periodo considerado, y está altamente asociado a la creciente individualización de sus miembros.

Bernard ZARCA, Institut national d'études démographiques, 133 boulevard Davout, 75980 PARIS Cedex 20, France, tél. (33) 01 56 06 22 74, fax. (33) 01 56 06 21 99.

SUICIDE ET
ACTIVITÉ PROFESSIONNELLE

Nicolas BOURGOIN*

> *La mortalité par suicide, comme on sait, est particulièrement élevée en France (trois fois plus fréquente qu'au Royaume-Uni, par exemple), avec un taux masculin triple du taux féminin**. Aboutissement tragique d'une situation jugée désespérée, le suicide devrait être plus fréquent chez les personnes les plus fragilisées par leur situation affective, sociale ou économique. Nicolas BOURGOIN montre ici que si, globalement, la fréquence du suicide augmente en effet en cas de chômage ou quand le statut social est le moins élevé (comme c'est aussi le cas pour la mortalité générale), la relation se complexifie si l'on prend en compte d'autres variables, comme l'âge, le niveau d'instruction ou le revenu, ou que l'on entre dans le détail des professions.*

Le lien entre la fréquence des suicides et l'activité professionnelle a fait l'objet de nombreux travaux. On peut citer, entre autres, l'étude de Guy Desplanques [26] qui met en évidence de fortes disparités professionnelles en matière de mortalité par suicide chez les hommes, semblant correspondre à la hiérarchie sociale observée pour la mortalité générale. J. Andrian [1] souligne la fragilité importante des catégories socioprofessionnelles défavorisées, signalée par ailleurs [24, 35], et relève un taux de suicide plus élevé parmi les adultes inoccupés[1]. Michel Debout [25] reprend les résultats de certains travaux, réalisés à une échelle plus réduite, montrant la fréquence de suicides particulièrement élevée dans certains groupes professionnels comme celui des médecins ou des infirmières [33], ce que confirment certains travaux étrangers [24]. La relation entre chômage et suicide apparaît dans certains travaux de l'Inserm montrant un lien chronologique entre les deux phénomènes pour certaines classes d'âges [24] ; on peut citer aussi Jean-Claude Chesnais [18, 22] qui relève une augmentation du suicide pendant les crises économiques (celles de 1929 et de 1974). Enfin, Baudelot et Establet [4], en analysant les variations saisonnières du

---

* Institut national d'études démographiques, Paris.
** Voir la Note de recherche de J.-C. Chesnais dans ce même numéro.
[1] La catégorie des « inoccupés » regroupe les chômeurs n'ayant jamais travaillé, les anciens actifs, les préretraités de 55 ans et plus, les handicapés et les bénéficiaires du revenu minimum d'insertion (RMI).

suicide selon la profession, font apparaître une opposition entre les agriculteurs et les retraités d'une part, dont la distribution des suicides est la plus conforme à celle du siècle dernier, caractérisée par une forte amplitude dans les variations saisonnières et une fréquence très élevée des suicides pendant l'été, et les catégories sociales actives, urbaines et intellectuelles dont le rythme est caractérisé par une fréquence élevée de suicides en période de travail, suivie d'une diminution pendant les périodes de congé et le week-end.

Dans la majorité de ces travaux, cependant, la relation entre suicide et activité professionnelle est analysée sans que soient toujours dégagés les facteurs déterminant le suicide : ceux-ci sont-ils propres à la seule activité professionnelle, indépendamment du mode ou du niveau de vie lié à la profession ? En effet, la catégorie professionnelle recouvre à la fois une activité spécifique mais aussi un milieu social et donc un genre de vie particulier. Ces deux facteurs conjuguent bien sûr leurs effets, ce qui rend nécessaire de les décomposer[2]. On essayera précisément ici de mettre en évidence l'existence de problèmes spécifiques à certains groupes professionnels, pouvant favoriser le suicide.

I. – Données et méthodologie

Notre étude porte sur l'ensemble des suicides «réussis», c'est-à-dire ayant conduit au décès de leur auteur et classés comme tels par le service des Causes médicales de décès de l'Inserm. Les statistiques de suicides établies par l'Inserm sont affectées d'une sous-déclaration tenant aux pratiques d'enregistrement des décès. En cas de mort violente de cause inconnue ou suspecte, en effet, le corps est généralement transporté à l'Institut médico-légal pour faire l'objet d'une autopsie, en application de l'article 81 du Code civil. Le diagnostic final de la cause de décès n'est alors que rarement communiqué à l'institution statistique en application du secret de l'instruction. Il en résulte qu'un certain nombre de suicides restent enregistrés sous les rubriques «cause inconnue» ou «traumatisme indéterminé quant à l'intention». La proportion de ces cas est difficile à évaluer, et nous renvoyons ici aux précédentes tentatives de le mesurer [8, 17]. Selon les études proposées, on peut considérer qu'il faudrait redresser les chiffres officiels d'environ 20% pour avoir une estimation correcte du nombre réel des suicides. La validité de nos résultats est donc soumise à l'hypothèse que le sous-enregistrement des suicides varie peu suivant les groupes sociaux et n'affecte pas les comparaisons entre catégories socioprofessionnelles.

À cette première difficulté s'en ajoute une autre concernant l'enregistrement de la profession sur le bulletin de décès. En effet, le numérateur et le dénominateur des taux de suicide que nous calculons provenant de

---

[2] La distinction entre activité et mode de vie a ses limites car, comme le rappelle Jean Hodebourg [31], tout ce qui participe à la qualité de la vie (sommeil, alimentation, temps de repos,...) est dans une grande mesure déterminé par les conditions de travail.

sources différentes (respectivement état civil et recensements ou enquêtes Emploi), la profession n'est pas saisie par les mêmes questions dans les deux cas et les conditions de l'enregistrement sont très différentes [41]. L'utilisation des statistiques de l'enquête Emploi au lieu de celles du recensement améliore la fiabilité des résultats, mais le problème de l'ajustement entre numérateur et dénominateur subsiste. De plus, la statistique de l'Inserm ne permet pas de calculer la fréquence du suicide parmi les chômeurs : en effet, le bulletin de décès saisit la dernière profession exercée et ne porte pas mention de chômage éventuel dans le cas où la personne a déjà eu un emploi ; la catégorie « chômeur » de la grille des PCS (59) ne regroupe que les personnes n'ayant jamais eu d'emploi. Les statistiques de l'Inserm étant inadéquates pour estimer la fréquence des suicides parmi les chômeurs [41], le rapport entre chômage et suicide sera analysé à partir d'autres données.

Nous analyserons d'abord la relation chronologique entre chômage et suicide en faisant varier les groupes d'âges et le sexe, pour une période récente. Dans un second temps, après avoir retracé l'évolution des inégalités professionnelles en matière de suicide, nous relierons celles-ci à diverses dimensions de l'activité professionnelle (revenus, niveau d'éducation, risque de chômage) afin d'expliquer la hiérarchie actuellement constatée et de faire apparaître la situation particulière de certains groupes professionnels. Dans les deux cas, la méthode utilisée est celle des variations concomitantes, qui consiste à mesurer la corrélation entre groupes pour diverses variables. Outre le problème classique du passage de la corrélation à la causalité, cette méthode a des limites, soulignées à de nombreuses reprises dans la littérature [23], tenant au niveau d'agrégation choisi : les liaisons statistiques mises en évidence entre groupes ne valent que pour ceux-ci et ne sont pas transposables au niveau individuel. Une corrélation, établie au niveau régional, entre chômage et émigration par exemple, ne signifie pas que les individus au chômage aient un risque plus important d'émigrer que les autres ; l'affirmer serait tomber dans ce que la littérature a coutume d'appeler l'*erreur écologique*.

Enfin, l'étude de la distribution du mode opératoire selon la catégorie socioprofessionnelle complétera la recherche des facteurs expliquant les écarts de mortalité par suicide entre groupes professionnels.

II. – Suicide et inactivité professionnelle

Le rapport entre les taux de suicide des actifs inoccupés et des actifs occupés[3] (à 25-59 ans) constitue un premier indicateur de l'effet de l'inactivité professionnelle sur le suicide. Pour le sexe masculin, on observe une incidence des suicides plus forte chez les inoccupés à différentes périodes (voir tableau 1) ; pour les femmes, en revanche, le rapport est moins élevé mais augmente avec le temps. Ces résultats ne traduisent pas néces-

---

[3] Voir note 1.

Tableau 1. – Taux de suicide par sexe selon l'activité à différentes périodes
(p. 100 000) (population âgée de 25 à 59 ans)

	Inactifs	Actifs occupés	Inactifs/Actifs
1978*			
Hommes	103,8	29,4	3,5
Femmes	13,9	10,9	1,3
1982**			
Hommes	60,9	33,8	1,8
Femmes	16,7	10,4	1,6
1992**			
Hommes	74,9	32,3	2,3
Femmes	18,7	9,7	1,9

* Population âgée de 25 à 64 ans.
Sources : * Insee-Inserm, cité par F. Davidson et al., « Suicide et tentatives de suicide aujourd'hui ».
** Insee-Inserm, cité par J. Andrian, « Le suicide en pleine force de l'âge ».

sairement un effet propre de l'inactivité ; comme on le verra dans la partie suivante, le taux de chômage est variable selon la catégorie socioprofessionnelle, ce qui peut expliquer une partie des écarts par un effet structurel : les personnes inoccupées se recrutent majoritairement dans les milieux socioprofessionnels défavorisés. Un autre biais est également à l'œuvre : l'activité sélectionne plutôt des personnes en bonne santé physique et mentale tandis que les inactifs le sont souvent pour des raisons (maladie, marginalité) qui constituent un facteur de risque de suicide [35]. Le taux de dépressifs est particulièrement élevé parmi les hommes sans activité [32], et la dépression grave a été relevée comme un facteur de risque du suicide [15]. Cet effet de sélection joue principalement pour les hommes car, pour les femmes, il faut prendre en compte les facteurs liés à l'absence d'activité extérieure au foyer : en particulier le mariage et la maternité. Cependant, l'augmentation relative de la fréquence des suicides chez les inactives peut signaler un changement dans les aspirations professionnelles des femmes, comme le suggère la hausse continue du taux d'activité féminine aux âges moyens[4], l'inactivité pouvant être de plus en plus ressentie comme un échec.

On peut aussi saisir la relation entre inactivité professionnelle et suicide en rapprochant les courbes du chômage et du suicide ventilées selon le sexe et l'âge. Les coefficients de corrélation mesurant le lien statistique entre les deux phénomènes mettent en évidence des situations variables : si les liaisons sont significatives pour les hommes de 15 à 50 ans, en particulier chez les 25-49 ans, en revanche les phénomènes évoluent de manière indépendante pour les femmes et les hommes âgés de plus de 50 ans (voir tableau 2 et figures 1 et 2 ; nous n'avons fait figurer que les figures pour lesquelles la liaison était significative, les données complètes se trouvant en annexe, tableau A3). Chez les hommes de plus de 50 ans, la remontée du chômage à partir de 1990 n'a pas entraîné de recrudescence

---

[4] Voir tableau A2 en annexe.

TABLEAU 2. – CORRÉLATION CHRONOLOGIQUE ENTRE CHÔMAGE ET SUICIDE

Âge	r	Degrés de liberté	p
Hommes			
15-24 ans	0,604	13	< 0,02
25-49 ans	0,893	13	< 0,01
50-59 ans	– 0,425	13	N.S.
Femmes			
15-24 ans	0,011	13	N.S.
25-49 ans	– 0,097	13	N.S.
50-59 ans	0,078	13	N.S.

Sources : Enquête emploi, Insee, 1981-1995. Causes médicales de décès, Inserm, 1981-1995.

des suicides, contrairement à ce qui est observé chez leurs homologues plus jeunes. Le lien entre le chômage des jeunes hommes[5], corrélé à la situation économique générale, et leur taux de suicide apparaît de façon encore plus nette quand on prend comme indicateur la proportion de chômeurs moins de deux ans après la sortie des études [15]. Ces relations confirment les résultats d'une observation similaire réalisée pour la période 1964-1982[6] : les auteurs [24] relevaient, chez les hommes, une corrélation statistique significative entre 25 et 40 ans seulement, et chez les femmes une absence de corrélation à tous les âges[7]. L'augmentation du suicide féminin est très antérieure à la crise économique de 1973 et le rythme d'augmentation n'a pas été modifié par l'accélération du chômage. Comme ces auteurs [24] l'avaient noté, seule une fraction minoritaire des suicides semble pouvoir être expliquée par le chômage : les suicides des hommes de plus de 50 ans représentent plus de la moitié des suicides masculins et plus du tiers de la totalité des suicides de la période actuelle[8].

À l'étranger, les effets de la crise économique sur le suicide sont moins sensibles qu'en France, même dans les cas où le chômage atteint des niveaux élevés. C'est, par exemple, le cas des pays d'Europe méridionale qui ne connaissent pas de hausse du suicide dans les années 1970 [21]. Jacques Vallin et Jean-Claude Chesnais [22] avaient noté une faible corrélation entre les deux

---

[5] Rappelons ici que, comme le souligne Louis Chauvel [14], le taux de chômage des jeunes est un indicateur ambigu de leur situation socioprofessionnelle car sa valeur dépend aussi de l'allongement des études, qui a pour effet de diminuer le dénominateur.

[6] 1964 est l'année de mise en place du mode actuel de codification des Causes médicales de décès.

[7] Les auteurs avaient toutefois noté une corrélation positive et significative entre taux de suicide et taux d'activité féminine (chômeurs compris). Celle-ci n'est vérifiée que chez les 25-49 ans jusqu'en 1985 : à partir de cette date, les taux d'activité féminine continuent d'augmenter tandis que la fréquence du suicide est à la baisse (voir tableau A2 en annexe). Chez les 15-24 ans, le taux d'activité baisse de façon continue entre 1981 et 1994 tandis que le taux de suicide reste à peu près stable. Enfin, chez les 50 ans et plus, taux d'activité et taux de suicide semblent évoluer de façon opposée.

[8] Ces résultats montrent la nécessité de ventiler les données selon le sexe et l'âge, car l'usage de données agrégées aurait conduit à une absence de corrélation entre chômage et suicide (c'est d'ailleurs l'une des conclusions du rapport de Michel Debout [25]) : les courbes du suicide et du chômage, sexe et âge confondus, suivent des évolutions contraires depuis 1985 (hausse du chômage, baisse du suicide).

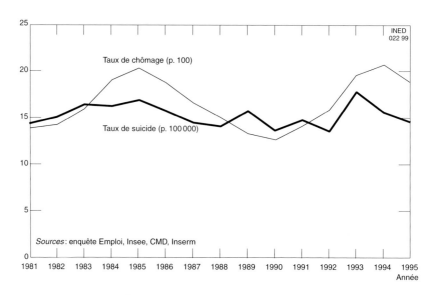

Figure 1. – Évolution des taux de chômage et de suicide
(hommes, 15-24 ans)

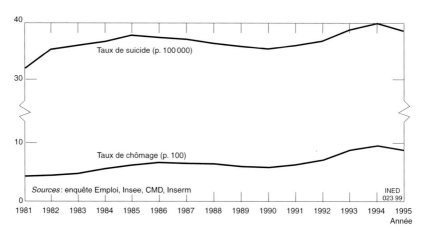

Figure 2. – Évolution des taux de chômage et de suicide
(hommes, 25-49 ans)

phénomènes en Angleterre, en Italie et en Allemagne au cours de cette période. Ce résultat est confirmé par des observations ultérieures : la fréquence des suicides a régulièrement baissé en Allemagne de l'Ouest chez les hommes depuis la fin des années 1970, même chez les 25-34 ans. En Italie, la hausse du suicide masculin est très faible au cours de cette période, et en Angleterre elle n'est sensible que chez les 25-34 ans (voir tableau 3).

Comme le notent les auteurs, l'influence de la situation économique sur le suicide dépend de la densité des réseaux de solidarité pouvant aider les personnes en difficulté [22]. Ces comparaisons ne sont bien évidemment pertinentes qu'en posant l'hypothèse d'une qualité égale d'enregistrement des suicides selon les pays concernés.

TABLEAU 3. – TAUX DE SUICIDE MASCULIN DANS DIVERS PAYS (P. 100 000)

	1979	1993
Allemagne		
25-34 ans	30,1	22,9
Tous âges	33,4	22,9
Angleterre		
25-34 ans	13,3	17,2
Tous âges	10,7	11,1
Italie		
25-34 ans	9,0	11,0
Tous âges	9,8	12,1
Source : OMS, années correspondantes.		

Ces relations se retrouvent à propos des écarts selon l'âge et le sexe entre fréquence du suicide des occupés et des inoccupés. Chez les hommes, le rapport entre les deux séries de taux suit une évolution en U renversé pour les deux périodes (1982 et 1992) : il augmente d'abord avec l'âge pour atteindre un maximum à 30-34 ans puis redescend pour atteindre l'unité à partir de 55 ans [1].

On constate ainsi un effet variable selon l'âge et le sexe de l'inactivité professionnelle sur le suicide : chez les hommes, l'effet du chômage sur le suicide est davantage sensible que chez les femmes. Comme le souligne J. Andrian :

> « Contrairement aux hommes, les femmes sont liées avec plus de force à la famille. L'expérience du chômage peut apparaître comme un moment de remobilisation des liens familiaux et de reconstitution du ménage. Les femmes ont ainsi des possibilités de compensation qui limitent le risque de marginalisation alors que les hommes sont plus vulnérables à une perte d'identité professionnelle, souvent aggravée par la rupture et la solitude. » [1]

On peut aussi citer sur ce point Olivier Galland :

> « Si le modèle masculin est fondé sur l'accès durable au travail comme condition de l'indépendance résidentielle et de la formation du couple, à l'inverse le modèle féminin n'a pas encore perdu, malgré la transformation rapide des attitudes féminines, un de ses traits traditionnels : la formation d'un couple peut précéder, voire remplacer, l'installation professionnelle. » [27]

Cette opposition se retrouve à propos des motifs invoqués par les suicidants. Sur ce point, on peut citer l'étude de Paul Archambault [2] sur les facteurs de conduite suicidaire chez les 25-34 ans :

> « Les problèmes avec la famille sont la principale cause invoquée par les femmes pour expliquer leur tentative de suicide (30 %), alors que l'échec

scolaire ou professionnel est un trait distinctif de la dépression masculine (26 % avant 25 ans et 31 % après 25 ans). »

Comme le note l'auteur, l'identité sociale masculine repose sur l'investissement dans le travail, tandis que « la femme – même active – privilégie la vie familiale et domestique ».

De plus, l'épreuve du chômage ou de l'inactivité professionnelle a des conséquences plus lourdes quand elle frappe les individus à une certaine période de leur cycle de vie : entre 30 et 40 ans, au moment où les charges familiales sont alourdies par l'éducation des enfants et le remboursement des emprunts. C'est aussi à cette période de la vie que le chômage a ses effets les plus forts sur les liens familiaux : en 1992, c'est entre 30 et 49 ans que la proportion de personnes n'ayant plus de relations familiales parmi les chômeurs et les bénéficiaires du RMI est la plus forte [1]. En revanche, les moins de 25 ans peuvent davantage bénéficier du soutien, au moins financier, de leurs ascendants ce qui limite pour eux les conséquences matérielles du chômage. Comme l'écrit Paul Archambault : « l'engagement dans le travail n'est pas absolu à 25 ans ; avant l'accès à son métier régulier, le jeune vit une période de latence professionnelle » [2]. De plus, un effet de génération contribue à expliquer l'écart : les trentenaires et les quadragénaires de la période étudiée ont connu au début de leur vie active la société de consommation et le plein emploi, et ne sont pas toujours bien armés pour lutter contre les difficultés provoquées par la crise [2][9]. Cet effet se retrouve dans la montée du sentiment d'inquiétude chez les 25-34 ans au cours de la période 1981-1990, relevée par certaines enquêtes d'opinion [30]. Quant aux quinquagénaires, la présence d'un patrimoine hérité de leurs ascendants ou cumulé au fil des ans, une légitimité sociale importante, des droits à une retraite généreuse, les solutions alternatives (préretraite) les mettent à l'abri, dans une certaine mesure, des effets du chômage [1, 15]. Selon Louis Chauvel [15], ce schéma est commun à d'autres pays occidentaux, en particulier aux États-Unis où, comme en France, les moins de 35 ou 40 ans subissent une réduction de leur niveau de vie relatif qui tend à épargner leurs aînés. Il est à l'origine d'une modification importante et récente du profil des suicides masculins selon l'âge, marquée par une remontée très forte des taux aux âges moyens et une baisse aux âges élevés. Comme l'écrit l'auteur, « la jeunesse est une période de vie moins favorable que naguère, et [...] la vieillesse est plus favorable » [15].

---

[9] Cette proposition rejoint certains résultats de l'étude de Pierre Surault [40] sur les variations du suicide par génération traduisant une immunité au chômage relativement plus forte des générations nées avec la crise. Selon l'auteur, on peut lire dans celle-ci une « adaptation progressive et difficile à la nouvelle "donne" sociale imposée par l'économie (...). Le fatalisme et la résignation remplaceraient le désespoir et feraient régresser les tendances suicidaires. On peut en trouver une illustration dans les résultats d'une enquête récente auprès des jeunes européens de 16 à 18 ans, conduisant au portait d'une génération lucide et désabusée, presque cynique, plus conservatrice et moins révoltée que celle de leurs parents ». Comme l'écrit Paul Archambault, « le chômage est une période d'activité particulière de la jeunesse, période désormais presque institutionnelle avant l'emploi stable. Le système scolaire, le marché du travail, l'environnement familial préparent activement le jeune adulte aux difficultés qu'il pourra rencontrer » [2].

III. – Variations du suicide selon la catégorie professionnelle

Évolution au cours des dix dernières années

L'évolution chronologique du suicide selon la catégorie professionnelle depuis 1984[10] est présentée dans la figure 3. Pour les femmes, les résultats ne figurent pas car la faiblesse des effectifs rend les écarts constatés peu significatifs.

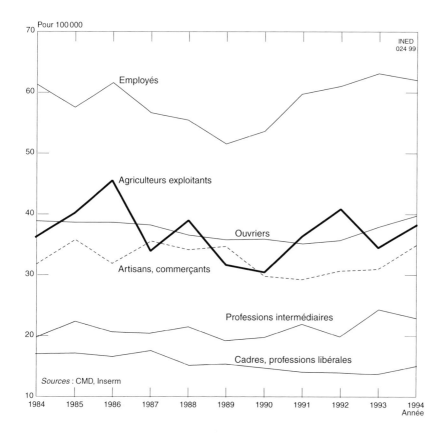

Figure 3. – Évolution du taux de suicide (hommes, 25-49 ans)

---

[10] 1984 est l'année de mise en place de la nouvelle nomenclature des catégories socioprofessionnelles pour les statistiques des Causes médicales de décès.

Si la baisse générale de la fréquence des suicides, enregistrée à la fin des années 1980, a davantage profité aux catégories professionnelles connaissant une forte mortalité par suicide (employés et agriculteurs), elle n'a cependant pas modifié la hiérarchie observée. La fréquence du suicide des employés, de loin la plus élevée, remonte au début des années 1990; celle des agriculteurs semble suivre une évolution identique, mais rendue plus irrégulière par la faiblesse des effectifs concernés. En revanche, la suicidité des hommes exerçant une profession intermédiaire, celle des ouvriers, et celle des artisans, commerçants et chefs d'entreprise se maintiennent à un niveau relativement stable. Le taux de suicide des cadres et professions intellectuelles supérieures, mieux armés pour affronter la crise, baisse légèrement au cours de la période.

La hiérarchie actuelle de la mortalité par suicide peut être rapprochée de la distribution des niveaux d'inquiétude selon la catégorie socioprofessionnelle mise en évidence par l'enquête sur la Santé et les Soins médicaux [38]. Pour les hommes, c'est dans les catégories professionnelles où la fréquence du suicide est la plus forte que l'on trouve le plus de personnes « sans espoir face à l'avenir » : parmi les agriculteurs exploitants (19,9 %), les ouvriers (14,1 %), les artisans, commerçants et chefs d'entreprise (13,7 %) et les employés (11,6 %). Les proportions deviennent inférieures à la moyenne (11,4 %) dans le groupe des professions intermédiaires (8,6 %) et dans celui des cadres et professions intellectuelles supérieures (7,4 %), où le taux est faible.

Cette hiérarchie confirme les résultats d'une étude précédente réalisée pour les années 1981-1983 [9]. En revanche, elle marque un changement important par rapport à la situation des années 1970 : au cours de la période 1968-1978, le groupe professionnel le plus exposé était celui des agriculteurs, suivi, dans l'ordre, des employés, des ouvriers, des patrons de l'industrie et du commerce, des cadres moyens et des professions libérales [3] ; dans les années 1960, le classement était légèrement différent, les ouvriers occupant la première place [28]. Cette évolution, qu'il faut considérer avec précaution du fait du changement de nomenclature rendant impossibles les comparaisons directes entre catégories professionnelles, suggère une nette détérioration de la condition sociale des employés et une amélioration relative de la situation des agriculteurs et des ouvriers. On peut relier cette évolution à celle de la condition sociale des employés : depuis les années 1960, la diminution générale de la mortalité précoce (de 35 à 60 ans) a peu bénéficié aux employés de sexe masculin qui, avec les instituteurs, ont vu leur statut social se dégrader comparativement aux autres catégories socioprofessionnelles, comme le note Alain Chenu [16]. De la même façon leur situation sociale, mesurée par le niveau de diplôme, l'exposition au chômage et le pouvoir d'achat, a évolué peu favorablement depuis 30 ans et tend à se rapprocher de celle des ouvriers [16]. Cependant, le volume et l'hétérogénéité de cette catégorie professionnelle sont particulièrement importants : le groupe des employés représente 12 % de la population active, et se caractérise par des niveaux d'instruction et de revenu très variables. L'analyse de la partie suivante contribuera à affiner l'analyse de la mortalité professionnelle par suicide.

Rapports entre mortalité par suicide et mortalité générale

Les taux de suicide par catégorie professionnelle pour les années 1989 à 1994 sont présentés dans le tableau 4. On observe des disparités importantes entre groupes professionnels, de sens variable selon le sexe. Pour les hommes, si l'on excepte les militaires du contingent dont la faible suicidité peut être expliquée par un effet d'âge, la hiérarchie des taux semble suivre celle du niveau social : le minimum est atteint chez les professions intellectuelles et les cadres d'entreprise, tandis que les inactifs, les ouvriers agricoles et certaines catégories d'employés (employés administratifs d'entreprise et employés civils de la fonction publique) connaissent les fréquences de suicide les plus élevées.

TABLEAU 4. – TAUX DE SUICIDE DES 25-49 ANS SELON LA CATÉGORIE PROFESSIONNELLE (1989-1994) (P. 100 000)

Catégorie professionnelle	Hommes	Femmes	Total
10 – Agriculteurs exploitants	34,0	10,2	25,8
21 – Artisans	27,2	2,5	20,8
22 – Commerçants	38,7	10,5	26,7
23 – Chefs d'entreprise	23,8	6,9	21,4
31 – Professions libérales	29,5	22,4	27,1
33 – Cadres de la fonction publique	14,0	5,5	11,8
34 – Professions intellectuelles	10,3	4,6	7,5
35 – Professions artistiques	27,4	10,9	20,0
36 – Cadres d'entreprise	11,9	4,7	10,3
42 – Instituteurs et assimilés	39,1	11,9	21,5
43 – Professions intermédiaires santé et social	33,4	14,1	18,6
44 – Clergé	34,7	10,0	29,6
45 – Professions intermédiaires de la fonction publique	13,4	5,3	9,4
46 – Professions intermédiaires des entreprises	23,8	5,5	15,5
47 – Techniciens	16,9	5,0	15,4
48 – Contremaîtres, agents de maîtrise	12,3	6,2	11,9
52 – Employés civils de la fonction publique	50,8	9,1	18,2
53 – Policiers et militaires	36,5	11,0	35,0
54 – Employés administratifs d'entreprise	86,6	10,7	23,8
55 – Employés de commerce	27,0	6,3	11,0
56 – Personnels des services aux particuliers	42,6	7,9	12,3
60 – Ouvriers qualifiés (industrie et artisanat)	34,3	6,4	31,0
64 – Chauffeurs	35,0	13,9	29,6
65 – Ouvriers qualifiés (manutention, magasinage, transport)	27,5	5,6	25,8
66 – Ouvriers non qualifiés (industrie et artisanat)	43,9	7,0	28,3
69 – Ouvriers agricoles	61,3	8,6	50,6
70 – Retraités	36,2	14,4	24,5
82 – Inactifs divers (autres que retraités)	179,3	20,2	39,7
83 – Militaires du contingent	2,5	–	2,5
84 – Élèves, étudiants	19,2	8,1	13,8
Total	36,7	11,8	25,1

Sources : Enquête Emploi (Insee) + Causes médicales de décès (Inserm), 1989 à 1994.

Comme l'écrit Jean-Claude Chesnais, « la hiérarchie du malheur est le négatif de la hiérarchie du statut social » [21]. Pour les femmes, les disparités sociales de la mortalité sont plus réduites que chez les hommes, comme c'est généralement le cas pour les différentes causes de décès. De plus, les inégalités apparaissent peu liées au niveau social puisque l'on constate des taux de suicide élevés chez les membres des professions libérales et des professions intermédiaires de la santé et du secteur social, et des taux faibles aussi bien chez les femmes exerçant une profession intellectuelle que chez les ouvrières qualifiées. Ces relations s'expliquent partiellement par un effet « d'hypergamie » féminine : chez les femmes, la proportion de célibataires, dont le taux de suicide est plus élevé à tous les âges et pour les deux sexes que celui des personnes mariées [25], augmente avec le niveau social ; chez les hommes, la relation est inverse : les employés, les ouvriers et les agriculteurs connaissent les plus forts taux de célibat[11] [9]. Tandis que chez les femmes une situation professionnelle peu valorisée socialement est souvent compensée par une bonne intégration familiale, pour les hommes elle représente plutôt un handicap.

De ce fait, l'existence d'un lien entre le niveau de mortalité générale – corrélé au niveau social pour les deux sexes [26] – et la fréquence des suicides n'apparaît que pour les hommes. La liaison est négative et significative à 1 %

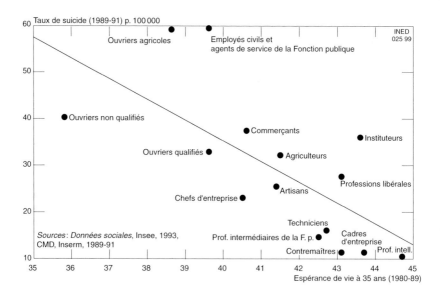

Figure 4. – Corrélation entre mortalité et suicide selon la profession

---

[11] Ainsi, au recensement de 1982, la proportion de célibataires masculins chez les 20-59 ans était de 30 % chez les employés, 29,2 % chez les ouvriers, 24,4 % chez les agriculteurs, 11,7 % chez les cadres et 9,5 % chez les artisans et les commerçants. Pour les femmes, les proportions correspondantes étaient : 26,7 %, 23 %, 7,4 %, 28,2 % et 7,6 %.

(coefficient de corrélation 0,7) entre la valeur de l'espérance de vie à 35 ans et le taux de suicide : le suicide affecte davantage les groupes sociaux masculins touchés par une mortalité importante (voir figure 4). Cette relation ne se vérifie pas chez les femmes [26].

Déterminants des disparités professionnelles

Afin d'expliquer les variations de la fréquence des suicides selon la catégorie professionnelle, nous avons retenu trois variables pouvant caractériser celle-ci :

— le *taux de chômage*, mesurant l'exposition au chômage d'une profession donnée, est un facteur plus discriminant que la profession : celle-ci, saisie au moment du décès, était la dernière exercée, que la personne soit au chômage ou non ;

— le *salaire médian* relevé dans les enquêtes Emploi est un indicateur du statut économique des individus, ayant l'avantage d'offrir une bonne comparabilité et de minimiser les effets de la sous-déclaration ;

— la *possession ou non du baccalauréat* donne une mesure du capital culturel, et partage la population en deux parties à peu près égales.

Ces trois variables n'épuisent bien entendu pas toutes les dimensions de l'appartenance à une catégorie professionnelle, mais diverses études ont montré qu'elles étaient statistiquement liées à un certain nombre de critères définissant le niveau de vie. De façon générale, Pierre Bourdieu a montré que le volume des capitaux culturels et économiques, et leur importance relative étaient des facteurs explicatifs du mode de vie [6]. Pierre Surault [39] a mis en évidence une relation étroite entre le niveau d'éducation et certaines variables : conditions et cadre de vie (confort du logement, qualité de l'environnement,...), densité et qualité des échanges sociaux et familiaux (fréquence des loisirs, degré d'isolement,...), consommation de tabac et d'alcool, et état de santé[12]. Le revenu apparaît aussi discriminant : il existe une corrélation significative et négative entre le revenu et la probabilité de connaître des événements stressants. Selon une enquête de la Sofres citée par l'auteur, les personnes ayant un faible niveau d'instruction et de revenu sont davantage sujettes aux inquiétudes et pessimistes quant à leur avenir [39]. Comme le note Louis Chauvel [15], un niveau de revenu satisfaisant n'assure pas seulement un certain pouvoir de consommation mais constitue aussi un indicateur empirique de valeur sociale.

La recherche des corrélations est faite successivement pour les trois indicateurs en distinguant le sexe, et les résultats sont ensuite repris dans une discussion générale. L'hétérogénéité des sources utilisées ne permettait pas d'analyser simultanément l'effet de ces variables.

---

[12] Conséquence de ces différences de pratiques, on relève une forte corrélation entre degré de formation et longévité, comme le montre Jean-Michel Bessette [5].

Résultats de l'étude   Les mesures des corrélations sont présentées dans le tableau 5. La *corrélation suicide-chômage, positive et significative chez les hommes*, non-significative chez les femmes, confirme les résultats de l'analyse précédente. Les *niveaux d'éducation* et *de revenu sont corrélés négativement et de manière significative au suicide masculin* : un haut niveau de revenu ou d'éducation est statistiquement associé à un faible taux de suicide ; chez les femmes, en revanche, les valeurs des coefficients de corrélation sont très faibles et non significatives.

TABLEAU 5. – CORRÉLATION (À TRAVERS LES CSP) ENTRE TAUX DE SUICIDE ET CERTAINES CARACTÉRISTIQUES PROFESSIONNELLES

	r	Degrés de liberté	p
Taux de chômage			
Hommes	0,639	13	< 0,01
Femmes	0,146	13	N.S.
Total	0,294	13	N.S.
Taux de bacheliers			
Hommes	– 0,483	28	< 0,01
Femmes	0,047	27	N.S.
Total	– 0,523	28	< 0,01
Salaire médian			
Hommes	– 0,593	18	< 0,01
Femmes	– 0,287	18	N.S.
Total	– 0,445	18	< 0,05

Sources : Enquête Emploi, Insee, 1989-1994 ; Causes médicales de décès, Inserm, 1989-1994.

Ces résultats montrent une liaison entre le capital culturel et économique possédé par les hommes, d'une part, et leur risque de suicide, d'autre part, et tendent à confirmer la proposition de Pierre Bourdieu concernant les motifs symboliques d'attachement à l'existence :

> « La propension à se donner la mort varie en raison inverse de l'importance sociale reconnue [...], plus les agents sociaux sont dotés d'une identité sociale consacrée, plus ils sont à l'abri de la mise en question du sens de leur existence. » [7]

Comme l'a montré Paul Archambault, ce rapport existe également au niveau des tentatives : on observe ainsi une diminution régulière du risque suicidaire quand le niveau d'instruction augmente [2].

Pour chacun des nuages de points dont la corrélation était significative, nous avons calculé la droite d'ajustement[13] représentant la liaison entre les deux variables. La droite d'ajustement permet de mettre en évidence l'écart, pour chacune des catégories professionnelles, entre taux de suicide attendu, compte tenu des variables introduites, et taux de suicide observé : les catégories socioprofessionnelles se situant en dessous de la droite ont des taux

---

[13] Il s'agit de la « droite des moindres carrés », rendant minimum la somme des écarts des points à cette droite.

inférieurs aux taux théoriques, celles se situant au-dessus des taux supérieurs. On peut ainsi évaluer le taux de suicide de chaque groupe professionnel, relativement aux variables successivement prises en compte (voir figures 5 à 7).

Ainsi, le taux de suicide relativement élevé des ouvriers qualifiés est en réalité conforme à leur suicidité attendue si l'on considère leur taux de chômage (élevé) et leurs niveaux d'éducation et de revenu (très faibles). De même, la situation des agriculteurs exploitants, des artisans, commerçants et chefs d'entreprise, celle de la majorité des cadres et professions intellectuelles supérieures sont proches de la normale, avec cependant une réserve concernant les cadres d'entreprise : si la faible suicidité des cadres, malgré le taux de chômage important qui les frappe, peut s'expliquer par un niveau d'instruction très supérieur à la moyenne, en revanche ils se suicident nettement plus que ne le voudrait le niveau de leurs revenus (voir figure 7). On peut relier cet écart au stress professionnel important qui

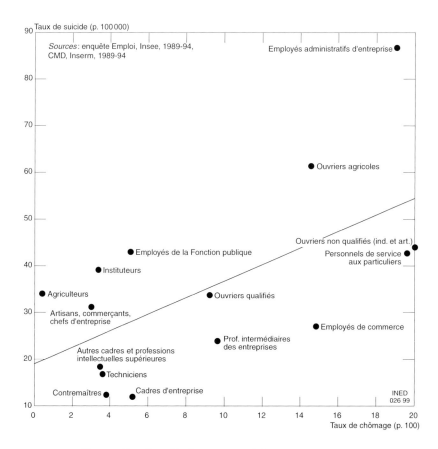

Figure 5. – Corrélation entre chômage et suicide, selon la profession (hommes)

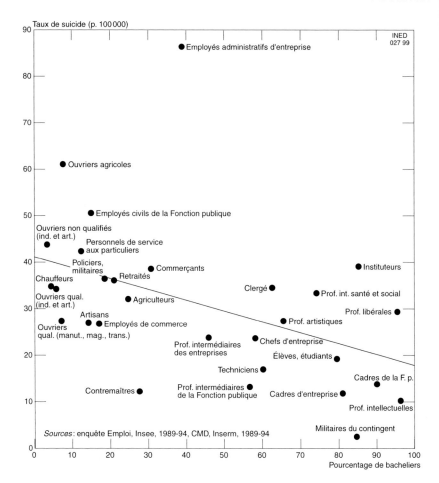

Figure 6. – Corrélation entre niveau d'instruction et suicide, selon la profession (hommes)

les touche et à la pression que leur impose la nouvelle culture industrielle et la recherche de la compétitivité [1]. Ces problèmes spécifiques se traduisent par une proportion deux fois plus élevée que la moyenne de dépressifs masculins, relevée par une enquête du Credes, chez les cadres d'entreprise [32]. De même, parmi les professions intermédiaires, qui connaissent dans leur ensemble une faible fréquence de suicides que l'on peut relier à un bon niveau d'éducation et à un faible taux de chômage, les « instituteurs et assimilés » font figure d'exception : leur suicidité observée est toujours supérieure à leur suicidité théorique. Il s'agit ici des enseignants du primaire, les professeurs du secondaire et du supérieur étant regroupés avec les professions scientifiques. Une récente étude [37] relie cette fréquence élevée de suicides au stress professionnel produit par les conditions de travail défavo-

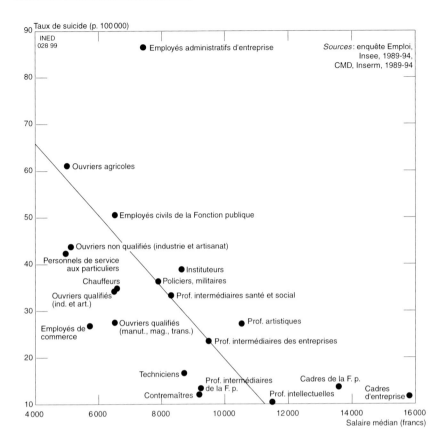

Figure 7. – Corrélation entre revenus et suicide, selon la profession (hommes)

rables dont est particulièrement victime cette catégorie d'enseignants[14]. Si la mauvaise position des employés s'explique généralement par leurs faibles niveaux de revenus et d'instruction et leur taux de chômage élevé, ces trois facteurs ne suffisent pas à expliquer la position des employés administratifs d'entreprise dont le taux de suicide est particulièrement élevé. En revanche, le taux de suicide observé des policiers et militaires est égal à leur taux « théorique », ce qui relativise fortement les développements journalistiques à propos de l'existence d'une sursuicidité policière[15]. Parmi les ouvriers, les salariés agricoles connaissent une nette sursuicidité

---

[14] L'auteur reprend la liste, publiée ailleurs, des facteurs expliquant l'état pathogène favorisant les risques suicidaires de l'enseignant : les confusions sur le rôle de l'enseignant, la dévalorisation de son image professionnelle, le conflit entre les objectifs de l'école et les attentes de la hiérarchie, la dégradation des conditions de travail, l'augmentation de la violence à l'école, la fréquence du surmenage lié à la multiplication des tâches, la solitude affective face à la classe, aux parents et à la hiérarchie.

[15] La réfutation de cette thèse a déjà fait l'objet d'une note publiée dans *Population* [11].

pouvant être expliquée en partie par un effet de sélection matrimoniale : ils sont beaucoup plus souvent célibataires que les exploitants agricoles ; à 35-39 ans, on compte 17 % de célibataires contre 9,3 % chez les exploitants. De plus, leur célibat correspond très souvent à une situation de fait : 16,7 % vivent seuls contre 5 % des exploitants [1]. Enfin, les militaires du contingent ont le taux de suicide le plus faible, sans doute en raison de la sélection au début de leur service selon des critères qui minimisent le risque de suicide.

IV. – Le mode de perpétration selon la catégorie professionnelle

Le tableau présentant la distribution des suicides selon le mode opératoire, pour chacune des catégories socioprofessionnelles, figure en annexe (tableau A1). La catégorie « autres » regroupe les suicides par instrument tranchant ou perforant, par brûlures, électrocution, accident simulé, et les séquelles de tentative de suicide[16].

Sur un plan général, on observe l'opposition habituelle entre le suicide masculin, caractérisé par l'usage relativement fréquent de moyens traumatiques (pendaison ou armes à feu), et le suicide féminin, caractérisé par une prédominance de modes opératoires peu violents : l'empoisonnement, l'inhalation de gaz ou la noyade sont choisis près d'une fois sur deux par les femmes, tandis que chez les hommes la fréquence de ces modes est assez marginale (moins de 20 % des cas). Toutefois, les suicides par saut sont trois fois plus fréquents chez les femmes.

Cette dichotomie semble exister aussi dans la distribution du mode selon la profession. Chez les hommes, la pendaison est relativement fréquente dans les groupes professionnels se caractérisant par un faible niveau socioculturel (artisans, chauffeurs, ouvriers qualifiés et non qualifiés) et chez les ruraux (agriculteurs exploitants et salariés agricoles) ; la fréquence particulièrement élevée de suicides par pendaison chez les agriculteurs a déjà été relevée dans des études antérieures [19, 20]. Le clergé et les militaires du contingent connaissent aussi une fréquence élevée du suicide par pendaison, mais les pourcentages relevés ne sont pas significatifs, étant donné la faiblesse du dénominateur.

Comme le souligne Jean-Claude Chesnais, le choix du mode opératoire « est un bon révélateur des goûts et de la culture propres à une société » [18]. Ainsi, les groupes professionnels où la pendaison est fréquente se caractérisent par un mode de vie où l'usage de la force physique est valorisé, car constituant une ressource indispensable pour l'activité professionnelle [6], ce qui les oppose aux professions ayant un capital culturel

---

[16] On entend par « séquelles » des états précisés comme tels ou présents un an ou plus après la tentative de suicide, du traumatisme, ou de l'empoisonnement volontairement provoqué sur soi-même.

élevé, caractérisées par un emploi fréquent de l'empoisonnement ou du gaz : professions libérales, intellectuelles et artistiques, et étudiants. Le saut, mode prisé par les femmes comme on l'a vu, est relativement fréquent parmi les professions artistiques et les étudiants. Certaines fréquences élevées s'expliquent par une facilité d'accès au mode opératoire offerte par l'activité professionnelle elle-même : ainsi, l'empoisonnement chez les professionnels de la santé, l'arme à feu chez les policiers, les militaires et les commerçants adeptes de l'autodéfense.

L'opposition entre ces deux pôles – ouvrier et rural d'un côté, intellectuel et urbain de l'autre – apparaît également chez les femmes, mais de manière moins tranchée : l'adoption d'un mode traumatique est corrélée à un faible niveau socioculturel (la pendaison est fréquente pour les agricultrices, les commerçantes, les techniciennes, les femmes artisans et chauffeurs), et l'adoption d'un mode non traumatique à un niveau socioculturel élevé (les suicides par substance solide ou liquide ou par gaz sont fréquents parmi les femmes cadres de la fonction publique et celles exerçant une profession libérale ou intellectuelle).

Dans une précédente étude [10], nous avions montré que les variations dans le mode opératoire selon le sexe et l'âge pouvaient expliquer une partie de la sursuicidité masculine et de l'augmentation de la fréquence des suicides avec l'âge : les modes privilégiés par les femmes et les jeunes, moins radicaux et plus incertains quant à l'issue, offrent une plus grande prise à une intervention extérieure[17], ce qui entraîne un plus fort taux d'échec des tentatives de ces catégories[18] [24]. Nos précédentes observations suggèrent qu'il est possible de faire jouer cette explication pour rendre compte d'une partie des différences de propension au suicide selon la catégorie socioprofessionnelle, en particulier de la sursuicidité des catégories socialement défavorisées adeptes de moyens radicaux. Selon cette perspective, et en supposant que la distribution des suicides « réussis » selon le mode reflète celle des tentatives, la prédominance de la pendaison chez les ouvriers et les salariés agricoles entraînerait une forte suicidité de ces catégories en réduisant le taux d'échec des tentatives. Cependant, cette explication par le mode opératoire a ses limites : l'adoption d'un moyen violent peut simplement traduire une détermination plus grande dans la volonté de se tuer sans qu'il y ait nécessairement un lien avec les caractéristiques sociales de l'individu et sa culture professionnelle. Comme le rappelle Pierre Surault [40], « tentatives et suicides consommés constituent deux faits distincts et doivent par là même faire l'objet d'analyses distinctes ».

---

[17] Des observations réalisées en milieu carcéral [20] ont permis d'évaluer la radicalité des moyens employés en comparant, pour chaque mode, l'effectif des suicides manqués à celui des suicides réussis. La pendaison, entraînant le décès dans un quart des cas, offre une létalité maximale. Par comparaison, le saut et l'empoisonnement sont peu efficaces puisqu'ils ne provoquent la mort que dans respectivement 6 % et 1 % des cas. Ces résultats sont cependant difficilement généralisables, se rapportant au contexte particulier de la prison.

[18] Ainsi, si l'on compte en moyenne un suicide féminin pour trois suicides masculins, les actes suicidaires (tentatives + suicides réussis) sont en revanche deux fois plus fréquents chez les femmes. De même, à mesure que l'on s'avance dans l'âge, le nombre de tentatives pour un suicide réussi diminue et tend vers l'unité [24].

En l'absence de données supplémentaires, il est difficile de trancher cette dernière question et on ne peut donc que rester prudent à propos de l'interprétation des différences observées.

Conclusion

Les corrélations mises en évidence montrent que le suicide touche davantage les catégories les plus défavorisées. La possession de biens sociaux valorisés (emploi, niveaux d'éducation et de salaire élevés) constitue une protection efficace contre le suicide. Comme le note Pierre Surault, le classement des groupes professionnels selon la fréquence du suicide « reflète la hiérarchie sociale comme c'est le cas des autres causes de décès, à l'exception du sida » [39]. Selon l'auteur, l'évolution du suicide et son développement dans les catégories sociales les plus démunies peut se lire comme un signe de mutation vers :

> « Une société duale caractérisée notamment par l'émergence d'une couche d'exclus (du travail, de la consommation, du logement, des loisirs,...) se reproduisant de génération en génération et sans espoir d'ascension sociale. » [39]

Cette proposition rejoint le point de vue d'Alain Touraine [42] selon lequel nous vivons le passage d'une société de discrimination à une société de ségrégation, c'est-à-dire d'une société verticale à une société horizontale dans laquelle la coupure entre les « inclus » et les « exclus » devient prédominante par rapport aux inégalités de classe. L'enquête Valeurs de 1994, citée par Hélène Riffault [36] montre que le travail devient de plus en plus un vecteur d'identité et de reconnaissance sociales : il correspond le plus souvent à une implication positive intimement liée au sentiment d'identité personnelle. 20 % seulement des personnes interrogées « considèrent que le travail est une nécessité dont ils voudraient se libérer s'ils en avaient les moyens ; il y a une quinzaine d'années, une enquête de la commission européenne en trouvait 33 % » [36]. Ce résultat global ne constitue cependant qu'une moyenne et doit donc être relativisé, en particulier selon l'âge et la situation sociale. Ainsi, Chantal Nicole-Drancourt [34] montre que pour certains jeunes précarisés, l'accès à un emploi stable n'est pas toujours perçu comme une priorité, « même si travailler reste un objectif commun à tous ».

De façon plus générale, l'étude proposée ici a des limites qu'il convient de souligner. Si les données utilisées ont montré l'existence d'une certaine corrélation entre le chômage et le suicide, en revanche elles ne permettent pas d'établir de liaison individuelle et encore moins de lien de causalité entre les deux phénomènes. Comme le soulignent Jacques Vallin et Jean-Claude Chesnais [22], l'influence du chômage sur le suicide ne se limite sans doute pas à une relation directe ; il faut également considérer l'effet du climat moral produit par la crise économique, se diffusant à des degrés variables dans toutes les catégories sociales, effet sans doute aussi déterminant que la perte effective d'un emploi. On en trouve une manifestation dans la très forte corrélation entre l'évolution de l'opinion négative des ménages sur le niveau de vie des Français et les taux de suicide au cours des vingt-cinq dernières années, relevée par Louis Chauvel [14]. Selon ce dernier, qui reprend les propositions de Maurice Halbwachs sur les conséquences morales de la récession économique [14, 29], cet effet pourrait « agir comme un déclencheur du suicide chez ceux qui y sont les plus prédisposés » sans que les personnes concernées soient nécessairement au chômage. Toutefois, une enquête récente, menée auprès de personnes hospitalisées au CHU de Caen après une tentative de suicide, a mis en évidence une proportion significativement plus importante de chômeurs et de personnes en situation professionnelle précaire dans ce groupe que dans la population générale [13]. Les résultats de cette étude peuvent être rapprochés de ceux d'une enquête du Credes faisant apparaître un taux particulièrement élevé de dépressifs parmi les chômeurs masculins [32] ; on peut également citer l'enquête sur la santé et les soins médicaux [38], mettant en évidence une proportion deux fois plus importante de personnes « sans espoir face à l'avenir » dans le groupe des chômeurs masculins que dans celui des hommes ayant une occupation professionnelle.

Nous avons vu que l'usage d'un mode plus ou moins radical, parfois en liaison avec la culture professionnelle, pouvait contribuer à expliquer une partie de ces écarts – les catégories les plus suicidaires sont aussi généralement celles qui emploient les moyens les plus radicaux –, mais la question des motivations à l'origine de ce choix ne pourrait être résolue que par une enquête particulière. Plus généralement, les dimensions de l'activité professionnelle saisies ici (exposition au chômage, niveaux de revenus et d'éducation) ne sont que les plus visibles et ne prennent en compte que les effets liés à la position sociale. Les écarts au modèle relevés montrent que d'autres facteurs, plus spécifiques, jouent également et suggèrent que certaines professions, de par leurs conditions d'exercice, exposent davantage au risque suicidaire. C'est le cas, nous l'avons vu, des instituteurs, des ouvriers agricoles et de certaines catégories d'employés : employés civils de la fonction publique et employés administratifs d'entreprise. L'identification de ces facteurs de risque particuliers nécessite de disposer de croisements que ne donnent pas les statistiques agrégées de l'Inserm et de l'Insee. Elle permettrait cependant de préciser les déterminants professionnels à une échelle plus fine, comme nous l'avons déjà fait pour les policiers [11].

Remerciements. Je remercie Jean Hodebourg de sa précieuse collaboration et de ses conseils sur la rédaction de ce papier, ainsi qu'Arnaud Bringé pour son aide informatique.

TABLEAU A1. – MODE OPÉRATOIRE SELON LA CATÉGORIE PROFESSIONNELLE (1989-1994)

Hommes – Catégorie professionnelle	Substance solide ou liquide, gaz	Pendaison	Arme à feu	Noyade	Saut	Autres	Total
10 – Agriculteurs exploitants	4,1	51,6	32,7	5,9	0,4	5,3	100
21 – Artisans	9,0	45,7	36,5	1,7	0,8	6,3	100
22 – Commerçants	12,4	35,0	42,7	2,9	2,2	4,9	100
23 – Chefs d'entreprise	9,1	36,4	39,4	3,0	1,5	10,6	100
31 – Professions libérales	23,8	23,3	33,1	2,3	4,1	13,4	100
33 – Cadres de la fonction publique	14,9	35,1	29,7	4,1	2,7	13,5	100
34 – Professions intellectuelles	32,6	29,1	24,4	2,3	3,5	8,1	100
35 – Professions artistiques	24,4	38,5	14,1	5,1	10,3	7,7	100
36 – Cadres d'entreprise	11,1	36,2	34,0	2,8	3,1	12,8	100
42 – Instituteurs et assimilés	18,1	36,2	28,6	1,9	4,4	10,8	100
43 – Professions intermédiaires santé et social	26,5	35,4	25,4	2,1	1,6	9,0	100
44 – Clergé**	40,0	60,0	0,0	0,0	0,0	0,0	100
45 – Professions intermédiaires de la fonction publique	22,0	34,1	28,0	1,2	4,9	9,8	100
46 – Professions intermédiaires des entreprises	14,8	30,4	38,9	1,9	3,2	10,8	100
47 – Techniciens	13,3	40,7	31,1	2,9	3,4	8,6	100
48 – Contremaîtres, agents de maîtrise	13,2	43,4	33,3	3,2	2,6	4,2	100
52 – Employés civils de la fonction publique	18,4	38,4	28,9	2,8	4,3	7,2	100
53 – Policiers et militaires	9,5	29,7	48,5	3,0	3,4	5,9	100
54 – Employés administratifs d'entreprise	16,5	38,2	29,3	3,8	3,0	9,1	100
55 – Employés de commerce	14,7	41,4	28,4	4,3	7,8	3,4	100
56 – Personnels des services aux particuliers	21,7	27,9	28,7	5,4	5,4	10,9	100
59 – Chômeurs n'ayant jamais travaillé	14,0	39,1	29,3	3,7	1,9	12,1	100
60 – Ouvriers qualifiés (industrie et artisanat)	12,3	44,3	30,0	3,3	2,3	7,8	100
64 – Chauffeurs	10,5	47,5	29,6	3,9	1,4	7,0	100
65 – Ouvriers qualifiés (manutention, magasinage, transport)	13,7	47,4	28,1	3,0	1,1	6,7	100
66 – Ouvriers non qualifiés (industrie et artisanat)	14,1	42,5	29,9	4,4	2,9	6,2	100
69 – Ouvriers agricoles	8,5	49,6	31,8	3,1	0,4	6,6	100
70 – Retraités*	13,5	35,1	27,0	5,4	10,8	8,1	100
82 – Inactifs divers (autres que retraités)	22,2	32,4	23,6	5,3	6,5	10,1	100
83 – Militaires du contingent**	0,0	100,0	0,0	0,0	0,0	0,0	100
84 – Élèves, étudiants	25,5	21,3	26,6	0,0	10,6	16,0	100
Non déclaré	18,8	31,0	30,9	3,4	5,7	10,1	100
Total	15,4	38,7	30,3	3,7	3,5	8,2	100

Femmes – Catégorie professionnelle	Substance solide ou liquide, gaz	Pendaison	Arme à feu	Noyade	Saut	Autres	Total
10 – Agriculteurs exploitants	9,0	43,3	11,9	19,4	3,0	13,4	100
21 – Artisans*	20,0	40,0	33,3	6,7	0,0	0,0	100
22 – Commerçants	25,3	29,9	11,5	13,8	4,6	14,9	100
23 – Chefs d'entreprise**	33,3	0,0	33,3	0,0	0,0	33,3	100
31 – Professions libérales	51,6	20,3	7,8	3,1	6,3	10,9	100
33 – Cadres de la fonction publique*	54,5	18,2	9,1	9,1	0,0	9,1	100
34 – Professions intellectuelles*	45,2	9,5	11,9	4,8	9,5	19,0	100
35 – Professions artistiques*	20,0	28,0	8,0	8,0	12,0	24,0	100
36 – Cadres d'entreprise*	29,7	18,9	24,3	5,4	10,8	10,8	100
42 – Instituteurs et assimilés	38,9	22,3	9,1	9,1	7,4	13,1	100
43 – Professions intermédiaires santé et social	44,6	21,7	7,4	4,7	7,8	14,0	100
44 – Clergé**	0,0	0,0	0,0	33,3	0,0	66,7	100
45 – Professions intermédiaires de la fonction publique*	32,3	12,9	16,1	9,7	12,9	16,1	100
46 – Professions intermédiaires des entreprises	45,6	14,4	14,4	5,6	10,0	10,0	100
47 – Techniciens*	31,3	31,3	0,0	12,5	18,8	6,3	100
48 – Contremaîtres, agents de maîtrise**	33,3	0,0	33,3	0,0	16,7	16,7	100
52 – Employés civils de la fonction publique	34,4	24,1	9,8	9,2	12,5	10,0	100
53 – Policiers et militaires**	22,2	11,1	44,4	0,0	22,2	0,0	100
54 – Employés administratifs d'entreprise	32,5	21,0	12,6	7,5	13,7	12,8	100
55 – Employés de commerce	25,0	20,7	14,1	10,9	19,6	9,8	100
56 – Personnels des services aux particuliers	23,3	28,2	12,9	9,2	10,4	16,0	100
59 – Chômeurs n'ayant jamais travaillé*	29,2	20,8	16,7	16,7	12,5	4,2	100
60 – Ouvriers qualifiés (industrie et artisanat)	27,4	19,4	25,8	6,5	6,5	14,5	100
64 – Chauffeurs**	28,6	42,9	28,6	0,0	0,0	0,0	100
65 – Ouvriers qualifiés (manutention, magasinage, transport)**	0,0	25,0	25,0	25,0	25,0	0,0	100
66 – Ouvriers non qualifiés (industrie et artisanat)	28,5	28,5	7,6	15,8	7,6	12,0	100
69 – Ouvriers agricoles**	22,2	22,2	33,3	11,1	0,0	11,1	100
70 – Retraités*	46,2	7,7	0,0	7,7	23,1	15,4	100
82 – Inactifs divers (autres que retraités)	35,6	18,1	9,8	11,1	13,2	12,1	100
83 – Militaires du contingent	0,0	0,0	0,0	0,0	0,0	0,0	0
84 – Élèves, étudiants	32,8	27,3	5,5	0,0	14,5	20,0	100
Non déclaré	30,7	19,6	12,5	9,0	8,6	19,6	100
Total	34,1	20,8	10,9	9,7	11,6	12,9	100

TABLEAU A1 (fin)

Total – Catégorie professionnelle	Substance solide ou liquide, gaz	Pendaison	Arme à feu	Noyade	Saut	Autres	Total
10 – Agriculteurs exploitants	4,7	50,6	30,2	7,5	0,7	6,3	100
21 – Artisans	9,3	45,5	36,4	1,8	0,8	6,1	100
22 – Commerçants	14,5	34,1	37,7	4,6	2,6	6,5	100
23 – Chefs d'entreprise	10,1	34,8	39,1	2,9	1,4	11,6	100
31 – Professions libérales	31,4	22,5	26,3	2,5	4,7	12,7	100
33 – Cadres de la fonction publique	20,0	32,9	27,1	4,7	2,4	12,9	100
34 – Professions intellectuelles	36,7	22,7	20,3	3,1	5,5	11,7	100
35 – Professions artistiques	23,3	35,9	12,6	5,8	10,7	11,7	100
36 – Cadres d'entreprise	12,9	34,6	33,1	3,0	3,8	12,6	100
42 – Instituteurs et assimilés	25,5	31,2	21,6	4,5	5,5	11,6	100
43 – Professions intermédiaires santé et social	36,9	27,5	15,0	3,6	5,1	11,9	100
44 – Clergé**	25,0	37,5	0,0	12,5	0,0	25,0	100
45 – Professions intermédiaires de la fonction publique	24,8	28,3	24,8	3,5	7,1	11,5	100
46 – Professions intermédiaires des entreprises	19,7	27,9	35,0	2,5	4,3	10,7	100
47 – Techniciens	14,0	40,4	29,8	3,3	4,0	8,5	100
48 – Contremaîtres, agents de maîtrise	13,8	42,1	33,3	3,1	3,1	4,6	100
52 – Employés civils de la fonction publique	24,6	32,8	21,5	5,3	7,5	8,3	100
53 – Policiers et militaires	9,7	29,4	48,4	3,0	3,8	5,8	100
54 – Employés administratifs d'entreprise	22,5	31,8	23,0	5,2	7,0	10,5	100
55 – Employés de commerce	19,2	32,2	22,1	7,2	13,0	6,3	100
56 – Personnels des services aux particuliers	22,6	28,1	19,9	7,5	8,2	13,7	100
59 – Chômeurs n'ayant jamais travaillé	15,5	37,2	28,0	5,0	2,9	11,3	100
60 – Ouvriers qualifiés (industrie et artisanat)	12,6	43,8	29,9	3,4	2,4	8,0	100
64 – Chauffeurs	10,8	47,4	29,6	3,9	1,4	6,9	100
65 – Ouvriers qualifiés (manutention, magasinage, transport)	13,5	47,1	28,1	3,3	1,5	6,6	100
66 – Ouvriers non qualifiés (industrie et artisanat)	15,6	41,1	27,6	5,6	3,3	6,8	100
69 – Ouvriers agricoles	9,0	48,7	31,8	3,4	0,4	6,7	100
70 – Retraités	22,0	28,0	20,0	6,0	14,0	10,0	100
82 – Inactifs divers (autres que retraités)	28,1	26,1	17,6	7,9	9,4	11,0	100
83 – Militaires du contingent**	0,0	100,0	0,0	0,0	0,0	0,0	100
84 – Élèves, étudiants	28,2	23,5	18,8	0,0	12,1	17,4	100
Non déclaré	22,0	28,0	26,0	4,9	6,5	12,6	100
Total	19,9	34,4	25,7	5	5,5	9,5	100

Source : Causes médicales de décès, Inserm, 1989-1994.
* Dénominateur < 50 ; ** Dénominateur < 10.

TABLEAU A2. – ÉVOLUTIONS CHRONOLOGIQUES COMPARÉES DE L'ACTIVITÉ ET DU SUICIDE, SELON L'ÂGE (FEMMES)

Année	15-24 ans		25-49 ans		50-59 ans	
	Taux d'activité*	Taux de suicide**	Taux d'activité*	Taux de suicide**	Taux d'activité*	Taux de suicide**
1981	42,0	4,9	66,0	11,4	22,6	15,6
1982	42,0	5,3	67,6	11,8	22,1	17,3
1983	40,9	4,8	68,9	12,1	21,0	19,3
1984	40,25	4,5	70,0	13,2	21,0	18,3
1985	39,3	4,6	70,9	13,1	20,8	19,5
1986	38,8	4,5	72,4	13,0	20,8	21,3
1987	38,0	4,1	72,3	12,6	21,0	20,6
1988	35,5	4,3	72,9	12,2	21,1	19,0
1989	34,5	4,7	73,5	12,0	21,3	19,1
1990	33,1	4,5	75,2	11,4	21,6	18,6
1991	30,4	4,1	75,2	11,7	21,3	17,8
1992	29,3	4,2	76,2	11,4	21,4	17,8
1993	27,8	4,5	77,5	12,3	21,5	18,6
1994	26,3	4,4	77,8	12,0	21,9	16,9

Sources : * Enquête Emploi, Insee, années correspondantes.
** Causes médicales de décès, Inserm, années correspondantes.

TABLEAU A3. – ÉVOLUTIONS CHRONOLOGIQUES COMPARÉES DU CHÔMAGE ET DU SUICIDE, SELON LE SEXE ET L'ÂGE

	Hommes, France entière					
	15-24 ans		25-49 ans		50-59 ans	
Année	Taux de chômage*	Taux de suicide**	Taux de chômage*	Taux de suicide**	Taux de chômage*	Taux de suicide**
1981	14,0	14,5	4,2	31,6	4,1	45,1
1982	14,4	15,1	4,3	34,8	4,9	43,4
1983	16,0	16,5	4,7	35,6	5,2	45,7
1984	19,2	16,3	5,5	36,3	5,7	45,3
1985	20,3	16,9	6,2	37,3	6,4	47,2
1986	18,8	15,8	6,6	37,0	7,4	48,0
1987	16,7	14,5	6,5	36,6	7,5	44,3
1988	15,2	14,2	6,4	36,0	7,3	40,4
1989	13,5	15,8	6,0	35,4	6,7	39,2
1990	12,8	13,8	5,8	35,1	6,0	40,1
1991	14,3	14,9	6,3	35,8	6,0	39,5
1992	16,0	13,7	7,2	36,4	7,3	39,8
1993	19,7	17,9	8,9	38,3	7,4	39,1
1994	20,8	15,7	9,6	39,9	8,2	40,1
1995	19,0	14,8	8,9	38,3	8,0	36,7
	Femmes, France entière					
	15-24 ans		25-49 ans		50-59 ans	
Année	Taux de chômage*	Taux de suicide**	Taux de chômage*	Taux de suicide**	Taux de chômage*	Taux de suicide**
1981	25,8	4,9	8,0	11,4	6,2	15,6
1982	25,7	5,3	8,0	11,8	6,4	17,3
1983	26,9	4,8	8,2	12,1	7,0	19,3
1984	29,3	4,5	8,9	13,2	7,6	18,3
1985	28,9	4,6	9,7	13,1	7,6	19,5
1986	27,5	4,5	10,6	13,0	7,6	21,3
1987	26,1	4,1	11,1	12,6	8,8	20,6
1988	24,5	4,3	11,2	12,2	9,1	19,0
1989	22,5	4,7	11,1	12,0	8,6	19,1
1990	21,1	4,5	10,5	11,4	8,7	18,6
1991	22,4	4,1	10,8	11,7	8,8	17,8
1992	23,9	4,2	11,7	11,4	9,8	17,8
1993	26,3	5,2	12,6	12,3	8,8	18,6
1994	28,7	4,4	13,3	12,0	9,2	16,9
1995	29,0	4,5	12,8	11,7	9,1	16,3

Sources : * Enquête Emploi, Insee, années correspondantes.
** Causes médicales de décès, Inserm, années correspondantes.

BIBLIOGRAPHIE

[1] ANDRIAN Josiane, 1996, « Le suicide en pleine force de l'âge : quelques données récentes », *Cahiers de sociologie et de démographie médicales*, 2, p. 171-197.
[2] ARCHAMBAULT Paul, 1998, « États dépressifs et suicidaires pendant la jeunesse. Résultats d'une enquête sociodémographique chez les 25-34 ans », *Population*, vol. 53, 3, p. 477-516.
[3] BAUDELOT Christian, ESTABLET Roger, 1984, « Suicide : l'évolution séculaire d'un fait social », *Économie et statistique*, 168, p. 59-70.
[4] BAUDELOT Christian, ESTABLET Roger, 1984, « Suicides et rythmes sociaux », *Économie et statistique*, 168, p. 71-76.
[5] BESSETTE Jean-Michel, 1995, « Les âges de la mort », *Autour d'Alain Girard*, actes des quatrièmes Rencontres sociologiques de Besançon, Paris, L'Harmattan, p. 35-54.
[6] BOURDIEU Pierre, 1979, *La distinction. Critique sociale du jugement*, Paris, Les Éditions de Minuit, 672 p.
[7] BOURDIEU Pierre, 1997, *Méditations pascaliennes*, LIBER, Paris, Seuil, 322 p.
[8] BOURGOIN Nicolas, 1990, *Le suicide et l'intégration sociale*, Mémoire de DEA de démographie et sciences sociales, EHESS, 202 p.
[9] BOURGOIN Nicolas, 1991, « Contribution à une approche socio-démographique des conduites suicidaires : le projet de vie », *Cahiers d'Anesthésiologie*, 3, p. 195-209.
[10] BOURGOIN Nicolas, 1994, *Le suicide en prison*, Paris, L'Harmattan, 272 p.
[11] BOURGOIN Nicolas, 1997, « Le suicide dans la Police nationale », *Population*, vol. 52, 2, p. 429-440.
[12] BOURGOIS-HEADLEY et al., 1992, *Anxiété des enseignants : construction d'un instrument d'évaluation et premières analyses*, mémoire de Maîtrise en psychologie expérimentale.
[13] CHASTANG François et al., 1997, « Gestes suicidaires et précarité d'emploi : résultats préliminaires d'une enquête prospective réalisée au CHU de Caen », *Suicide et vie professionnelle : les risques du métier*, XXVIIIe Journées du Groupement d'études et prévention du suicide, Poitiers, 30-31 mai 1996 in J.-J. Chavagnat, R. Franc (coord.), Toulouse, Starsup Éditions, p. 167-181.
[14] CHAUVEL Louis, 1997, « Ralentissement économique et suicide », in L. Dirn, Chroniques des tendances de la société française, *Revue de l'OFCE*, Presses de la FNSP, 60, p. 100-106.
[15] CHAUVEL Louis, 1997, « L'uniformisation du taux de suicide masculin selon l'âge : effet de génération ou recomposition du cycle de vie ? », *Revue Française de Sociologie*, XXXVIII, p. 681-734.
[16] CHENU Alain, 1994, *Les employés*, La Découverte, 128 p.
[17] CHESNAIS Jean-Claude, 1975, « La mesure du suicide », *L'analyse démographique et ses applications*, p. 77-86.
[18] CHESNAIS Jean-Claude, 1976, *Les morts violentes en France depuis 1826. Comparaisons internationales*, Cahier n° 75, Ined/Puf, 346 p.
[19] CHESNAIS Jean-Claude, 1976, « Suicides en milieu carcéral et en milieu libre : évolution et situation comparées (1852-1974) », *Revue de science criminelle et de droit pénal comparé*, 3, p. 761-776.
[20] CHESNAIS Jean-Claude, 1977, « Le suicide et les tentatives de suicide en prison et en milieu libre : analyse de la crise récente », *Revue de science criminelle et de droit pénal comparé*, 2, p. 375-384.
[21] CHESNAIS Jean-Claude, 1981, *Histoire de la violence en Occident de 1800 à nos jours*, Pluriel, Robert Laffont, 498 p.
[22] CHESNAIS Jean-Claude, VALLIN Jacques, 1981, « Le suicide et la crise économique », *Population et sociétés*, 147, 4 p.
[23] COURGEAU Daniel, BACCAÏNI Brigitte, 1997, « Analyse multi-niveaux en sciences sociales », *Population*, vol. 52, 4, p. 831-864.
[24] DAVIDSON Françoise, PHILIPPE Alain, 1986, *Suicide et tentatives de suicide aujourd'hui : étude épidémiologique*, Inserm, Doin, Paris, 173 p.
[25] DEBOUT Michel, (rapporteur), 1993, *Le suicide*, Conseil économique et social, Paris, 95 p.
[26] DESPLANQUES Guy, 1993, « L'inégalité sociale devant la mort », *Données Sociales*, Insee, p. 251-258.
[27] GALLAND Olivier, 1995, « Une entrée de plus en plus tardive dans la vie adulte », *Les trajectoires jeunes : transitions professionnelles et familiales*, *Économie et statistique*, 283-284, p. 33-52.
[28] GUIDEVAUX Dr, 1975, « Commentaires statistiques sur la mortalité par suicide » in *Le suicide. Pour une politique de la santé*, La Documentation Française, p. 19-31.

[29] HALBWACHS Maurice, 1930, *Les causes du suicide*, Paris, Alcan.
[30] HATCHUEL Georges, 1992, *Les grands courants d'opinion et de perception en France de la fin des années 70 au début des années 90*, Collection des Rapports, 116, Credoc, 84 p.
[31] HODEBOURG Jean, 1997, *Le travail c'est la santé ?*, Paris, VO Éditions, 256 p.
[32] LECOMTE Thérèse, 1988, *Aspects socio-économiques de la dépression*, Centre de recherche d'étude et de documentation en économie de la santé, 61 p.
[33] LHUILLIER Jean-Pierre, 1997, «Risque d'un métier pas comme les autres : le suicide des médecins», *Suicide et vie professionnelle : les risques du métier*, XXVIIIe Journées du Groupement d'études et prévention du suicide, Poitiers, 30-31 mai 1996, *in* J.-J.Chavagnat, R.FRANC (coord.), Toulouse, Starsup Éditions, p. 129-155.
[34] NICOLE-DRANCOURT Chantal, ROULLEAU-BERGER Laurence, 1995, *L'insertion des jeunes en France*, (Que sais-je ?), Presses universitaires de France, 126 p.
[35] PHILIPPE Alain, 1988, «Suicide : évolutions actuelles», *Regard sur l'actualité*, 137, p. 45-55.
[36] RIFFAULT Hélène, 1991, «Les Européens et la valeur travail», *Esprit*, 2, p. 25-47.
[37] ROUME Denis, 1997, «Le suicide chez les professionnels de l'enseignement», *Suicide et vie professionnelle : les risques du métier*, XXVIIIe Journées du Groupement d'études et prévention du suicide, Poitiers, 30- 31 mai 1996, *in* J.-J. Chavagnat, R. Franc (coord.), Toulouse, Starsup Éditions, p. 209-221.
[38] SERMET Catherine, 1995, *Enquête sur la santé et les soins médicaux. France 1991/1992*, Centre de recherche, d'étude et documentation en économie de la santé, 38 p.
[39] SURAULT Pierre, 1991, «Post-modernité et inégalités sociales devant la mort», *Cahiers de sociologie et de démographie médicales*, 2, p. 121-143.
[40] SURAULT Pierre, 1995, «Variations sur les variations du suicide en France», *Population*, vol. 50, 4-5, p. 983-1012.
[41] SURAULT Pierre, 1997, «Suicide et milieu social : éléments d'analyse», *Suicide et vie professionnelle : les risques du métier*, XXVIIIe Journées du Groupement d'études et prévention du suicide, Poitiers, 30- 31 mai 1996, *in* J.-J. Chavagnat, R. Franc (coord.), Toulouse, Starsup Éditions, p. 57-82.
[42] TOURAINE Alain, 1991, «Face à l'exclusion», *Esprit*, 2, p. 7-13.

BOURGOIN (Nicolas).– **Suicide et activité professionnelle**

    Cet article met en évidence un effet variable de l'inactivité sur le suicide selon le sexe et l'âge, les hommes d'âge moyen apparaissant les plus sensibles à la perte d'un emploi.

    Chez les personnes ayant un emploi, le taux de suicide augmente à mesure que l'on descend dans l'échelle sociale, comme c'est le cas pour la mortalité générale. L'analyse des corrélations entre fréquence du chômage, niveau de revenu et d'éducation d'une part, et fréquence des suicides d'autre part, permet de décomposer le lien profession/suicide et fait ressortir la situation particulière – favorable ou défavorable – de chaque groupe professionnel : les instituteurs et les cadres, par exemple, se suicident davantage que ne le voudrait leur niveau d'éducation ou de revenu. Ce résultat tend à montrer qu'au mode de vie, lié au niveau social, se rajoute d'autres effets propres à l'activité professionnelle elle-même et aux conditions de son exercice.

    Enfin, l'analyse du mode opératoire selon la profession permet de rendre compte d'une partie des écarts observés, les professions les plus suicidaires étant aussi celles qui utilisent les moyens les plus radicaux.

BOURGOIN (Nicolas).– **Suicide and professional activity**

    This article explores the variable effect of joblessness on suicide, by sex and age, with middle-aged men emerging as the most sensitive to job loss.

    For people in work, the suicide rate rises as social class falls, which is the same pattern as for general mortality. The relationship between occupation and suicide is explored through an analysis of the correlations between frequency of unemployment, level of income and education, and suicide. This identifies the particular situation – favourable or unfavourable – of each occupational group. Schoolteachers and managers, for example, are found to have higher suicide rates than would be expected from their level of income and education. This result suggests that in addition to life-style factors, related to social class, there are other effects due to the professional activity itself and the conditions in which it is exercised.

    Some of the disparities observed can be accounted for by an analysis of the method of suicide according to profession, the occupations with the highest suicide rates also being those which use the most violent methods.

BOURGOIN (Nicolas).– **Suicidio y actividad profesional**

    Este artículo muestra el efecto variable de la inactividad sobre el suicidio según la edad y el sexo. Los hombres de mediana edad aparecen como los más sensibles a la pérdida de empleo.

    Entre las personas con empleo, la tasa de suicidio aumenta a medida que se desciende en la escala social, como sucede con la mortalidad general. El análisis de las correlaciones entre desempleo, nivel de ingresos, educación y frecuencia de suicidios permite descomponer la relación entre profesión y suicidio y observar la situación particular – favorable o desfavorable – de cada grupo profesional: el suicidio es, por ejemplo, más frecuente entre profesores y cuadros directivos de lo que su nivel de educación o ingresos determinaría. Este resultado muestra que la actividad profesional y las condiciones de su ejercicio producen efectos específicos que se añaden al estilo de vida asociado a cada nivel social.

    El análisis de los comportamientos según la profesión permite, pues, explicar parte de las diferencias observadas. Las profesiones que favorecen más el suicidio son también las que propician el uso de métodos más radicales.

Nicolas BOURGOIN, Institut national d'études démographiques, 133 boulevard Davout, 75980 PARIS Cedex 20, France, tél. (33) 01 56 06 21 32, fax. (33) 01 56 06 21 99, e-mail: bourgoin@ined.fr

PAUL LEROY-BEAULIEU ET LA QUESTION DE LA POPULATION
L'impératif démographique, limite du libéralisme économique

Georges Photios TAPINOS*

> Dès 1868, à 25 ans, Paul Leroy-Beaulieu contribue – avec son État moral et intellectuel des populations ouvrières – au grand débat qui occupe les économistes français en cette fin de Second Empire, sur le sort de la classe ouvrière et son éventuelle « dangerosité »**. À ce moment, la pensée de Malthus influence fortement ces Économistes, mais les esprits vont évoluer au cours des décennies suivantes (entre 1870 et 1914), au vu de la faible natalité française et du déclin relatif de la population de la France face à celles de certains voisins européens. Georges TAPINOS décrit ici le parcours de P. Leroy-Beaulieu dans cette difficile conversion du libéralisme à l'interventionnisme, et du malthusianisme au populationnisme.

Leroy-Beaulieu, les économistes et la population

De tous les principes et mécanismes qui définissent le modèle économique classique, *le principe de population* de Malthus est sans conteste celui qui recueille le plus large assentiment auprès des économistes libéraux. Qu'il s'agisse de la valeur, du principe des débouchés, de la rente, du machinisme, du progrès technique ou du libre-échange, au-delà d'une problématique commune, les désaccords sont marqués et parfois irréconciliables. Le principe de population, premier postulat de l'axiomatique classique d'après Nassau Senior, est accepté même par ceux, comme J.-B. Say, pour qui la vision de la dynamique du système est totalement étrangère.

---

* Institut d'études politiques de Paris. Institut national d'études démographiques, Paris.
    Une première version de ce texte a été présentée au colloque de l'association Charles Gide d'histoire de la pensée économique à Lyon, en octobre 1997.
** Voir Yves Charbit, *Du Malthusianisme au populationnisme. Les « Économistes » français et la population (1840-1870)*, Cahier n° 90, Ined-Puf, 1981.

Certes, au-delà des réserves qui ont pu être exprimées sur des points mineurs, des critiques plus radicales ont été formulées, pouvant aller jusqu'à remettre en cause le principe même, et lui opposer une autre « vraie loi de population »[1], associant enrichissement et décélération démographique ; mais il ne s'agit là que de tentatives marginales sans incidence sur les économistes orthodoxes[2].

Le doute, né de l'évolution démographique de la France avec les recensements du milieu du siècle qui ont fait apparaître un ralentissement de la croissance, n'a pas affecté davantage les convictions malthusiennes des économistes libéraux. Il est des exceptions. Paul Leroy-Beaulieu (1843-1916) en fait partie. En le présentant généralement comme un anti-malthusien virulent, ce qui correspond en effet à l'aboutissement de sa réflexion démo-économique, on risque d'oublier cependant qu'il s'est d'abord situé, comme tous, dans le camp malthusien. Bien que sa contribution à l'analyse économique et démo-économique soit honorable, mais plutôt modeste, par son exceptionnelle réussite professionnelle[3], sa notoriété[4], la dimension de son œuvre, la place qu'il accorde à la question de la population et le rôle qu'il a joué dans l'élaboration d'un paradigme démographique à la française[5], toujours actuel, c'est un auteur intéressant et emblématique à plus d'un titre. L'importance de sa production scientifique qui couvre un demi-siècle, la possibilité que lui offrait son journal – hebdomadaire – de suivre au plus près l'actualité statistique, le soin qu'il apportait à la mise à jour de ses ouvrages d'une édition à l'autre, permettent de saisir le cheminement et les inflexions de sa pensée. Mais aussi, sa méthode descriptive, proche des faits, rejetant toute démarche déductive, et son souci de l'économie appliquée se traduisent par des formulations et des hésitations, qui peuvent apparaître, selon le degré d'indulgence du lecteur, comme des faiblesses théoriques, des contradictions fondamentales, ou des changements d'appréciation justifiés par les évolutions historiques.

C'est l'attention particulière qu'il porte au mouvement de la population de la France, qui guide l'évolution de la pensée démographique de

---

[1] Par exemple Doubleday : *The True Law of Population* (1841).

[2] En France, l'anti-malthusianisme est d'abord socialiste. Mais il est vrai que parmi les libéraux, l'approbation de Malthus a parfois été mesurée. Bastiat en est le meilleur exemple.

[3] Membre de la Société d'économie politique dès 1868, professeur à *l'École des sciences politiques* dès la création de l'établissement en janvier 1872, fondateur et rédacteur en chef de *l'Économiste Français* à l'âge de 30 ans (1873), membre de l'Académie des Sciences morales et politiques à 35 ans (1878) – préféré à Clément Juglar –, professeur au Collège de France à 38 ans (1881) – préféré à Léon Walras –, président de la Société de statistique en 1889, professeur à l'École des hautes études commerciales. Mais aussi gendre de Michel Chevalier.

[4] Parmi les économistes du temps bien sûr, comme en témoigne la notice nécrologique que lui consacra Keynes (1916) ; mais quel autre économiste de la belle époque a laissé une trace chez Proust et Alphonse Allais ? Dans *Du côté de Guermantes*, le Comte de Norpois, prêt à convaincre le prince de Faffenheim de surmonter son hésitation à se présenter à l'Académie, offre d'en parler à (Paul) « Leroy-Beaulieu sans lequel on ne peut faire une élection » (Proust, *À la recherche du temps perdu, Du côté de Guermantes*, Éd. La Pléiade, 1954, p. 262). C'est aussi d'une consultation dont il s'agit chez Alphonse Allais, mais l'objet de la question « économique » que pose le narrateur à Paul Leroy-Beaulieu et à Paul Doumergue, « les deux représentants les plus autorisés des écoles actuellement aux prises », est moins académique ! (Allais, « Deux et deux font cinq », 1895, in *Œuvres Anthumes*, Laffont, 1989, p. 523).

[5] Cf. Tapinos (1996).

Leroy-Beaulieu. Sa préoccupation pour la question de la population s'accroît au fil des ans et, par étapes, il en arrive *crescendo* à conclure au rejet total du modèle malthusien[6]. Dans ses premiers travaux (1868-1872), il ne traite pas directement de la question de la population, et lorsqu'il y fait allusion il accepte le principe malthusien. En 1880, analysant dans *L'Économiste Français*[7] les données statistiques du mouvement de la population de la France en 1878, il s'inquiète de «la lenteur de la progression de la population française» et esquisse quelques lignes d'explication ; au même moment, dans la préface à l'*Essai sur la répartition des richesses*, il affirme que le modèle malthusien n'a plus d'application dans le monde actuel. Pourtant en 1890, il réaffirme le caractère général du modèle malthusien. Mais lorsqu'au ralentissement de l'accroissement démographique de la France, fait place la stationnarité, et à la stationnarité la diminution des effectifs, ses réserves à l'égard du modèle malthusien se renforcent. Lorsque l'évolution démographique des autres pays «civilisés» s'aligne sur celle de la France, il n'hésite plus à opposer au principe malthusien «la vraie loi de population». Ce n'est plus la France seule, c'est la France d'abord.

C'est, semble-t-il, au cours des années 1890-1895 que la pensée démographique de Leroy-Beaulieu se cristallise. Depuis le début du siècle, pour la première fois en temps de paix, le solde des naissances et des décès est négatif, de façon significative[8], pour trois années consécutives (1890, 1891, 1892) et à nouveau en 1895. La question de la population est désormais au centre de sa réflexion, et il n'a de cesse d'attirer l'attention sur la gravité de la situation et l'urgence des remèdes. *Le Traité théorique et pratique d'économie politique*, qui paraît en novembre 1895, contient de longs développements consacrés à la population[9], que vient compléter sa contribution à *La Revue des deux Mondes* en 1897. La France enregistre à nouveau un accroissement négatif, alors que l'Allemagne voit ses effectifs s'accroître d'année en année. La question de la population devient une question «vitale». Lors d'une intervention, le 25 février 1908 à l'École libre des sciences politiques[10], il évoque deux causes qui expliquent que la France ne soit plus au premier rang du continent européen : «La France est pauvre en charbon» et «Nous avons cessé d'être prolifique». Dans la 13ᵉ édition des *Principes* (1910), il ajoute au chapitre sur «La population,

---

[6] La question démographique est traitée à titre principal, dans son enseignement au Collège de France, à quatre reprises, 1882, 1890, 1901, 1910 ; dans ses articles de l'*Économiste Français*, en 1880, 1890 et 1895, et de *La Revue des deux mondes* en 1897 ; dans ses manuels : le *Traité* dès la 1ʳᵉ édition de 1895, le *Précis* augmenté d'une longue annexe à la 13ᵉ éd., et bien sûr dans *La question de la population* en 1913. Pour un auteur aussi prolifique, dont l'œuvre comprend des milliers de pages, les écrits sur la population ne représentent en définitive qu'un très faible volume du total.

[7] Noté *EF* dans la suite du texte. Numéro du 28 février 1880, repris dans le *Journal de la Société de Statistique de Paris*, n° 5, mai 1880. Notons que dès 1876, on enregistre un regain d'intérêt de l'*Économiste Français* pour la question de la population.

[8] Le solde est négatif en 1854-1855 (campagnes militaires extérieures et choléra) et 1870-1871 (Turquan, 1902).

[9] Des éléments qui avaient déjà fait l'objet d'une communication à l'Académie des Sciences morales et politiques, paraissent en bonnes feuilles, dans une série d'articles de *L'Économiste français* (de septembre à novembre) sous le titre – répété – : «De la vraie loi de population».

[10] Introduction à une série de conférences sur les forces productives de la France organisées par la société des anciens élèves de l'école (V. A. 1909).

le paupérisme, la charité» un appendice sur «L'affaiblissement continu de la natalité en France - Les craintes de dépopulation de la France - Les sacrifices nécessaires pour maintenir la natalité française». En 1913, à la veille du conflit mondial, et trois ans avant sa mort, *La question de la population*, son dernier ouvrage, cri d'alarme pathétique[11] à en juger par le recours inhabituel et extensif à l'italique, achève la vulgate démographique de Leroy-Beaulieu et présente, pour la première fois de façon aussi systématique, un ensemble de mesures susceptibles de redresser la situation.

On se propose dans cet article : de retracer l'évolution de la pensée d'un économiste malthusien et libéral, confronté au ralentissement de l'accroissement de la population française ; de s'interroger sur la nature et la portée de la critique de Malthus – affirmation d'une loi de population postmalthusienne pour les pays avancés ou remise en cause fondamentale de la vision malthusienne ? – et de montrer le caractère ambigu et illusoire de la tentative de réconciliation d'une vision libérale du système économique et de l'impératif politique de régénération démographique.

I. – Du *principe de population* à *la vraie loi de population* Du modèle malthusien à l'idéologie nataliste

Le problème de la population est abordé par Leroy-Beaulieu pour la première fois en 1868, de façon incidente, en réponse à la question mise au concours par l'Académie des Sciences morales et politiques sur «L'influence qu'exercent la moralité et l'instruction sur la production et sur la répartition des produits en un mot sur le taux de salaire». Tout en affirmant son attachement au principe de population, il rappelle que dans l'analyse des effets de l'augmentation de la population sur les salaires, il y a lieu de tenir compte également de l'accumulation du capital et du progrès technique ; surtout il ne manque pas de souligner la dimension nationale et historique de l'œuvre malthusienne[12] :

> «Pour nous, nous regardons la loi de Malthus comme étant d'une vérité théorique incontestable ; mais d'un autre côté, appuyée sur l'expérience et sur le témoignage positif des faits contemporains, nous considérons cette loi comme ne s'appliquant pas à la France, du moins dans l'état actuel des mœurs et des esprits.»

La France fait exception, mais Leroy-Beaulieu ne semble pas exclure que l'exception française soit transitoire ; il est loin en tout cas d'y voir une autre loi de population, et encore moins une mise en cause du principe de population. Il observe aussi, en France, une relation inverse entre la fécondité et la condition sociale :

> «Plus on s'élève dans les couches sociales, plus on voit la fécondité diminuer [...] la raison en est simple : c'est que plus le rang de la famille

---

[11] Qui prend une résonance tragique avec la disparition de son fils Pierre, son héritier spirituel, père de six enfants, mort à la guerre le 17 janvier 1915.
[12] «Ce livre (1798) célèbre se ressent de la nationalité de son auteur et des circonstances spéciales au peuple chez lequel il vit le jour.» (p. 47.)

est élevé, plus elle craint d'en descendre ; c'est en outre que, plus la famille est aisée, plus elle a de satisfactions diverses qui, si l'on nous permet cette expression, font concurrence aux plaisirs sensuels que procure la reproduction [...] Il en résulte que la société se divise en deux parties, dans l'une peu ou point d'enfants, dans l'autre multitude d'enfants. » (p. 101.) L'accroissement des effectifs au bas de l'échelle sociale fait pression sur le salaire des ouvriers les moins instruits.

L'ambiguïté de la position de Leroy-Beaulieu se maintient jusqu'au début des années 1890 ; par la suite sa pensée s'affirme et aboutit à la formulation des deux propositions, qui constituent sa contribution majeure à l'analyse des problèmes de population. L'exception française devient *la vraie loi de population* des pays civilisés, et l'observation synchronique d'une fécondité diminuant avec le statut social et l'aisance se transforme en vision diachronique, véritable loi d'évolution historique des populations.

La question de la population en France

Lorsqu'il s'attaque véritablement à la question de la population, en 1880, dans *L'Économiste français,* c'est de la France dont il s'agit. À l'encontre de la plupart des économistes du temps, la question de la population n'est pas pour Leroy-Beaulieu une glose du principe malthusien. Le problème et le point de départ, c'est la situation démographique du pays, les données de l'état civil montrant un ralentissement de la croissance de la population. Comparant les années 1874-1878 aux années 1864-1868, il montre que l'accroissement n'est dû qu'à une diminution plus forte des décès que des naissances (*Journal de la Société de Statistique de Paris*[13], mai 1880). En remontant au début du siècle, il observe que la diminution de la natalité résulte pour partie d'une diminution des mariages, mais bien davantage de « la réduction de la fécondité matrimoniale ». La France se démarque ainsi des autres grandes nations européennes et son poids démographique en Europe se réduit considérablement, au point de devenir une « puissance minuscule » selon la formule de J. Bertillon rapportée par Leroy-Beaulieu (*EF*, 2 oct. 1880).

Le diagnostic établi, il reste à expliquer cette spécificité française. Leroy-Beaulieu évoque la fiscalité, les lois de succession, les lois militaires et par-dessus tout ce qu'il appelle « la vanité bourgeoise ». Il n'attache pas une importance décisive à l'incidence de la fiscalité et des lois sur l'héritage, même s'il envisage avec faveur quelques aménagements mineurs de la législation : allégements fiscaux et atténuation de la réserve héréditaire. Il esquisse cependant une relation entre les lois de succession, la propriété et la vanité bourgeoise. La diminution des naissances est attribuée à la division de la propriété à cause des lois successorales – allusion à Le Play –, mais aussi à la propriété en soi, qu'il accuse de favoriser la vanité bourgeoise, facteur décisif de la baisse des naissances (*EF*, 9 oct. 1880). La question du service militaire est plus délicate. D'un côté Leroy-Beaulieu est convaincu que la durée du service

---

[13] Noté *JSSP* dans la suite du texte.

pour les nouvelles recrues et la période annuelle de rappel des réservistes retardent et diminuent les unions, mais d'un autre côté, il comprend la nécessité d'une telle institution, précisément du fait de la faiblesse relative des effectifs. La spécificité de l'évolution démographique de la France justifie le service militaire, institution qui lui est propre mais qui a, dans le même temps, des effets négatifs sur l'accroissement de la population. Le service militaire est à la fois la conséquence et la cause de la situation démographique. Confronté à ce dilemme Leroy-Beaulieu, généralement enclin à donner des conseils aux gouvernants, se garde ici de toute suggestion. De même pour ce qu'il considère déjà comme « la raison principale de la stagnation de la population », à savoir la « crainte bourgeoise de maintenir ou d'élever son rang uniquement par l'épargne et par un modeste travail », à laquelle, *non sequitur*, il ne voit d'autre issue que le libéralisme : abandon du protectionnisme, ouverture à l'extérieur, renforcement de la concurrence (*JSSP*, 1880).

Dans tout cela il n'est jamais fait mention de Malthus, l'économiste. Ce n'est que lorsqu'il attribue la faiblesse des naissances légitimes au « vice », et l'importance des mort-nés, mais aussi la mortalité des enfants en bas âge, « aux mauvaises pratiques et au crime » que réapparaît le vocabulaire de Malthus, le pasteur (*EF*, 9 oct. 1880, p. 435). Lorsqu'il est question de Malthus, dans la première édition de l'*Essai sur la répartition des richesses* (1881), il exprime de fortes réserves :

> « La loi [...] de Malthus sur la population ne trouve guère plus d'application dans un monde à moitié inhabité, où la circulation des personnes et des produits devient de plus en plus facile, de moins en moins coûteuse, et où la production des subsistances s'accroît au point que le prix des denrées principales a beaucoup plus de tendance à s'avilir qu'à s'élever. » (p. XIV.)

C'est un nouvel élargissement des restrictions du champ d'application historique du modèle malthusien. Quelques années plus tard, dans le *Précis d'économie politique* (1ère édition 1888), le rejet est sans appel :

> « Il est certain que la doctrine de Malthus n'a guère d'application dans le temps présent et qu'elle ne semble pouvoir en avoir aucune pendant tout au moins deux ou trois siècles, sinon bien davantage » (p. 340); et plus loin : « aussi le cauchemar que Malthus faisait peser sur l'humanité peut-il se dissiper pendant plusieurs siècles. Il est même très incertain que les craintes du célèbre économiste anglais doivent jamais, même à une échéance lointaine, se réaliser. » (p. 342.)

En a-t-on fini avec Malthus ? Pas vraiment !

Malthus revisité   En septembre 1890, Leroy-Beaulieu fait paraître dans l'*Économiste Français* deux articles sur « L'influence du degré de civilisation sur le mouvement de la population », qui sont repris par le *Journal of The Royal Statistical Society* (1891). Le point de départ est ici le principe de population de Malthus, remis en question par certains auteurs, selon Leroy-Beaulieu, sous l'effet de deux facteurs à l'œuvre depuis la guerre de 1870 : d'une part le défrichement des nouveaux continents qui a permis un accroissement plus rapide des subsistances que des hommes, d'autre part « l'état de rivalité armée où se trouvent les principaux peuples d'Europe et l'établissement du service militaire obligatoire» (*EF*, 20 sept. 1890 p. 354). La crainte malthusienne est-elle désormais en voie d'être dissipée ? Les exigences politiques et nationales en Europe doivent-elles faire redouter une diminution de la population ? Leroy-Beaulieu se livre à un exercice d'équilibriste, qui marque un certain retour à Malthus, et par là même à une tentative ambitieuse, et éphémère, pour réconcilier la vision malthusienne et l'observation contemporaine, diamétralement opposées au plan de l'analyse et des inquiétudes qu'elles suscitent.

Le modèle malthusien est réaffirmé dans sa vision historique et prospective. Leroy-Beaulieu rejette l'illusion d'un dépérissement du principe de population, principe immanent de l'histoire des sociétés. Cet affaiblissement apparent de la contrainte malthusienne est éphémère :

> «La période actuelle du monde, celle du défrichement des pays neufs est transitoire [...] Le genre humain ne peut indéfiniment pulluler sur une planète qui ne s'accroît pas [...] Les pays neufs deviendront un jour, et bientôt peut-être des pays vieux. Sera-ce dans un siècle, ou dans deux siècles ou dans trois, terme à coup sûr extrême, que cette évolution sera accomplie ? Au train actuel, la première de ces dates ou tout au moins la seconde, paraît plus vraisemblable que la troisième.» (*EF*, p. 353-354 et 356.)

Rappelant l'incidence négative de l'effectif de population sur les salaires, Leroy-Beaulieu se range du côté de Malthus, mais il donne à la menace malthusienne une signification tout autre. Pour Malthus, la malédiction ce n'est pas l'accroissement du nombre, c'est la stagnation du niveau de vie par suite de la capacité (*power*) de la population à s'accroître plus rapidement que les ressources. Pour Leroy-Beaulieu, l'épouvantail malthusien c'est l'accroissement du nombre.

Dans le même temps, l'évolution démographique en France, et plus généralement dans les pays «civilisés», montre «une loi générale des faits contemporains», selon laquelle «le développement de la civilisation et du bien-être tendent à réduire le mouvement ascensionnel de la population» (*EF*, p. 354). La perspective d'un accroissement de la population entraînant la misère est toujours présente. Cependant, la diminution des naissances lorsque l'aisance augmente, comme on l'observe dans les pays civilisés, «doit rassurer le genre humain», et peut être considérée comme «une de ces harmonies finales qui concourent au bonheur de l'espèce» (*EF*, p. 354). En dépit de la perspective favorable qu'ouvre cette tendance à la stationnarité, deux séries de raisons expliquent l'inquiétude présente du ralentissement démographique. Il y a d'abord une raison politique et militaire liée aux conflits entre les pays européens, que Leroy-Beaulieu considère comme essentielle et regrettable à la fois. Il écrit :

> «[Malthus et Stuart Mill] se plaçaient au point de vue de la paix, du bien-être et de la prospérité universelle ; on se place au point de vue de la guerre. On ne juge plus les choses en économiste ou en philosophe, mais en commandant du recrutement. Ce ne sont plus les hommes que l'on a en vue, ce sont les recrues.»[14] (*EF*, p. 354.)

---

[14] Le nombre semble bien être la condition de la puissance.

Il y a aussi le fait que le ralentissement de la croissance démographique, souhaitable en soi, est apparu de façon prématurée, surtout en France, où il intervient alors même que la densité est « médiocre » (*EF*, 27 sept. 1890, p. 387) et les capacités de production loin d'être utilisées et ce d'autant plus que « les pays neufs [sont] très loin d'être encore peuplés »[15]. Ce qui revient à accepter le modèle malthusien en tant que vision générale de l'évolution des populations, ou à tout le moins ce qui limite considérablement la portée de la critique de Malthus.

Lorsque, s'agissant de la France, il envisage les remèdes possibles, fidèle à la tradition classique, il se montre très réservé à l'égard de l'intervention gouvernementale et ne retient que les mesures visant à supprimer les entraves institutionnelles lorsqu'elles empêchent le libre choix des agents, et à modifier les comportements lorsqu'ils freinent les mariages et les naissances. Mais, à la différence des classiques, ce n'est pas le caractère inéluctable de l'équilibre stationnaire de subsistance qui rend illusoire toute mesure d'intervention ; c'est la nature même du problème qui justifie ses réticences :

> « La cause en est dans l'état mental nouveau de la population française ; or il est bien difficile de changer par des lois ou des prescriptions l'état mental d'un peuple. » (*EF*, p. 387.)

Il fustige les remèdes envisagés par des « esprits superficiels », « avec une admirable suffisance » et qui sont « les plus saugrenus » [...] « des propositions absolument grotesques » et de citer les impôts spéciaux sur les célibataires. Pour Leroy-Beaulieu, les « vrais remèdes ou plutôt les utiles palliatifs » résident dans la modification « de l'esprit de notre instruction primaire et notamment de la plupart de nos instituteurs ». En vérité, lutter contre la stagnation démographique c'est limiter l'éducation primaire « qui suscite les ambitions, l'idée de parvenir, le goût exclusif du bien-être », « et pousse au déclassement général ». Il faut au contraire :

> « Répandre dans la population [...] les goûts modestes, la continuation, sauf pour des sujets exceptionnels, du métier paternel, l'amour des choses des champs, la résignation au travail manuel, le culte même du travail manuel [...] Il faudrait aussi ne pas prolonger indéfiniment le temps de l'école [...] L'école ne saurait être obligatoire au-delà de douze ans ; en aucun cas, dans les pays qui ont souci de l'accroissement de la population, on ne saurait fermer l'usine aux enfants ayant douze ans accomplis [Dans les districts ruraux] il faudrait que l'école fût dans la belle saison plus accommodante et qu'on tolérât, lorsqu'ils servent aux travaux des champs, l'absence des classes en été des enfants d'un certain âge. » (*EF*, p. 387.)

Autre population cible : les jeunes filles :

> « On peut se demander encore si toutes les jeunes filles auxquelles on procure des carrières libérales, ou demi-libérales, ne sont pas plus ou moins condamnées au célibat [...] C'est que les jeunes filles, pourvues de ces places, et... condamnées parfois à une carrière errante, assujetties à des déplacements pour causes diverses, n'offrent pas toujours les garanties de stabilité du ménage. » (*EF*, p. 387.)

---

[15] Il songe à la colonisation et non pas à l'accroissement démographique naturel de ces pays.

Une vision qui peut paraître mesurée ou conformiste, mais qui en tout cas relève d'avantage du conservatisme libéral que du natalisme militant. Et puis, d'un coup *in fine*, le voilà saisi d'une surprenante hardiesse :

> « Le remède le plus efficace c'est pour un pays comme la France, la naturalisation d'un grand nombre d'étrangers, de 50 ou 100 000 étrangers par an. On augmenterait ainsi et le chiffre des citoyens et la force même reproductive dans le pays ». (*EF*, p. 388.)

« La vraie loi de population »   En 1895, s'amorce la dernière étape, qui s'achèvera avec la rupture totale avec Malthus. Le point de départ de la discussion est une fois encore la précocité de la diminution du taux de natalité en France. Mais le cas français ne doit plus être considéré comme spécifique, il est désormais exemplaire d'une loi générale de l'évolution des sociétés. La menace démographique n'est plus celle d'une croissance trop forte, mais au contraire d'une diminution de la population des pays civilisés. S'appuyant sur les données de divers pays européens, Leroy-Beaulieu propose une nouvelle vision de l'histoire des populations en trois phases. *Dans les sociétés paysannes traditionnelles*, il existe des facteurs qui poussent à une natalité plutôt élevée ; il existe bien une menace démographique dans les pays pauvres, disposant de faibles capitaux et dont les subsistances s'accroissent moins rapidement que la population (*EF*, 2 nov. 1895). Mais avec *la Révolution économique* – l'industrialisation qu'à la suite d'A. Marshall il fait remonter en Angleterre à 1760 – « se produit une altération démographique », qui se traduit par un fort accroissement de la population. Ce n'est que *dans un troisième temps, une fois atteint un certain degré de civilisation* que l'aisance entraîne une diminution des naissances.

On peut voir dans cette perspective d'évolution les fondements de ce qui constituera la Révolution démographique de Landry et la théorie moderne de la transition démographique. À cet égard la distinction qu'il opère entre la période d'industrialisation qui favorise la natalité et celle de l'aisance acquise qui tend à la diminuer présente un double intérêt. D'une part il se sépare de Malthus, qui n'envisage que la production de subsistances, écartant toute incidence directe de l'industrialisation sur la natalité, mais qui, attentif au sort des classes pauvres, se préoccupe de l'accroissement de la mortalité associé aux grandes villes et aux manufactures. D'autre part, en opérant une distinction entre le changement économique et le changement social, il attire l'attention sur l'absence de relation monotone entre le revenu et la natalité (*La question de la population*, 1913).

L'affirmation d'une loi de population pour l'ensemble des pays civilisés renforce les réticences de Leroy-Beaulieu à prendre à son compte les raisons spécifiques qui ont été avancées pour expliquer la situation française. Désormais son ambition est autre. Il met l'accent sur deux facteurs de portée générale : la perte de l'avantage économique de l'enfant pour les parents et « l'orgueil démocratique ». Le premier argument a une résonance très moderne et annonce avec une très grande netteté l'hypothèse de l'inversion des transferts intergénérationnels :

> « Les enfants autrefois étaient en quelque sorte rémunérateurs [...] Les soins qu'on leur donnait dans leur première enfance étaient assez sommaires et peu coûteux ; à six ou sept ans, dans le travail rural ou le travail manufacturier, ils commençaient à gagner leur vie, et de dix ou onze ans à vingt, ils gagnaient plus que leur subsistance et apportaient de l'aisance à la famille. Les lois sur le travail des enfants, la fréquentation scolaire, les habitudes plus émancipées et plus exigeantes des adolescents et des jeunes gens ont renversé cette situation. Un enfant ne gagne rien ou à peu près jusqu'à quatorze ou quinze ans, et de cet âge jusqu'à vingt et un, il n'admet pas, en général, que son travail puisse profiter à sa famille. » (*EF*, 19 oct. 1895, p. 516-17.)

Si l'on retient cette hypothèse explicative de la modification du comportement des parents en faveur d'une descendance réduite, on devrait observer une relation positive entre le revenu des parents, qui diminue du fait de la diminution des transferts reçus, et le nombre d'enfants ; la diminution des transferts ayant pour effet à la fois de réduire le revenu des parents (effet comptable) et leur descendance (effet de comportement). En toute hypothèse ce premier facteur a une portée restreinte, et ne concerne que les classes laborieuses et peu aisées. Pour Leroy-Beaulieu, « la cause la plus déterminante », c'est « l'orgueil démocratique » (*EF*, p. 517). C'est véritablement le désir de l'individu d'améliorer sa situation et tout ce qu'il considère comme susceptible de pouvoir y contribuer qui est en question : l'instruction obligatoire et la démocratie, l'activité des femmes et le mouvement féministe. Leroy-Beaulieu récuse ainsi tous les droits fondamentaux du libéralisme moderne : la libre expression des préférences, le libre choix de sa descendance, le libre choix de l'activité et de la profession.

Les remèdes proposés sont à la mesure des causes : « Un changement complet dans les idées et les sentiments, l'avènement d'une conception moins étroite de la famille et de l'amour filial ». Il évoque aussi, avec circonspection, un élément qui rejoint une autre de ses préoccupations majeures :

> « L'abaissement graduel du taux de l'intérêt. [...] La fortune ne pouvant plus représenter l'aisance prolongée pendant des séries de générations, il est possible qu'on en vienne à s'en inquiéter moins et qu'on n'éprouve pas autant d'appréhension devant la division d'un avoir devenu naturellement plus stérile. » (*EF*, p. 517.)

Que reste-t-il de Malthus ? Ce n'est plus l'économiste libéral qui reconnaît la portée de l'œuvre malthusienne, fut-elle amendée pour tenir compte des évolutions dans les pays civilisés. Il a franchi la ligne de l'économie orthodoxe pour se ranger désormais parmi les critiques les plus virulents de Malthus, fulminant contre tous ceux qui osent encore lui reconnaître quelques mérites[16], militant contre la propagande néo-malthusienne[17]. Il attribue le

---

[16] Il attaque Joseph Garnier, tenant de l'orthodoxie malthusienne, en des termes peu habituels dans les débats feutrés entre membres de la *Société d'Économie Politique* : « Un éditeur de Malthus, malthusien effréné lui-même, un de ces disciples qui ne prennent jamais le loisir d'observer et de penser par eux-mêmes » (*Traité*, 2ᵉ éd., 1896, tome 4, p. 577). Mais à son tour il rencontre une opposition ferme, même si elle reste courtoise, de la plupart des économistes qui comptent.

[17] Qui heurte profondément ses convictions.

succès de Malthus à l'*Essai* anonyme de 1798 : « un opuscule de médiocre étendue mais d'une audacieuse et provoquante netteté » (*Revue des Deux Mondes*[18], 1897, p. 858), et avant tout, au fameux passage sur le banquet de la nature et à la vigueur des attaques dont il fut l'objet :

> « Si son ouvrage s'était présenté au monde sous la forme un peu lourde et terne de la seconde édition et des suivantes, encombrées de statistiques et vides de toute éloquence, il est probable qu'il n'aurait pas franchi le cercle des gens instruits et des penseurs. » (*RDM*, p. 859.)

Il se trouve que cette « image qui faisait saillie dans l'édition première et qu'il se hâta de supprimer des autres » (*RDM*, p. 859) n'est pas dans la première édition mais n'apparaît que dans la seconde et de façon éphémère. Le pamphlet de 1798 a connu un grand succès surtout en Angleterre, mais il reste qu'il n'a jamais été traduit à l'époque en français, ni en italien ou en allemand. C'est bien la seconde édition et celles qui lui ont fait suite, et les nombreuses traductions qui ont en été faites à l'époque qui ont nourri le débat.

II. – Deux modèles démo-économiques : nouvelle phase de l'histoire des populations, ou alternative au modèle malthusien ?

L'évolution démographique des pays européens, qui se dessine dans les dernières décennies du siècle, contredit la prédiction malthusienne. La critique de Leroy-Beaulieu et sa « découverte » d'une autre loi de population constituent-elles une Révolution scientifique au sens de Kuhn, un nouveau paradigme démo-économique ? Le modèle malthusien a le mérite de la simplicité, mais aussi de la cohérence. Le taux de salaire dépend de l'effectif de la population, la croissance de la population est en relation directe avec le niveau de vie. L'articulation de ces deux fonctions garantit la stabilité de l'équilibre. Lorsque la population a pu effectivement s'accroître, la baisse du niveau de vie qui en résulte a pour effet de diminuer la croissance de la population jusqu'à retrouver l'équilibre stationnaire de subsistance. Dans un premier temps, Leroy-Beaulieu reprend la première proposition malthusienne et substitue à la seconde une relation inverse entre l'aisance et la procréation. Le modèle tend à l'équilibre : l'accroissement de la population diminue le taux de salaire ce qui entraîne une augmentation de la population. Ce n'est que dans un deuxième temps, avec le remplacement de la première proposition malthusienne par un effet positif de l'accroissement de la population sur le niveau de vie, que le paradigme populationniste trouve son achèvement et révèle ses contradictions. D'un côté le progrès de la civilisation ralentit la croissance démographique, de l'autre la croissance démographique favorise le progrès économique. Mais là où Malthus envisageait un mécanisme d'ajustement unique et inéluctable dans l'histoire de l'humanité,

---

[18] Noté *RDM* dans la suite du texte.

Leroy-Beaulieu introduit une rupture historique et analytique : le champ d'application du modèle malthusien est relégué aux peuples primitifs qui n'ont pas encore atteint un certain degré de civilisation. Dès lors que ces nations y parviennent, le changement des habitudes sociales et des mentalités – des préférences –, une autre loi de population – la vraie – définit la relation causale entre le nombre et le bien-être.

Entre Malthus et Leroy-Beaulieu, il y a d'abord une différence de méthode. Malthus adopte une démarche déductive[19]. Il s'appuie sur deux postulats, et développe un argumentaire analytique qu'il cherche à vérifier dans les différentes sociétés humaines. Le point de départ de Leroy-Beaulieu c'est l'observation des tendances de la population de la France, qui montre une relation inverse entre l'enrichissement et la natalité. La loi, pour Leroy-Beaulieu se définit par le nombre des observations. Il y a aussi une différence de fond. Leroy-Beaulieu ne connaît que *L'Essai* et ignore *Les Principes*; ce qui explique que sa critique de Malthus porte essentiellement sur la valeur prédictive de la menace du nombre, et que la discussion du salaire naturel et du salaire minimum soit menée en référence à Turgot et aux autres classiques mais, à la différence de ses premiers écrits, sans mention de Malthus.

L'élément critique et le point faible du modèle malthusien, et par conséquent du modèle classique, c'est la définition de la norme d'équilibre, à savoir le minimum de subsistance. L'élément critique et le point faible de Leroy-Beaulieu, c'est l'absence d'une définition opérationnelle du passage à l'état de civilisation. Les caractéristiques qualitatives qu'il retient lorsqu'il esquisse une définition relèvent du sens commun : « la civilisation c'est-à-dire le développement de l'aisance, de l'instruction, de l'égalité, des aspirations à s'élever et à parvenir » (*EF*, 20 sept. 1890, p. 355), pour ne pas dire de propos de café du Commerce, lorsque par exemple, s'agissant des provinces wallonnes, après avoir mentionné l'instruction il ajoute : « et de tout l'ensemble d'idées et de sentiments, les uns bons, les autres médiocres, certains mauvais, qui composent ce que nous appelons la civilisation » (*Traité*, 1896, p. 417).

En retenant un découpage en deux périodes, on occulte un des points les plus intéressants de l'analyse de Leroy-Beaulieu : la distinction entre l'industrialisation et l'aisance, la richesse en voie d'acquisition et la richesse acquise. Pour Leroy-Beaulieu, dans les sociétés primitives, des salaires peu élevés vont de pair avec une natalité élevée (*EF*, 20 sept. 1890), mais le sens de la causalité s'entend non pas comme l'effet malthusien du nombre sur le niveau de vie, mais comme l'effet d'un mode de vie primitif, sans aspiration au changement, sur la descendance[20]. À l'inverse, dans les sociétés civilisées, l'aspiration au changement et à l'avancement se traduit par le désir d'avoir moins d'enfants lorsque l'aisance augmente. Mais, et c'est un aspect négligé par la théorie moderne de la transition démogra-

---

[19] C'est en tout cas la démarche de la 1ère édition de l'*Essai*. Par la suite, à l'encontre de Ricardo, Malthus se montre très attentif aux évolutions observées.

[20] Ce qui deviendra un élément essentiel de la théorie de la transition démographique de Landry.

phique, lors du passage d'un état primitif à l'état civilisé, lors de la transition, en réponse à l'accroissement des forces productives, les individus accroissent leurs loisirs, leur consommation de luxe *et* le nombre de leurs enfants[21] (*Essai sur la Répartition*, 4ᵉ éd., 1897). Les modalités d'ajustement peuvent varier d'une nation à l'autre, mais en supposant toujours une relation positive entre le niveau de vie et la croissance de la population. La Révolution industrielle favorise l'accroissement de la population. La théorie de la transition démographique associe la modification des comportements reproducteurs avec la modernisation ; elle suppose par conséquent que la rupture dans l'histoire des populations se situe au moment de la Révolution industrielle. Leroy-Beaulieu, en revanche, en distinguant le développement des forces productives, de la civilisation, suggère une inflexion à la hausse de l'accroissement démographique avec la Révolution industrielle, et situe le retournement après la phase industrielle. Il annonce en cela certains développements récents de la théorie de la transition démographique dans le contexte des pays en développement, qui visent à expliquer pourquoi au moment du décollage économique, dans la phase initiale de la transition démographique, les indicateurs de la modernisation vont de pair, généralement, avec une augmentation de la fécondité.

III. – Libéralisme économique et impératif national

Les années 1870-1914 marquent un tournant dans la réflexion sur la question de la population. À partir du modèle malthusien, qui reste la référence obligée, se dégagent en effet deux voies de recherche, l'une davantage concernée par la relation entre les ressources et la population, le sens et la portée de l'interaction démo-économique, l'autre davantage intéressée par l'application des méthodes statistiques à l'analyse de la dynamique des populations. Leroy-Beaulieu, comme la plupart des économistes, se situe dans le premier courant, mais s'il n'a pas l'ambition de contribuer aux méthodes de mesure, il se montre très attentif aux progrès en ce domaine. Ainsi, dans l'explication de la diminution des naissances, il sépare ce qui est imputable à l'augmentation de l'âge au mariage et à la diminution de la fécondité matrimoniale. De même, il reprend la distinction introduite par Korosi, statisticien hongrois, entre la variation observée des naissances selon l'âge des parents et celle qui résulte des différences de capacité reproductive selon l'âge. Il analyse la mortalité différentielle selon le statut matrimonial, en dissociant l'effet de sélection du mariage de l'incidence du statut matrimonial sur les risques de décès. À l'inverse, lorsqu'il évoque le vieillissement d'une population, il le fait par analogie avec le vieillissement des individus, sans référence aucune à la structure par âges. Surtout il ignore toute distinction entre le positif et le normatif : il parle indifféremment du « recul du taux de naissances » et de « la décadence quasi interrompue du taux annuel des naissances » (*EF*, 14 sept. 1895, p. 352). Il est ainsi à l'origine, avec bien d'autres, d'une tradition démographique française

---

[21] Ce qui suppose, à l'encontre de la théorie microéconomique de la fécondité de Becker, une absence d'interaction entre « la quantité » et « la qualité ».

qui ne parvient pas à séparer le souci idéologique du nombre, de la recherche analytique sur la mesure de la dynamique des populations. La question se pose alors : l'impératif politique de la démographie est-il compatible avec le libéralisme économique ?

Qu'un économiste orthodoxe récuse la vision malthusienne sous la pression des faits, rien de plus naturel, et c'est au crédit de l'auteur, même si l'apport n'est pas à la hauteur de la critique. Mais qu'un libéral emblématique, par sa pensée et ses actes, en vienne à proposer avec force des restrictions au libre choix des individus et une intervention de l'État pour des motifs démographiques, voilà de quoi surprendre. Notre propos n'est pas de discuter les mesures envisagées par Leroy-Beaulieu, mais d'illustrer à partir de deux domaines – la migration internationale et l'activité salariale, en particulier des femmes –, la prééminence du politique sur le marché lorsque l'intérêt démographique est en cause. Ce qui conduit à s'interroger de façon plus générale sur la signification véritable du libéralisme de Leroy-Beaulieu.

Immigration et colonisation La dimension politique et *nationale* est décisive lorsqu'il s'agit des migrations internationales – l'immigration et la colonisation. Le recours à l'immigration comme réponse à la diminution de la natalité est diversement apprécié par les partisans du renouveau démographique ; redouté et rejeté par les uns pour ses conséquences « raciales », souhaité et favorisé par d'autres pour des raisons démographiques, politiques et militaires. De leur côté les économistes libéraux sont enclins à admettre en ce domaine une exception au principe de l'économie ouverte. Leroy-Beaulieu n'échappe pas à ces contradictions, et l'évolution de sa pensée sur l'immigration, la part relative des arguments économiques et politiques, s'infléchit avec la perception de l'aggravation de la situation et son inquiétude quant à la décadence démographique de la France. En 1880 (*JSSP*, p. 117), il privilégie la cohésion ethnique et s'inquiète du développement de l'immigration en France, allant jusqu'à écrire :

> « L'esprit perspicace peut deviner le jour où dans un siècle ou deux siècles au plus tard, Paris comptera dans son sein autant d'étrangers de toutes nationalités que de Français. Ce n'est pas là un fait sans conséquences graves au point de vue politique, au point de vue de nos mœurs, de notre caractère national, du maintien du type de la race. La race française, à la longue, deviendra hybride. »

Dix ans plus tard, en 1890, il envisage la naturalisation massive comme une solution au problème du déclin démographique (cf. *supra*). En 1895, toute ambiguïté semble levée : il considère désormais qu'en dépit des objections à l'encontre de l'immigration – « du point de vue du maintien des traditions et du cachet national » –, ces réticences ne font pas le poids au vu de l'impératif démographique :

> « La fusion des éléments étrangers s'infiltrant avec continuité chez un peuple à population propre stationnaire, est le seul moyen d'empêcher que la faiblesse de la natalité n'ait pour une nation des conséquences politiques, économiques et morales de trop de gravité. » (*EF*, 2 nov. 1895, p. 580.)

En 1897 (*RDM*) l'immigration lui paraît non seulement s'imposer du fait des différentiels démographiques avec les pays voisins, mais aussi justifier des mesures d'encouragement. Mais par la suite, lorsque sa conviction sur la nécessité et l'efficacité des mesures d'interventions pro-natalistes s'affermit, il s'interroge sur la volonté d'intégration de certains apports étrangers, en particulier les Allemands et les Italiens, ce qui réduit sensiblement le champ d'intervention (*La question de la population*, 1913).

On pourrait imaginer, à l'inverse, qu'il redoute l'émigration – fut-elle limitée aux mouvements associés à la colonisation. Il n'en est rien. Certes Leroy-Beaulieu n'envisage pas la colonisation comme un exutoire à une population trop nombreuse ; pour lui, les possibilités offertes par la colonisation sont un facteur stimulant d'une natalité élevée[22] : l'aisance diminue la natalité, mais l'espérance d'une aisance plus grande dans les colonies stimule la natalité ! L'émigration a, par conséquent, le même effet sur l'accroissement démographique chez Malthus et chez Leroy-Beaulieu. Chez le premier, parce qu'en augmentant le niveau de vie de ceux qui restent, elle favorise la natalité, ce qui est peu souhaitable. Chez Leroy-Beaulieu parce qu'en dépit d'une relation inverse entre l'aisance et la natalité, la colonisation crée des anticipations favorables à la nuptialité et la natalité, ce qui est souhaitable ; un argumentaire économique spécieux à l'appui d'une visée politique claire. Il n'inclut pas pour autant la colonisation dans les instruments d'intervention démographique. Il critique l'intervention de l'État en ce domaine et en particulier les plans de colonisation systématique.

Travail salarié et activité féminine Les impératifs démographiques conduisent également Leroy-Beaulieu à apporter des restrictions à ce qu'il considère par ailleurs comme l'un des fondements de l'économie : le mode de fixation de la rémunération salariale. Au départ il considère qu'il y a une différence irréductible entre le salariat et l'activité d'entreprise (*La Question Ouvrière*, 1872). La rémunération des salariés est strictement déterminée dans la sphère de la production ; elle se fonde sur la productivité physique et l'effort fourni par le travailleur. Elle se traduit par un système d'incitations financières et morales – salaires aux pièces – avec une progressivité en fonction des économies de matières premières et du surplus de production que l'habileté et l'effort du travailleur ont rendu possibles ; elle est indépendante du profit et des pertes que l'entrepreneur va réaliser. En revanche, la rémunération de l'entrepreneur dépend de sa capacité à anticiper les conditions du marché ; elle se justifie par le risque qu'il supporte et par conséquent il est le seul responsable, bénéficiaire ou victime, de la gestion de son affaire.

Cette « perfection » du salariat de la grande manufacture ne concerne cependant que l'activité masculine. Leroy-Beaulieu a montré très tôt une

---

[22] Plus généralement Leroy-Beaulieu voit dans la colonisation un moyen de rentabiliser les capitaux, même si les colonies lui paraissent peu profitables à court terme. Il y voit aussi une mission civilisatrice et se montre partisan d'une politique libérale d'assimilation.

forte préoccupation pour la situation de la femme (1868), et il consacrera un ouvrage au « travail des femmes » (1873). Dès 1868, il affirme que :

> « Le phénomène le plus triste, la plus grande plaie sociale de notre civilisation, c'est la situation économique de la femme. [...] L'amélioration de la situation économique de la femme, c'est là la grande question sociale, la question vitale de notre temps et de notre vieux monde, celle dont dépend en grande partie son avenir » (*De l'État Moral,* 1868, p. 106.)

Pour favoriser la hausse des salaires féminins, dont il attribue le faible niveau au manque d'éducation et d'instruction, mais aussi à l'« inconduite » des femmes, il propose : « la moralisation de l'ouvrière » et « le développement de l'instruction » « artistique et ménagère » (p. 178-9), la seconde favorisant la première. Il envisage alors une spécialisation d'après les aptitudes naturelles dans les métiers qui ne requièrent aucune « imagination créatrice » et force : bijouterie, horlogerie, comptabilité, typographie, etc.[23].

Sa position, tout à la fois audacieuse, conservatrice et moralisatrice, se radicalise lorsque la question de l'activité féminine est resituée dans la perspective de la préoccupation démographique. En 1884, dans une intervention à la Société d'Économie Politique[24] sur la question « Où la femme, au point de vue économique, est-elle mieux placée, au foyer de la famille ou dans l'atelier ? », il exprime de fortes réticences à l'égard du travail des femmes en usine et formule le souhait « qu'un jour viendra, où, par suite d'une évolution nouvelle, le travail à domicile viendra remplacer graduellement le travail en atelier » (p. 345). Curieusement, alors qu'il déplore l'incidence démographique de la forte mortalité des enfants à la naissance et en bas âge, qu'il impute aux vices, il néglige l'argument essentiel à l'encontre du travail des femmes en usine, que Charles Gide, s'appuyant sur une étude de Jevons, rappelle dans une lettre à la Société d'Économie Politique. D'après Jevons, le travail des femmes en usine, est la cause d'une très forte mortalité des enfants en bas âge, et mettant en balance la liberté du travail des femmes dans les manufactures et les droits de l'enfant, il n'hésite pas à conclure que « le seul remède efficace est d'interdire absolument le travail dans les manufactures à toute femme, mariée ou non, ayant des enfants en dessous de trois ans » (p. 354). Par ailleurs, alors que Leroy-Beaulieu récuse l'égale rémunération des femmes et des hommes, au motif d'une plus faible productivité des femmes (*La Question Ouvrière*, 1872), il argumente vigoureusement en faveur de rémunérations différentielles des employés de l'État en fonction de leur situation de famille, et par conséquent indépendamment de leur efficacité productive (*La Question de la Population*, 1913).

---

[23] Ajoutons ce délicieux passage pour les féministes : « Sans doute, même dans les arts, la femme n'atteindrait presque jamais l'habileté de l'ouvrier supérieur, mais elle dépasserait presque toujours l'ouvrier ordinaire. La nature qui l'a presque complètement dépourvue de l'imagination créatrice, lui a donné au plus haut degré le talent de l'imitation ; elle est faite pour les arts industriels. » (p. 182.)

[24] Lors de la séance du 5 juin 1884 *(Annales de la Société,* tome XIV, p. 345).

Politique d'abord Au-delà de ces exemples particuliers, l'explication qu'il donne du ralentissement de la population et les remèdes qu'il envisage, posent la question plus générale de la signification du libéralisme de Leroy-Beaulieu. L'importance qu'il accorde à ce que les historiens appellent les mentalités, est véritablement pour lui l'expression d'un choix sur la nature de l'économie, « science morale » c'est-à-dire « subordonnée par conséquent à toutes les oscillations que subissent les sentiments, les idées, les mœurs humaines » (*De l'État moral*, 1868). Ainsi, très tôt il a situé le champ des causes du ralentissement démographique, mais il a longtemps tâtonné dans l'identification des facteurs spécifiques, l'opportunité et les modalités d'intervention de l'État. Lorsque la France lui apparaissait encore comme un cas particulier, il a naturellement songé aux facteurs institutionnels. Pourtant, dès ses premiers écrits il s'est inquiété du désir de promotion qui se confirme, avec la généralisation de la loi de la population à l'ensemble des pays civilisés, comme l'élément explicatif décisif. En posant comme hypothèse implicite que l'état social présent doit être conservé, et comme hypothèse explicite que tout ce qui est perçu par l'individu, comme étant de nature à favoriser son ascension sociale l'incite à limiter sa descendance, il en arrive à incriminer tout indicateur de changement social. Comment peut-on réconcilier une philosophie économique libérale, qui fait confiance aux mécanismes du marché pour réaliser la meilleure allocation des ressources, et une philosophie politique qui dénie aux individus la possibilité d'améliorer leur situation ? Un certain libéralisme invoquait le principe malthusien pour justifier l'impossibilité du changement, et en particulier l'accroissement du salaire réel ; Leroy-Beaulieu est conscient que le changement est possible, mais il considère qu'il n'est pas souhaitable d'un point de vue politique et national.

Au terme de sa réflexion sur la question de la population, ses premières réticences à l'égard d'une intervention de l'État, et ses sarcasmes à l'égard de ceux qui préconisaient des mesures ont disparu :

> « Nous avons confiance que si, les pouvoirs publics et l'opinion se concertaient pour appliquer avec méthode et persévérance un traitement approprié au mal qui consume la France, il ne serait pas impossible de sauver notre pays de la dépopulation et de la dénationalisation. » (1913, p. III.)

Et voilà qu'il envisage une panoplie d'interventions en contradiction avec la philosophie libérale qui marque toute son œuvre, lorsqu'elles ne heurtent pas la plus élémentaire logique. Ainsi, l'une des principales mesures qu'il propose pour relever les naissances, c'est de réserver les emplois publics aux ménages de trois enfants et plus, ménages qu'il qualifie dans *La question de la population* de « familles normales ». L'argument repose sur l'attrait qu'exerce en France, la carrière de fonctionnaire. Aux objections qui s'imposent à l'évidence, Leroy-Beaulieu répond que le choix reste ouvert puisque personne n'a l'obligation de trouver un emploi dans la fonction publique ; surtout, à ceux qui mettraient en avant les qualifications nécessaires il fait valoir, avec une certaine condescendance pour les fonctionnaires, que :

> « Ces carrières de l'État, la plupart bureaucratiques, n'exigent ou ne comportent que de bonnes capacités moyennes qui abondent dans les sociétés modernes, où l'instruction est très répandue. » (appendice *Précis,* 13ᵉ éd.)

L'examen de la répartition des fonctionnaires par type d'emploi à l'époque, et la prise en compte de l'âge moyen des pères de famille à la naissance de leur troisième enfant, compte tenu de l'âge moyen au mariage et du calendrier des naissances, jettent un doute sur la portée de la proposition[25]. À moins de supposer que l'attrait d'un emploi public est tel que les mesures proposées entraînent une diminution de l'âge au mariage et une accélération du calendrier des naissances, sauf peut-être pour les jeunes rentiers qui auraient un goût pour la fonction publique ! L'ensemble du dispositif incitatif est couronné par une modification radicale des modalités d'expression de la souveraineté nationale. Leroy-Beaulieu propose le vote plural, pondération qui, compte tenu de l'absence de droit de vote des femmes, ne prend en considération que les enfants en bas âge. Ainsi un couple marié sans enfant disposerait d'une voix comme un célibataire, une famille de un ou deux enfants de deux voix, une famille de trois enfants et au-delà de trois voix. De ce fait, les filles contribuent au poids électoral de leur père, mais devenues adultes elles ne représentent plus rien.

Ce n'est pas le moindre paradoxe d'observer que le libéral Leroy-Beaulieu est conduit à exiger des changements institutionnels, précisément dans le domaine où les classiques les excluaient totalement[26]. L'idée d'une intervention de l'État pour influencer les comportements procréateurs est, en vérité, parfaitement hétérodoxe. La philosophie politique qui sous-tend le principe de population de Malthus, c'est l'affirmation – à l'encontre des thèses de Godwin – de l'impossibilité d'améliorer la condition humaine par un changement institutionnel : s'il est un domaine où l'État ne peut et ne doit rien faire c'est bien celui-là[27]. L'argument de Leroy-Beaulieu s'appuie sur l'existence d'un conflit d'intérêt entre l'individu et la collectivité. La recherche par l'individu de son intérêt particulier, qui peut se traduire par une descendance inférieure à trois enfants, peut être contraire à l'intérêt général qui exige que la nation se perpétue. Le même argument aurait pu être avancé dans l'hypothèse malthusienne, mais l'impossibilité d'augmenter le salaire, à laquelle elle conduisait, pouvait faire oublier les conflits d'intérêts. Là où il se sépare de l'orthodoxie libérale, c'est en portant un jugement moral sur l'intérêt des individus. Il accepte que l'individu

---

[25] À l'époque, on peut estimer à 35 ans l'âge moyen des pères à la naissance de leur troisième enfant (Cf. Brouard, 1977 ; Festy, 1979).

[26] Auteur d'un *Traité de la science des finances,* Leroy-Beaulieu reconnaît un rôle important à l'État dont les domaines d'intervention apparaissent davantage circonstanciels, en réponse au développement économique, par exemple les chemins de fer, qu'à des principes généraux d'intervention. Il accepte que l'État soit propriétaire d'un domaine industriel, mais son interventionnisme démographique va au-delà, il remet en question les comportements des individus.

[27] J.-B. Say l'a dit avec vigueur : le principe de population « nous démontre d'abord la parfaite inutilité de toutes les mesures qu'on prend pour multiplier la population des États » (*Cours,* 1840).

cherche à maximiser son profit et lui reconnaît toute liberté pour y parvenir, mais il s'insurge que le même individu choisisse de limiter sa descendance pour faciliter son ascension sociale.

Conclusion

La question de la population, préoccupation constante de Leroy-Beaulieu, ne représente qu'une part modeste de son œuvre. Ici plus qu'ailleurs, l'économiste refuse toute analyse « détachée » de la signification « vitale » du problème ; sa force de conviction et l'inquiétude quant à l'avenir de la nation française le conduisent à repérer le danger à chaque alerte, et à ne produire un ouvrage de synthèse, comme il les affectionne, qu'à l'âge de soixante-dix ans. Pour avoir montré que la vision malthusienne trouvait un terme avec l'avènement de la civilisation, il a contribué, parmi d'autres, à substituer à la perspective classique de l'état stationnaire une vision dynamique de l'histoire des populations, prélude à *La Révolution démographique* d'Adolphe Landry. Pour avoir eu le regard fixé sur la ligne bleue des Vosges, c'est l'avenir de la civilisation et la place qui revient à la France qui le préoccupent et non pas le sort de l'humanité. Imaginons la France de Leroy-Beaulieu : une France à la vitalité démographique restaurée, mais aussi une France où les enfants n'iraient pas à l'école au-delà de douze ans, où ils seraient retirés de l'école pendant les travaux de l'agriculture, où les enfants embrasseraient le métier de leurs parents, où les femmes seraient d'abord des épouses au foyer, et si elles devaient travailler le feraient chez elles, où les emplois publics seraient tenus par les plus médiocres et les plus prolifiques qui, comme tous les chefs de familles « normales », disposeraient au surplus d'un vote plural, où chacun en définitive resterait là où sa naissance l'avait placé. Pour celui qui considérait que la liberté et la propriété sont « les deux conditions générales qui président au développement des sociétés modernes » (*Précis,* 14e éd., p. 107*),* le libéralisme économique tend à se confondre avec l'ordre moral. Il resterait à montrer comment cet effort vigoureux, s'il a eu pour effet d'opérer un retournement de l'inquiétude démographique, a contribué aussi à confondre en France, la préoccupation, légitime, des évolutions démographiques avec l'analyse scientifique des interactions démo-économiques. C'est une autre histoire.

BIBLIOGRAPHIE

Paul LEROY-BEAULIEU

Ouvrages

De l'état moral et intellectuel des populations ouvrières et de son influence sur le taux des salaires, Paris, Guillaumin, 1868, 303 p.
La question ouvrière au XIXe siècle, Paris, Charpentier, 1ère éd., 1872, 340 p. ; nouvelle édition, 1899, 341 p.
Le travail des femmes au XIXe siècle, Paris, Guillaumin, 1873, 468 p.
De la colonisation chez les peuples modernes, 2e éd. « revue, corrigée et augmentée », Paris, Guillaumin, 1882, 659 p.
Essai sur la répartition des richesses et sur la tendance à une moindre inégalité des conditions, 1ère éd., Paris, Guillaumin, 1881, 578 p. ; 4e éd. « revue et augmentée », 1896, 630 p.
Traité théorique et pratique d'économie politique, 4 vols, 2e éd., Paris, Guillaumin, 1896.
La question de la population en France, Paris, Alcan, 1913. 512 p. (texte repris partiellement dans les *Annales des sciences morales et politiques*, 1913, 1er trimestre, 73e année, suivi d'une discussion).
Précis d'économie politique, 1ère éd., 1888, 409 p. ; 13e éd., 1910 ; 14e sd.

Articles et contribution

« La question de la population en France », *L'Économiste Français*, (1880), 28 février, p. 309-311 (repris dans le *Journal de la Société de Statistique de Paris*, n° 5, mai 1880, p. 117-121).
« Du mouvement de la population en France », *L'Économiste Français* (1880) 2 oct., p. 405-407 ; 9 oct., p. 433-435.
« De l'influence du degré de civilisation sur le mouvement de population », *L'Économiste Français*, (1890) 20 sept. et 27 sept. (reprend pour partie un texte déjà paru dans le *Journal des Débats*). Traduction anglaise « The influence of civilization upon the movement of population », *Journal of the Royal Statistical Society*, 54 (1891), p. 372-384.
« De la vraie loi de population », *L'Économiste Français*,(1895) 14 sept., p. 352-354 ; 28 sept., p. 416-417 ; 5 octobre, p. 446-449 ; 19 oct., p. 516-518 ; 2 nov., p. 579-581.
« La question de la population et la civilisation démocratique », *Revue des Deux Mondes*, Tome CXLIII, 1er sept., p. 851-869, 1897.
Annales de la Société d'économie politique.
Bulletin de la Société d'économie politique.
V. A. : *Les forces productives de la France*, Paris, Félix Alcan, 1909, 252 p. (Introduction de Paul Leroy-Beaulieu, p. 5-12 et discours après la conférence de D. Zola).

(Ne sont mentionnées que les éditions qui ont été consultées.)

Références secondaires

ARENA Richard, 1997, « On the birth and the decline of a canonical school : the case of the XIXth century french liberal economists », communication au Congrès ECHE, *The History of Economics: Constructing the Canon*, Athènes 17-19 avril 1997.
AUMERCIER Giselle, 1979, *Paul Leroy-Beaulieu, observateur de la réalité économique et sociale française :* « *L'Économiste français* » *1873-1892*, thèse de doctorat de troisième cycle Paris IV, 4 vol.
BECHAUX A., 1902, *L'École économique française*, Paris, Rousseau Guillaumin, 152 p.
BRETON Yves, LUTFALLA Michel (dir.), 1991, *L'Économie politique en France*, Paris, Economica, 670 p.
BROUARD Nicolas, 1977, « Évolution de la fécondité masculine depuis le début du siècle », *Population*, 32, n° 6, p. 1123-1158.
CHARBIT Yves, BEJIN A, 1988, « La pensée démographique », *in* J. Dupâquier (dir.), *Histoire de la Population Française*, Paris, Puf, vol. 3, p. 465-501.
COLE H. Joshua, 1996, « There are only Good Mothers : the ideological work of women's fertility in France before World War I », *French Historical Studies*, vol. 19, n° 3, Spring.

DUPÂQUIER Jacques, DUPÂQUIER Michel, 1985, *Histoire de la démographie. La statistique de la population des origines à 1914*, Paris, Librairie académique Perrin, 462 p.
d'EICHTAL Eugène, 1917, « Paul Leroy-Beaulieu », *Revue des Sciences Politiques,* 37, janv.-juin, p. 1-7.
FESTY Patrick, 1979, *La fécondité dans les pays occidentaux de 1870 à 1970*, Cahier n° 85, Paris, Ined/Puf, 400 p.
HUGON Philippe, 1997, « La pensée libérale française et la colonisation : l'œuvre de Leroy-Beaulieu », communication au colloque Charles Gide sur *La tradition économique française 1848-1939*, Lyon 2-3 octobre 1997.
KEYNES John Maynard, 1916, « Obituary: Paul Leroy-Beaulieu », *Economic Journal,* dec., p. 545.
LEVASSEUR Émile, 1889-1892, *La population française*, Paris, A. Rousseau, 3 vol.
OFFEN Karen, 1984, « Depopulation, nationalism, and feminism in Fin-de-Siècle France », *American Historical Review*, vol. 89, n° 3, June, p. 648-674.
PIROU Gaëtan, 1925, *Les Doctrines économiques en France depuis 1870*, Paris, Librairie Armand Colin, 204 p.
SMITH Jr. Cecil O, 1990, « The longest run: Public engineers and planning in France », *American Historical Review*, vol. 95, n° 2, June, p. 657-692.
SPENGLER Joseph J., 1979, *France Faces Depopulation: postlude edition 1936-1976*, Durham, Duke University Press, 383 p. (1ère éd. 1938).
SPENGLER Joseph J., 1936, « French population theory since 1800 », *The Journal of Political Economy*, vol. 44, n° 5, p. 577-611 et n° 6, p. 743-766.
STOURM René, 1918, « Notice historique sur la vie et les travaux de M. Paul Leroy-Beaulieu », *Séances et Travaux de l'Académie des Sciences morales et politiques*, janvier-juin, p. 151-84
STOURM René, 1917, « Paul Leroy-Beaulieu », *Revue des Deux Mondes*, avril, p. 532-53.
TAPINOS Georges Photios, 1996, *La démographie. Population, économie et sociétés*, Paris, Le livre de poche, 255 p.
TEITELBAUM Michael S., WINTER Jay M., 1985, *The Fear of Population Decline*, Academic Press Orlando, 201 p.
TURQUAN, Victor, *Contribution à l'étude de la population et de la dépopulation*, Lyon, A. Rey et Cie, 1902, 170p.
WARSHAW Dan, 1991, *Paul Leroy-Beaulieu and Established Liberalism in France*, Northern Illinois University Press, DeKalb, 251 p.

TAPINOS (Georges).– **Paul Leroy-Beaulieu et la question de la population. L'impératif démographique, limite du libéralisme économique**

On se propose, dans cet article, de retracer l'évolution de la pensée d'un économiste malthusien et libéral, Paul Leroy-Beaulieu (1843-1916), confronté au ralentissement de l'accroissement de la population française ; de s'interroger sur la nature et la portée de la critique de Malthus, affirmation d'une loi de population post-malthusienne pour les pays avancés ou remise en cause fondamentale de la vision malthusienne ; de montrer le caractère ambigu et illusoire de la tentative de réconciliation d'une vision libérale du système économique et de l'impératif politique de régénération démographique.

TAPINOS (Georges).– **Paul Leroy-Beaulieu and the population question. The demographic imperative and the limit to economic liberalism**

This article charts the intellectual evolution of Paul Leroy-Beaulieu (1843–1916), an economist of Malthusian and liberal views, in response to the slowdown in the growth of the French population. The nature and scope of his critique of Malthus are examined to see whether it should be interpreted as a post-Malthusian law of population for the advanced societies or as a fundamental rejection of Malthusian theory. The analysis reveals the ambiguous and illusory nature of the attempt to reconcile economic liberalism with the political imperative of demographic renewal.

TAPINOS (Georges).– **Paul Leroy-Beaulieu y las cuestiones de población. El imperativo demográfico, límite del liberalismo económico**

En este artículo nos proponemos en primer lugar trazar la evolución del pensamiento de un economista maltusiano y liberal, Paul Leroy-Beaulieu (1843-1916), ante la disminución del crecimiento de la población francesa. En segundo lugar, analizamos el contenido y alcance de su crítica a Maltus, para verificar si implica el reconocimiento de una ley de población post-maltusiana para los países avanzados o un cuestionamiento general de la visión maltusiana. Finalmente, mostramos que el intento de reconciliar una visión liberal del sistema económico con el imperativo político de regeneración demográfica es ambiguo e ilusorio.

Georges TAPINOS, Institut des études politiques de Paris, 197 boulevard Saint-Germain, 75337 PARIS Cedex 07, France, tél. (33) 01 45 49 50 85, fax : (33) 01 45 49 46 51, e-mail : georges.tapinos@sciences-po.fr

NOTES DE RECHERCHE

Jean-Claude CHESNAIS
- L'homicide et le suicide dans le monde industriel. Le cas russe

Amadou NOUMBISSI,
Jean-Paul SANDERSON
- La communication entre conjoints sur la planification familiale au Cameroun. Les normes et les stratégies du couple en matière de fécondité

L'HOMICIDE ET LE SUICIDE
DANS LE MONDE INDUSTRIEL
Le cas russe

En 1994, F. Meslé, V. Shkolnikov et J. Vallin attiraient l'attention sur la montée des morts violentes en Russie[1]. Le propos de cette note est de comparer la situation de la Russie à celle des autres grands pays industriels.

Depuis le début du siècle, la géographie des morts violentes au sein du monde industriel semblait immobile. Rare dans les sociétés agraires traditionnelles, le suicide augmentait graduellement avec l'urbanisation et l'instruction, et culminait en Europe centrale (Autriche, Hongrie). L'homicide, au contraire, tendait à reculer avec le niveau de développement, au point de devenir marginal, sauf aux États-Unis (où le taux de mortalité par homicide demeure à peu près dix fois supérieur à la norme européenne ou japonaise).

Le démembrement de l'empire soviétique a modifié cette donne. La Russie occupe désormais une place à part, aussi bien pour l'homicide et le suicide que pour les morts par accident.

I. – Records d'homicide et de suicide

Afin de donner le maximum de portée à notre comparaison, nous avons couvert l'ensemble des pays du G7, c'est-à-dire les sept pays les plus industrialisés de la planète (États-Unis, Japon, Allemagne, France, Italie, Royaume-Uni, Canada), ainsi que les trois pays en position extrême pour l'un ou l'autre des phénomènes étudiés (homicide, suicide). L'année de référence est 1995 ; elle marque un pic pour la mortalité violente russe ; un léger reflux a eu lieu depuis[2].

Considérons d'abord la *mortalité par homicide*. Celle-ci est devenue très rare, si basse que dans les pays occidentaux d'Europe, la norme prévalant depuis l'entre-deux-guerres est de l'ordre de 1 décès par an pour 100 000 habitants. Le caractère atypique de l'Italie actuelle (taux de 2) est à mettre au compte de la *mafia*, dont on estime qu'elle est responsable, à elle seule, de la moitié des crimes de sang. Dans les sociétés les plus sûres, comme au Japon et au Royaume-Uni, la fréquence des meurtres et assassinats est même inférieure à ce seuil de 1 pour 100 000. Aux États-Unis, en revanche, où la tradition de violence privée est profondément enracinée dans la culture (liberté d'achat et de détention des armes à feu, contestation de l'autorité de l'État), la mortalité par homicide reste relativement forte (près de 10 morts pour 100 000 habitants) même si elle a tendance à régresser légèrement depuis le début des années

---

[1] Meslé F., Shkolnikov V. et Vallin J., 1994, « Brusque montée des morts violentes en Russie », *Population*, 49, 3, p. 780-790.
[2] Shkolnikov V. et Meslé F., 1998, « The Russian health crisis: features and causes », communication présentée à la Conférence sur *La population de la Russie au XXe siècle*, Moscou, décembre.

1990, suite à une politique d'îlotage et de répression plus sévère (incarcérations massives, lutte contre la toxicomanie), et aussi suite au retour au plein emploi.

La situation de la Russie n'en apparaît que plus grave. La proportion de personnes tuées par homicide est aujourd'hui plus de trois fois supérieure à celle des États-Unis : 32 morts au lieu de 9 pour 100 000 habitants (tableau 1). Le phénomène est entièrement nouveau : d'après la statistique médicale des causes de décès, tout au long des années 1980, en effet, la fréquence de l'homicide oscillait autour d'un taux de 10 ; elle était donc comparable à celle des États-Unis, avec toutefois un creux au plus fort de la campagne de lutte contre l'alcoolisme, le taux chutant alors à 7 pour 100 000 habitants (1986).

TABLEAU 1.– TAUX DE MORTALITÉ PAR HOMICIDE ET SUICIDE EN 1995 POUR 100 000 HABITANTS

Pays	Homicide	Pays	Suicide
Russie	32	Russie	42
États-Unis[1]	9	France[1]	21
Canada	2	Japon[1]	17
Italie[2]	2	Allemagne	16
Allemagne	1	Canada	13
France[1]	1	États-Unis[1]	12
Royaume-Uni	0,7	Italie	8
Japon[1]	0,6	Royaume-Uni	7
Colombie[1]	79	Pays Baltes (ensemble)	44
Brésil[3]	22	Hongrie	33
Mexique	17	Ukraine	30

[1] Année 1994.
[2] Année 1993.
[3] Année 1992.
Source : OMS, *Annuaires de statistiques sanitaires mondiales 1995 et 1996*, Genève, 1995 et 1998.

En Russie, le nombre de victimes (tués) par meurtres et assassinats atteint 45 000 en 1995, alors qu'aux États-Unis, il est de 25 000, pour une population pourtant supérieure d'environ 80 % (149 millions en Russie, 266 millions aux États-Unis). Ce nombre est trois fois supérieur à celui des pertes de l'Armée rouge lors de la guerre d'Afghanistan et presque équivalent aux tués de l'armée américaine pendant la guerre du Vietnam (56 000 morts).

Le déséquilibre des pertes entre les sexes est un second indice de la gravité de la crise russe. Dans les sociétés avancées, où le crime n'occupe plus qu'une place marginale, souvent limitée pour l'essentiel à la sphère familiale, le nombre de victimes masculines ne dépasse généralement que de peu le nombre de victimes féminines, et le rapport des pertes masculines aux pertes féminines est systématiquement inférieur à deux. En revanche, là où l'État est déficient et le crime organisé tout puissant, les victimes sont pour les 4/5, voire davantage, des hommes, en raison des affrontements armés entre bandes rivales. C'est aujourd'hui le cas en Russie. La situation récente s'est à ce point dégradée que la mortalité par homicide y est nettement plus forte qu'au Brésil et au Mexique qui sont, pourtant, les routes principales de la drogue vers l'Amérique du Nord et l'Europe ; ce n'est qu'en Colombie, où la société a été mise en coupe réglée par les narco-trafiquants que la vie humaine est encore plus en danger : en Colombie, en 1994, le taux atteignait la valeur, sans précédent en temps de paix, de 79 pour 100 000 habitants, soit 28 000 personnes tuées par homicide, plus qu'aux États-Unis dont la population est de sept fois supérieure.

Tournons-nous maintenant vers la *statistique des suicides*. L'éventail des variations internationales est moins large, puisque, entre le pays le plus touché (la Russie) et le pays le moins affecté (le Royaume-Uni), le rapport est de 6 à 1, au lieu de 50 à 1 dans le cas d'homicide. Néanmoins, les écarts absolus sont importants : la Russie présente un taux de suicide double de celui de son suivant immédiat du G7 (la France) et 3,5 fois supérieur à celui des États-Unis. Contrairement à l'opinion commune, le Japon est dans une situation intermédiaire, avec un taux analogue à celui de l'Allemagne. Mais, pour la Russie, à la différence de ce que l'on observe pour le crime, il ne s'agit pas là d'un phénomène nouveau : au début des années 1980 déjà, la société russe partageait avec son homologue hongroise le record mondial de la mortalité par suicide, avec un taux de 36 pour 100 000 habitants en 1980-1982, par exemple. Là encore, la politique de lutte contre l'alcoolisme menée au début du gouvernement Gorbatchev entraîna un recul notable (– 25 %) – mais provisoire (années 1985-1986 seulement) – du fléau. La Hongrie[3] qui pendant une quarantaine d'années (de la fin des années 1950 à la chute du communisme) présentait le taux de suicide le plus fort de la planète, voit aujourd'hui son taux diminuer rapidement : le gouvernement a lancé des programmes de prise en charge psychologique des personnes les plus vulnérables, comme les sujets dépressifs ou les individus exposés au chômage. Du coup, la position russe se détache : seuls les États baltes (Estonie, Lettonie, Lituanie) sont dans une configuration similaire, à la fois en termes de tendances et de niveau. L'Ukraine est également touchée par une brusque montée des suicides (accroissement d'un tiers entre 1989 et 1995), dont la fréquence tend à se rapprocher de celle de la Hongrie.

Si les risques de suicide restaient, en Russie, à leur niveau actuel parmi la population masculine, un homme sur vingt-cinq se donnerait la mort entre l'âge de 25 et l'âge de 65 ans. Si l'on ajoute le risque de décès par homicide, c'est un homme sur quinze qui perdrait ainsi la vie entre 25 et 65 ans.

II. – Un indice plus global : le taux de mortalité violente

Parmi les grands pays industriels, la France s'est longtemps distinguée par un taux exceptionnellement élevé de morts violentes, lié à la fréquence des accidents, en particulier des accidents de la route. Or, la mortalité routière française a chuté de moitié depuis 1973, suite aux mesures de sécurité entreprises par les pouvoirs publics. Mais la politique française n'était pas isolée ; au sein du monde occidental, la France garde un rang défavorable en matière de morts violentes. Ses principaux partenaires ont un taux de mortalité violente voisin de 50 alors que le sien est de 73 pour 100 000 habitants. Seul le Royaume-Uni fait véritablement figure de modèle de prudence, avec un taux de 29 seulement : tout comme les suicides et les homicides, les accidents sont rares dans la société britannique.

---

[3] Les records de mortalité par suicide s'observent, traditionnellement, depuis le XIXe siècle, en Europe centrale ; la crise russe remet donc en cause cette donnée historique.

L'anomalie russe[4] est, là encore, criante, avec un taux de mortalité violente presque triple de son homologue français (tableau 2). La mortalité par accident en Russie est, en effet, sans commune mesure avec celle que l'on observe ailleurs[5], entraînant 242 000 décès en 1995. Là encore, le groupe le plus touché est celui des hommes adultes : si les conditions de l'année 1995 persistaient, le risque de décéder par accident pour un homme entre l'âge de 25 ans et l'âge de 65 ans serait de 12 %.

TABLEAU 2.– TAUX DE MORTALITÉ VIOLENTE POUR 100 000 HABITANTS

Pays	Taux	Pays	Taux
Russie	209	Japon	47
France	73	Allemagne	46
États-Unis	56	Canada	45
Italie	49	Royaume-Uni	28

Source : OMS, *Annuaires de statistiques sanitaires mondiales 1995 et 1996*, Genève, 1995 et 1998.

Comparé à celui des États-Unis, le taux russe de mortalité masculine par accident est 5,2 fois plus élevé. Le paradoxe n'est pas mince, quand on sait que les États-Unis ont le degré de motorisation individuelle le plus élevé de la planète et la Russie la plus faible proportion de voitures par rapport à la population au sein du monde industriel. Pourtant, le taux de mortalité routière russe est supérieur de moitié à celui des États-Unis ; la différence est sûrement encore supérieure si l'on tient compte des kilomètres parcourus. Les routes, les véhicules et surtout les conducteurs sont les moins sûrs du monde : réseau délabré, automobiles en piètre état et chauffeurs en état d'ivresse sont le lot commun de la Russie. Quant aux accidents du travail et aux accidents domestiques, ils font, eux aussi, des ravages depuis longtemps : en 1980-1981 déjà, le taux global de mortalité par accident, avec une valeur de 106 pour 100 000 habitants, était double de celui de la France.

Comme le montre le cas britannique, la plupart des morts violentes sont évitables. Sans aller jusqu'à suivre cet exemple de tempérance, si les autorités russes se fixaient pour objectif d'atteindre le niveau français, elles sauveraient, chaque année, près de 250 000 vies humaines.

Jean-Claude CHESNAIS (Ined)

---

[4] Pour une description détaillée de la spécificité de la mortalité en Russie, voir, par exemple : Shkolnikov V., Meslé F. et Vallin J., 1995, « La crise sanitaire en Russie. II. Évolution des causes de décès : comparaison avec la France et l'Angleterre (1970-1993) », *Population*, 50, 4-5, p. 945-982.

[5] La surmortalité accidentelle apparente de la Russie est cependant biaisée à la hausse, car aux décès par accidents proprement dits, elle ajoute les intoxications aiguës liées à l'alcool, qui figurent sous la rubrique : « empoisonnements accidentels par l'alcool ».

LA COMMUNICATION ENTRE CONJOINTS SUR LA PLANIFICATION FAMILIALE AU CAMEROUN
Les normes et les stratégies du couple en matière de fécondité

Malgré le développement des politiques de planning familial en Afrique sub-saharienne, le déclin de la fécondité ne suit que lentement celui de la mortalité. Pour s'en convaincre, il suffit de constater que les niveaux de la fécondité vont encore de 7,4 enfants par femme au Niger à 4,3 au Zimbabwe (Tabutin, 1997). Pour expliquer ce phénomène, la plupart des auteurs mettent en avant le maintien de mentalités favorables à une forte fécondité. Dans ce cadre, on a multiplié les recherches sur les normes et valeurs des femmes[1] en matière de fécondité et sur les facteurs susceptibles de les modifier (Noumbissi et Wayack, 1994).

Or, il apparaît de plus en plus clairement que la reproduction est davantage un comportement de couple qu'un choix individuel (Akinrinola Bankole, 1995). C'est d'autant plus vrai en Afrique, que le mariage y demeure le lieu privilégié de la procréation. Certains auteurs vont plus loin, en affirmant que le pouvoir de décision dépend principalement du mari[2]. En fait, il faut ajouter que pour comprendre la fécondité, plus particulièrement en Afrique, il est difficile de ne pas tenir compte des pressions exercées par la famille de chacun des conjoints, qu'il a été jusqu'à présent difficile de prendre en compte dans une analyse statistique. Aussi, dans le cadre de ce travail, nous limiterons-nous *au couple* et nous interrogerons-nous sur la construction des normes et valeurs ainsi que sur la prise de décision au sein du couple.

À partir de l'exemple camerounais, nous allons confronter les normes et valeurs de la femme en matière de fécondité avec celles de son mari. En vue d'expliquer les résultats obtenus, nous essayerons de construire une typologie des couples camerounais à partir des caractéristiques socioéconomiques et des normes et valeurs de chacun des conjoints. Enfin, nous mettrons cette typologie en relation avec la fécondité réalisée. Dans cette ultime étape, il nous sera possible de repérer les parts respectives de l'homme et de la femme dans la prise de décision.

I. – Données et méthodologie

Nous avons utilisé les données de l'*Enquête démographique et de santé* (EDSC) menée au Cameroun en 1991. Cette enquête présente la particularité de comporter, à côté des questionnaires « ménage » et « individuel femme », des interviews auprès d'un

---

[1] Traditionnellement, les démographes considèrent la femme comme l'acteur privilégié de la fécondité. Ce n'est que récemment que l'on s'est interrogé sur le comportement des hommes (Donadjé, 1992).
[2] Dans une étude sur le Ghana, Ezeh (1993) montre que les comportements de la femme en matière de fécondité sont largement influencés par les normes et valeurs et par les caractéristiques du mari, alors que l'inverse n'est pas vrai. Il en conclut que l'homme serait le principal acteur dans la prise de décision.

sous-échantillon de maris des femmes enquêtées afin de connaître leurs opinions et attitudes en matière de fécondité.

Notre unité d'analyse étant le couple, il a fallu rapprocher les données obtenues par les trois questionnaires (questionnaires « ménage », « femme », « mari »). Au préalable, nous devions définir ce qu'était un couple en cas d'union polygame : fallait-il traiter séparément chaque union, ou compter comme un seul couple le mari et ses différentes épouses (quel qu'en soit le nombre) ? Dans le dictionnaire démographique multilingue (Henry, 1981, p. 77), un « couple marié » est défini comme « l'ensemble constitué par deux époux », définition qui correspond à celle retenue dans le cadre du rapport de l'Enquête démographique et de santé du Cameroun (Balépa et al., 1992). Elle permet de résoudre notre problème et nous amène *à considérer chaque union entre un homme et une femme comme un couple*. Malheureusement, lors du traitement informatique, nous avons rencontré certaines difficultés[3] qui nous ont amenés à redéfinir notre concept : nous n'avons, en effet, pu prendre en compte que les couples appartenant au même ménage[4]. Nous avons ainsi obtenu un « fichier couple » contenant 896 unités, alors que les résultats de l'EDSC (Balépa et al., 1992) comptabilisaient 977 couples. Cette perte a pu introduire certains biais dans notre analyse et nous oblige donc à la prudence lors de nos commentaires.

Pour caractériser ces couples, nous avons retenu un ensemble de variables (voir liste complète en annexe) qui peuvent être réparties en trois groupes : les facteurs socio-économiques, les normes et valeurs en matière de fécondité, et les comportements et pratiques en matière de procréation. Une condition au choix de ces variables était qu'elles soient disponibles pour chacun des conjoints, ce qui a entraîné une certaine perte d'information (le questionnaire individuel « femme » étant plus riche que le questionnaire individuel « homme »).

Dans une société traditionnellement orientée vers une fécondité élevée, *les facteurs socio-économiques* sont susceptibles d'entraîner une modification, voire une rupture, par rapport à cette orientation. Il s'agit essentiellement des caractéristiques socio-économiques de chacun des conjoints à savoir la province et le lieu de résidence, le type d'union, la religion, le niveau d'instruction et l'âge. À ces variables propres à chaque partenaire, nous avons ajouté l'écart d'âges entre les époux.

Par *normes et valeurs*, nous entendons l'ensemble des variables fournissant une indication sur les mentalités qui vont conditionner le comportement procréateur du couple. Outre les choix personnels des conjoints repris habituellement sous ce label, nous avons ajouté la communication au sein du couple. Cette dernière variable nous a semblé, *a priori*, particulièrement significative.

Enfin, les *comportements procréateurs* désignent la pratique éventuelle de la contraception mais aussi la fécondité réalisée de chacun des conjoints (du fait de la polygamie, celle-ci peut être différente pour l'homme et la femme).

Pour les normes et valeurs et les comportements procréateurs, nous avons retenu toutes les variables disponibles dans l'enquête, tandis que pour les variables

---

[3] La variable identifiant le mari n'a pas été reprise dans le fichier « femme », ce qui rend difficile la reconstitution des couples. Lire à ce sujet, le travail réalisé par C. Ziegle lors d'un stage qu'elle a effectué à l'Institut de démographie de Louvain, sous la direction d'A. Noumbissi (cf. Ziegle, 1995).

[4] Ainsi, avons-nous retenu la définition proposée dans le recensement de 1987, à savoir : « Personnes vivant dans la même unité d'habitation... » (Cameroun, p. 11), étant entendu que certaines femmes de polygames peuvent appartenir à des ménages différents. Pour ce qui est des unions polygamiques où le mari vivait dans un même ménage avec plusieurs épouses, nous n'en avons retenu qu'une, prise au hasard.

socio-économiques nous avons procédé à une sélection. Le premier critère était, comme nous l'avons dit plus haut, la disponibilité de l'information au niveau de chaque conjoint. C'est ainsi que nous avons dû renoncer à prendre en compte la profession, non disponible pour le mari, ainsi que l'appartenance ethnique, celle-ci ne figurant pas dans le questionnaire. À ce premier critère, nous en avons ajouté un second, la pertinence de la variable par rapport au sujet traité. Pour tester cette pertinence, nous avons examiné dans quelle mesure nos variables avaient un impact sur les comportements procréateurs. Ainsi, dans le tableau 1, nous avons confronté nos variables socio-économiques au nombre moyen d'enfants par femme et par homme, ainsi qu'à l'utilisation des méthodes contraceptives.

TABLEAU 1. – CARACTÉRISTIQUES SOCIO-ÉCONOMIQUES DES COUPLES ET FÉCONDITÉ

Caractéristiques socio-économiques	Nombre moyen d'enfants par femme	Nombre moyen d'enfants par homme	Femme utilisant actuellement une méthode de contraception (%)	Couple utilisant actuellement une méthode de contraception selon le mari (%)
Province de résidence :				
– Nord	4,34	6,04	3	7
– Centre-Sud	4,10	4,10	22	36
– Est	3,33	5,06	8	14
– Littoral	3,79	4,77	26	37
– Nord-Ouest	4,37	8,63	10	29
– Ouest	4,61	8,04	14	32
– Sud-Ouest	5,11	5,91	13	33
Lieu de résidence :				
– Douala-Yaoundé	3,81	4,26	30	47
– autres villes	4,19	6,29	12	17
– rural	4,39	5,85	5	14
Type d'union :				
– polygame	4,28	8,91	8	15
– monogame	4,18	3,82	15	25
Religion :				
– autres religions	4,98	7,38	1	10
– conjoints de religion différente	4,24	4,92	20	33
– catholique	3,66	4,92	20	32
– musulman	4,06	5,94	2	4
– protestant	4,35	5,61	14	26
Instruction des conjoints :				
– conjoints sans instruction	4,76	6,88	2	6
– conjoints de niveau d'instruction différent	4,46	6,13	6	15
– conjoints instruits	3,66	4,38	23	37
Écarts d'âge entre conjoints :				
– de 5 ans	4,00	3,86	13	24
5-9 ans	4,51	4,69	17	26
10-14 ans	4,56	5,97	12	23
15 ans et +	3,78	7,80	6	15

Les résultats obtenus permettent d'établir deux constats. Le premier concerne le nombre moyen d'enfants par femme. Alors que pour les hommes, le nombre d'enfants est très variable, chez les femmes, les écarts sont beaucoup plus faibles ; dans l'état actuel de notre démarche, il est trop tôt pour interpréter ce résultat, mais il nous faudra en tenir compte par la suite. Le second constat est l'incidence nette de nos variables socio-économiques sur la fécondité et les comportements en ce domaine : on peut relever ainsi que le nombre moyen d'enfants des polygames est plus que le double de celui des monogames. De même, le fait d'être instruit et le milieu de résidence ont un impact très important sur l'utilisation des méthodes contraceptives. Ces résultats nous incitent à poursuivre notre analyse à l'aide de méthodes multivariées, de manière à tenir compte des interactions entre les différentes variables.

On peut organiser ces variables de la façon suivante (figure 1).

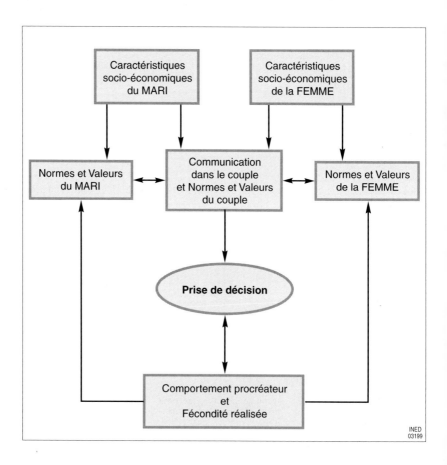

Figure 1. – Construction de la décision au sein du couple

Chacun des conjoints entre dans le couple avec ses propres caractéristiques socio-économiques et avec ses aspirations propres en terme de fécondité ; après l'entrée en union, ces caractéristiques peuvent évoluer dans le temps sous l'effet d'éléments extérieurs (changement de milieu de résidence, etc.) non repris dans ce schéma. Les caractéristiques de chaque conjoint vont influencer ses propres normes et valeurs, mais aussi la communication dans le couple et, de ce fait, la construction des normes et valeurs du couple[5]. Les normes construites par le couple vont déboucher ensuite sur la prise d'une décision, qui elle-même déterminera l'adoption de tel ou tel comportement et aboutira à une certaine fécondité. Nous n'avons pas admis, ici, de relation directe entre les normes individuelles et la prise de décision ; en effet, la décision et les comportements du couple reflètent *un seul* ensemble de normes et valeurs, que celui-ci exprime le résultat de la confrontation des opinions de chacun ou plutôt l'avis d'un seul individu (on peut facilement imaginer des cas où sans qu'il n'y ait concertation, l'un des conjoints impose son opinion). Enfin, nous avons admis une rétroaction des comportements procréateurs sur les normes et valeurs de chacun : comme l'a démontré Akinrinola Bankole (1995), le nombre idéal d'enfants pour chacun des conjoints évolue dans le temps et sous l'effet du nombre d'enfants que le couple a déjà.

L'analyse des correspondances multiples[6] nous permettra de décrire le rôle des *facteurs socio-économiques* et des *normes et valeurs en matière de fécondité*. Une fois les axes identifiés et interprétés, nous analyserons la relation existant entre les deux ensembles de variables en vue d'effectuer une typologie des couples autour de ces deux dimensions. Pour ce faire, nous utiliserons une méthode de classification automatique (appelée *nearest centroid sorting*) : les couples seront alors répartis au sein de groupes homogènes en fonction des facteurs socio-économiques des partenaires ainsi que de leurs normes et valeurs en matière de fécondité et de planification familiale. L'étude des comportements procréateurs et de la pratique contraceptive au sein des groupes ainsi constitués permettra de repérer le poids respectif de l'homme et de la femme dans la prise de décision en matière de fécondité.

II. – L'analyse des correspondances multiples

Nous avons donc effectué, dans un premier temps, une analyse des correspondances multiples incluant les facteurs socio-économiques, les normes et valeurs en matière de fécondité du couple, tels que définis plus haut (la liste de ces variables et de leurs modalités figure en annexe). Nous disposons ainsi, pour chacun des 896 couples, de 18 variables (dont 8 relèvent des caractéristiques socio-économiques et culturelles et 10 des normes et valeurs en matière de fécondité) correspondant à 75 modalités. Dans l'ACM effectuée, toutes les variables sont *actives*. L'analyse de la structure interne de cette masse d'informations[7], sans hypothèse initiale, per-

---

[5] On peut penser, en voyant ce schéma, que nous n'avons pas retenu la conclusion formulée par Ezeh (1993), que nous citons plus haut dans le texte. En fait, nous supposons que la relation s'établit non pas directement mais par le biais de la communication entre les époux et de la construction des normes du couple.

[6] L'analyse des correspondances multiples (ACM) est une technique d'analyse des interdépendances qui permet une étude globale des variables et met en évidence les liaisons, les ressemblances ou les différences (Bouroche et Saporta, 1980). Les variables sont transformées, sans hypothèse initiale, afin d'être visualisées dans un espace de dimensions réduites. À propos du fondement théorique de la méthode, lire le résumé fait dans Noumbissi (1994) et Noumbissi et Wayack (1994).

[7] La procédure CORRESP du logiciel SAS a été utilisée à cet effet.

mettra de mettre en évidence les liaisons, les ressemblances et les différences nécessaires à l'élaboration d'une typologie de couples.

Le premier axe explique 10,1 % de l'inertie totale, le second 4,6 %, le troisième 4,0 et le quatrième 3,3 %. Pour la présente étude, nous pouvons nous limiter aux deux premiers axes qui épuisent environ 15 % d'inertie totale[8].

La projection des modalités sur le premier plan factoriel (figure 2) et le repérage des points explicatifs (voir annexe 1) font apparaître d'emblée la signification des axes. En effet, *le premier axe oppose très clairement les provinces les plus développées économiquement aux provinces du Nord* qui sont les moins développées. À ce découpage géographique, correspondent deux ensembles de variables sur les couples qui révèlent d'un côté une situation plus traditionnelle (couples non instruits, religion musulmane ou animiste,...) associée à des attitudes favorables à une forte fécondité, et de l'autre des variables marquant davantage le changement par rapport au monde traditionnel (par exemple : instruction et urbanisation) associées à des attitudes favorables à la planification. Cette remarque confirme les thèses couramment admises à propos du déclin de la fécondité à savoir que la scolarisation apporte des changements socioculturels suffisants pour provoquer une modification des mentalités, celles-ci devenant plus favorables à une maîtrise sinon une baisse de la fécondité (Caldwell *et al.*, 1992).

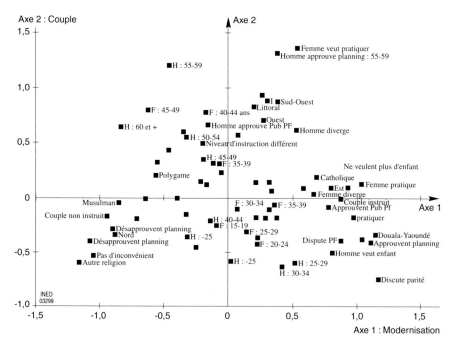

Figure 2. – Projection des modalités sur le premier plan factoriel

---

[8] L'inertie expliquée par chaque axe, telle qu'elle est estimée ici, sous-estime l'inertie réelle, et 15 % est bien honorable.

Nous avons choisi de baptiser ce premier axe « modernisation ». Ce choix se justifie par l'examen des valeurs extrêmes. Ainsi, on retrouve ensemble, du côté des grandes valeurs positives[9] : les deux plus grandes villes du pays, Douala et Yaoundé (1,138), les couples dont les deux conjoints sont instruits (0,872) avec les couples dont les deux conjoints approuvent la planification (1,107), les couples qui discutent de la parité souhaitée et de la planification (1,165 et 0,864). À l'autre bout de l'axe, on a les provinces du Nord (– 0,885), les couples animistes (« autre religion ») (– 1,160), les couples dont aucun des conjoints n'est instruit (0,941) ainsi que les couples désapprouvant la planification et la publicité à son sujet (– 0,901 et – 1,076), et les couples ne voyant aucun inconvénient à avoir un enfant supplémentaire. Il est intéressant, ici, de relever qu'à côté des valeurs favorables à la planification, on trouve l'existence de discussions sur le sujet au sein du couple : il semblerait donc que, sous l'effet des facteurs socio-économiques (dont l'instruction), non seulement on opterait pour la planification mais aussi on verrait apparaître un nouveau type de discussion au sein du couple.

Le second axe se dessine lui aussi très nettement. Il présente à l'une de ses extrémités les couples qui s'accordent pour accepter (les « modernes ») ou refuser la contraception (les traditionnels). À l'autre extrémité, les couples au sein desquels on trouve des divergences (la femme veut utiliser la contraception alors que l'homme la refuse ; l'homme approuve la planification alors que la femme la désapprouve,...). Il semble donc que cet axe *oppose les couples qui s'entendent aux couples dont les conjoints ont des opinions divergentes.*

Par ailleurs, sur les deux axes, on voit s'opposer les hommes jeunes aux hommes et aux femmes plus âgés. Il s'agit là, en fait, d'une troisième dimension qui apparaît sur notre graphe. Lorsque l'on examine celui-ci de plus près, on constate que cette opposition se dessine sur une diagonale opposant en haut à gauche, les hommes et les femmes plus âgés et en bas à droite, les individus plus jeunes : ce positionnement nous montre que l'âge interagit avec nos deux axes. On peut donc, en définitive, retenir deux dimensions : une dimension « modernisation » et une dimension « couple » tout en sachant que celles-ci rendent compte de la distribution par groupe d'âges. Nous reviendrons d'ailleurs sur cette variable « âge » lorsque nous examinerons la composition des groupes obtenus sur la base de notre typologie.

La projection des modalités sur le plan factoriel ainsi défini (figure 2) permet de confirmer notre hypothèse sur les couples. En effet, on retrouve ensemble les femmes utilisant la contraception, les couples qui discutent de la parité souhaitée et de la planification familiale, et les couples où seul le mari souhaite un enfant supplémentaire[10]. Il semblerait (dans ce dernier cas) que la femme, bien que son mari souhaite un enfant supplémentaire, utilise la contraception : elle serait donc à même, à ce niveau, de faire prévaloir son point de vue. On est dès lors tenté de croire que c'est la femme qui introduit dans le couple les valeurs les plus favorables à la planification. N'oublions pas en effet que, jusqu'à aujourd'hui, la plupart des efforts consentis en matière de planification concernent la femme. Il y aurait donc, du fait d'une sensibilisation accrue, une plus grande habitude à entendre, à réfléchir et à prendre position sur ces questions. Dès lors, dans le contexte d'un couple avantagé sur le plan des facteurs socio-économiques et par là, sans doute, libéré un peu de la contrainte familiale, la femme serait plus à même de discuter de ces questions voire de faire passer son point de vue.

---

[9] Nous n'avons repris que les modalités présentant des effectifs suffisants pour que leur position sur les axes soit statistiquement significative.
[10] On remarquera au passage qu'il s'agit là d'un des rares cas où l'on trouve des couples qui ne s'accordent pas, dans la partie inférieure du graphe.

Il faut, cependant, nuancer quelque peu notre propos. En effet, comme variable socio-économique, nous n'avons pu introduire que l'instruction ; il aurait été intéressant de pouvoir introduire d'autres variables, notamment la profession des deux conjoints, non disponible dans ce travail exploratoire.

Comme nous l'avons dit, on trouve une opposition entre les couples qui s'accordent pour rejeter ou accepter la planification familiale et ceux où apparaissent des opinions divergentes. Il faut souligner que ces derniers sont composés de conjoints présentant aussi des profils socio-économiques différents : cela semblerait indiquer qu'il s'agit de couples «en transition» entre les couples traditionnels et les couples « modernes ».

Il est intéressant de noter ici que la différence dans le nombre d'enfants souhaité par les conjoints ne semble pas discriminante. Ce constat, assez remarquable, peut s'expliquer par deux éléments : d'une part, la question sur le nombre idéal d'enfants concerne plutôt le long terme, alors que la plupart des aspects envisagés jusqu'à maintenant relèvent davantage de projets à court ou moyen terme ; d'autre part, comme le fait remarquer Akinrinola Bankole (1995), il s'agit là d'une notion floue qui fluctue beaucoup avec le temps et les changements de situation.

III. – L'analyse typologique

Sur la base de ces résultats, nous avons élaboré *une typologie des couples* en utilisant une méthode de classification automatique[11]. Nous en sommes arrivés ainsi à la constitution de cinq groupes dont l'homogénéité interne nous a confortés dans notre stratégie de classification (figure 3 et tableau 2).

Le premier groupe est composé des couples situés dans la partie supérieure droite du graphe. Groupe économiquement moins développé, il concerne les couples qui s'accordent pour rejeter la contraception (86 %). Avec 60 % de polygames, 63 % de ruraux et 78 % d'analphabètes, ce groupe est le moins touché par les modifications des facteurs socio-économiques. Par ailleurs, avec une moyenne d'âge pour le mari de 52 ans et pour les femmes de 36 ans, il représente l'un des groupes les plus âgés. Compte tenu de ces caractéristiques, nous l'avons appelé groupe «traditionnel âgé ».

Le second groupe (en bas à droite du graphe) reprend les couples les plus « modernes », qui proviennent des régions les plus développées du pays (Douala et Yaoundé). Avec seulement 1 % d'analphabètes, ils sont économiquement et socialement les plus favorisés. Ces couples sont ceux où l'entente se fait en faveur de la planification familiale et de la limitation des naissances (on relève seulement 6 % de couples refusant d'utiliser la contraception[12] et une utilisation effective de celle-ci de l'ordre de 57 % pour les hommes et 38 % pour les femmes). Ce sont les couples où l'on discute le plus de la planification familiale (84 %) et de la parité souhaitée (61 %). Enfin, avec des moyennes d'âge de l'ordre de 27 ans pour les femmes et 34 ans pour les hommes, il fait partie des groupes les plus jeunes.

---

[11] La méthode utilisée, appelée *nearest centroid sorting*, est une variante de la méthode des centres mobiles (la procédure FASTCLUS du logiciel SAS a été utilisée à cet effet). Le principe de base est de regrouper les individus autour du centre de classes dont ils sont le plus proche. Cette méthode s'est révélée préférable aux méthodes classiques de classification hiérarchique en raison des spécificités de nos données : en effet, celles-ci se présentent comme un continuum ce qui empêche l'utilisation des méthodes de classification hiérarchique.
[12] Cf. note 11.

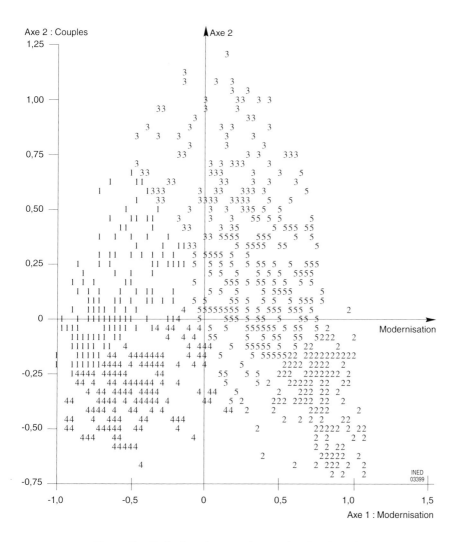

Figure 3. – Projection des couples sur le plan factoriel

Le troisième groupe (au sommet du graphe) est composé des couples au sein desquels on rencontre une certaine mésentente au sujet de la planification familiale : dans 18 % des cas, la femme veut utiliser la contraception alors que son mari ne veut pas (ce qui représente la plus forte proportion). C'est en outre un groupe où les couples discutent peu de la parité souhaitée (2 %). Ces couples, par ailleurs, ont des caractéristiques socio-économiques relativement modernes (51 % de ruraux et 22 % d'analphabètes). On remarque que si les deux conjoints désapprouvent rarement la planification, ils utilisent encore peu les méthodes contraceptives[13] (18 %

---

[13] Il s'agit ici de toutes les méthodes, modernes et traditionnelles.

pour les hommes et 8 % pour les femmes). C'est un groupe intermédiaire, « en transition » entre les couples traditionnels et les couples « modernes ».

Le quatrième groupe (en bas à gauche du graphe) est socialement très proche du premier groupe (« traditionnel âgé »). Toutefois, il s'en démarque par les attitudes face au contrôle de la fécondité : 14 % de couples discutent de la planification familiale. Cette différence dans les attitudes provient probablement des différences d'âges : avec des moyennes d'âge de 26 ans pour les femmes et de 36 ans pour les hommes, ce groupe est l'un des plus jeunes. Nous l'avons donc appelé « traditionnel jeune » ; mais, bien qu'encore fortement attachés aux pratiques traditionnelles, les membres ce groupe connaissent déjà un début de changement dans certaines attitudes face à la fécondité.

Enfin, le cinquième et dernier groupe (en haut à gauche du graphe), est très proche des modernes « jeunes ». Tout en possédant des caractéristiques socio-économiques légèrement moins « modernes » que le groupe 2 (8 % d'analphabètes et 22 % de polygames), les membres de ce groupe sont globalement favorables à la planification familiale, et 30 % des hommes et 17 % des femmes utilisent les méthodes contraceptives. Ce groupe est un peu plus âgé que les « modernes jeunes », aussi l'avons-nous appelé « groupe moderne âgé ».

TABLEAU 2. – CARACTÉRISTIQUES DES GROUPES ISSUS DE LA TYPOLOGIE

	Groupe 1 traditionnel « âgé »	Groupe 2 « moderne » « jeune »	Groupe 3 en transition	Groupe 4 traditionnel « jeune »	Groupe 5 moderne « âgé »
Polygames (%)	60	6	49	45	22
Ruraux (%)	63	15	51	78	49
Analphabètes (%)	78	1	22	74	8
Musulmans (%)	53	1	10	33	7
Désapprouve la publicité sur la planification (%)	50	1	1	46	2
Désapprouve la planification (%)	86	2	16	88	12
Discutent de la planification (%)	4	84	11	14	45
Discutent de la parité finale souhaitée (%)	0	61	2	5	13
La femme veut utiliser la contraception alors que le mari ne veut pas (%)	0	1	18	1	9
Ne veulent pas utiliser la contraception (%)	87	6	41	74	28
Le mari veut un nouvel enfant et la femme non (%)	1	6	0	2	4
Tous les deux veulent un nouvel enfant (%)	61	60	41	92	59
Le mari utilise actuellement une méthode contraceptive (%)	1	57	18	7	30
La femme utilise actuellement une méthode contraceptive (%)	1	38	8	1	17
Moyenne des écarts d'âge entre les conjoints	16,7	6,2	15,3	9,8	9,2
Âge moyen au premier mariage de la femme	14,8	18,0	16,8	14,6	17,3
Âge moyen au premier mariage de l'homme	22,3	23,6	23,7	20,1	24,1
Âge moyen des femmes	36	27	36	26	29
Âge moyen des hommes	52	34	51	36	39
Le mari a au moins 15 ans de plus que sa femme (%)	53	4	41	24	17
Parité moyenne de la femme*	5,0	3,4	5,4	3,5	4,2
Parité moyenne de l'homme*	7,9	3,6	8,7	4,6	4,6
Effectifs	188	157	111	211	230

* Parité standardisée.

Dans le groupe « traditionnel âgé » (1) et le groupe « en transition » (3), la polygamie est plus courante, l'écart d'âges entre conjoints est maximal, la fécondité masculine est nettement plus importante que celle des femmes ; ce qui semble correspondre à la mentalité de l'homme traditionnel pour qui la polygamie est une stratégie pour augmenter la fécondité.

Dans le groupe en transition (3), la femme semble vouloir utiliser la contraception alors que le mari n'en veut pas : on observe, comme nous l'avons dit plus haut, l'émergence d'un conflit dans le couple, l'homme apparaissant comme un obstacle à l'utilisation des méthodes contraceptives. Cependant, lorsque l'on examine la prévalence contraceptive pour les seules méthodes modernes, on ne voit pas une grande différence entre le groupe en transition (3) et les deux groupes « modernes », ce qui nous amène à postuler l'existence d'une demande potentielle pour les méthodes modernes. C'est dans le groupe en transition que la fécondité, tant féminine que masculine, est maximale. Ce résultat est à mettre en relation avec la théorie de transition de la fécondité admise dans certains pays en développement : l'abandon progressif des pratiques traditionnelles d'espacement des naissances, dans un contexte où les techniques contraceptives efficaces sont absentes, entraîne le maintien voire l'augmentation de la fécondité.

Enfin, on retiendra que, malgré des différences assez marquées dans les attitudes et opinions, tous les couples, qu'ils soient « modernes », « traditionnels » ou « en transition », sont majoritairement favorables à la venue d'un nouvel enfant. Certes des écarts existent selon que le couple est « moderne » ou « traditionnel », « jeunes » ou « âgés », mais cette convergence reste remarquable. On peut, dès lors, se demander si *la demande potentielle pour la planification familiale que nous avons mise en évidence dans les groupes « moderne » et « en transition », exprime davantage une volonté d'espacer les naissances que d'en limiter le nombre.*

Conclusion

Au terme de cette étude, nous ne pouvons prétendre déterminer avec précision le poids de chaque conjoint dans la prise de décision en matière de fécondité. Mais on peut dire que sous l'effet des facteurs socio-économiques, la communication au sein du couple se développe. Elle permet à la femme, qui demeure un acteur privilégié dans le domaine de la procréation, de présenter et de faire passer ses idées : la femme affiche alors de plus en plus des attitudes et comportements favorables à la planification familiale, même si le mari reste attaché à une forte fécondité.

Il apparaît, en définitive, qu'au-delà d'une information sur les méthodes de planning familial, il est important d'agir sur les facteurs socio-économiques qui conditionnent les normes et valeurs en matière de fécondité. C'est ce que nous avons voulu montrer en mettant en évidence trois groupes :

— un groupe aux normes et valeurs traditionnelles, où les conjoints sont unanimes pour rejeter la planification familiale ;

— un groupe des « modernes », où les conjoints discutent et recourent d'un commun accord aux méthodes contraceptives ;

— un groupe en transition, où malgré des divergences d'opinions, les conjoints commencent à discuter et où la femme apparaît comme l'acteur du changement, en dépit de l'opposition du mari.

Il va de soi que nos conclusions ne peuvent être extrapolées sans précautions au niveau national. Notre étude était seulement exploratoire, et son intérêt est d'avoir permis la construction d'hypothèses qu'il faudra tester auprès d'échantillons beaucoup plus larges et avec des indicateurs supplémentaires (notamment pour les facteurs socio-économiques).

Amadou NOUMBISSI,
Jean-Paul SANDERSON
(Institut de démographie, UCL)

ANNEXE

LISTE DES VARIABLES ET DE LEURS MODALITÉS. POSITION SUR LES AXES DE L'ACM

Nom de la variable	Modalités	Effectifs	Position sur axe 1	Position sur axe 2
Province	Nord	385	– 0,885	
	Centre-Sud	192	0,970	
	Littoral	128	0,786	
	Est	49		0,828*
	Nord-Ouest	41		0,921*
	Ouest	57		0,700*
	Sud-Ouest	45		0,864*
Lieu de résidence	Douala-Yaoundé	191	1,138	
	Autres villes	231		
	Rural	475		
Type d'union	Polygame	320	– 0,567	
	Monogame	577		
Religion	Catholique	209	0,686	
	Musulman	198	– 0,846	
	Protestant	197		
	Autre religion (1)	120	– 1,160	
	Conjoints de religions différentes	173	0,584	– 0,591
Instruction	Conjoints sans instruction	346	– 0,941	
	Conjoints instruits	407	0,872	
	Conjoints de niveau d'instruction différent	144		
Écarts d'âge entre époux	– de 5 ans	202		
	5-9 ans	251		
	10-14 ans	203		
	15 ans et +	241	– 0,549	
Âge de la femme	15-19 ans	84		
	20-24 ans	165		
	25-29 ans	184		
	30-34 ans	171		
	35-39 ans	125		
	40-44 ans	101		0,786
	45-49 ans	67	– 0,622*	0,812
Âge du mari	– de 25 ans	36		– 0,581
	25-29 ans	108	0,509	– 0,611
	30-34 ans	139		– 0,649
	35-39 ans	147		
	40-44 ans	125		0,786
	45-49 ans	105		0,812
	50-54 ans	106		
	55-59 ans	57		1,222
	60 ans et +	74	– 0,841*	0,646

Nom de la variable	Modalités	Effectifs	Position sur axe 1	Position sur axe 2
Désir d'un enfant supplémentaire	Couple veut un nouvel enfant	584		
	Couple ne veut pas un nouvel enfant	48	0,915*	
	L'homme veut un nouvel enfant mais pas la femme	24	0,805*	– 0,513*
	Autres	241		
Connaissance des opinions du conjoint en matière de planning familial	La femme connaît l'opinion de son mari	529		
	La femme se trompe sur l'opinion de son mari (2)	556	0,858	
	Autres	212		0,885
Connaissance des opinions de la femme en matière de planning familial	Le mari connaît l'opinion de sa femme	558		– 0,460
	Le mari se trompe sur l'opinion de sa femme (2)	156	0,546	0,611
	Autres	183		0,882
Opinion en matière de planning familial	Couple approuve	251	1,107	– 0,413
	Couple désapprouve	396	– 0,901	
	La femme approuve et le mari désapprouve	92		
	Le mari approuve et la femme désapprouve	158		1,309
Opinion sur la publicité concernant le planning familial	Couple approuve	387	0,781	
	Couple désapprouve	197	– 1,076	
	La femme approuve et le mari désapprouve	106		
	Le mari approuve et la femme désapprouve	86		0,658*
	Autre	121		0,610
Désavantage à avoir des enfants	Couple ne voit pas d'inconvénient	84	– 1,055*	– 0,541*
	Couple en voit au moins un	623		
	L'homme en voit et pas la femme	112	– 0,717	
	La femme en voit et pas l'homme	78		
Écart dans le nombre idéal d'enfants souhaité par les conjoints	La femme veut plus d'enfants que le mari	209		
	Le mari veut plus d'enfants que la femme	543		
	Nombre identique	145		
Discute de la parité finale souhaitée	Couple ne discute jamais	759		
	Couple discute	138	1,165	– 0,767
Discute de la planification familiale	Couple ne discute jamais	613		
	Couple discute	284	0,864	
Intention d'utiliser prochainement une méthode contraceptive	Couple a l'intention d'utiliser	61	1,049*	
	Couple n'a pas l'intention d'utiliser	439	– 0,653	
	La femme souhaite utiliser mais pas le mari	42	0,534*	1,352*
	La femme utilise (3)	130	1,041	
	Autres	225		

* Nous avons marqué d'un astérisque les modalités pour lesquelles l'effectif est trop faible pour permettre de tirer des conclusions définitives compte tenu des contraintes imposées par l'ACM.
(1) La modalité autre religion reprend pour l'essentiel les animistes qui, dans le rapport de l'EDSC (Balépa *et al.*, 1992), sont repris sous la rubrique « sans religion ».
(2) Lorsque la femme se trompe, dans la plupart des cas (83 %), elle pense à tort que son mari approuve la planification. À l'inverse, les hommes, dans 69 % des cas où ils se trompent, pensent que leur femme désapprouve la planification.
(3) On peut s'étonner d'avoir 130 femmes sur 897 (14,5 %) qui utilisent la contraception. En fait, il s'agit de femmes utilisant aussi bien les méthodes modernes que traditionnelles.

BIBLIOGRAPHIE

BANKOLE Akinrinola, 1995, «Desired fertility and fertility behaviour among the Yoruba of Nigeria: A study of couple preferences and subsequent fertility», *Population Studies,* 49, p. 317-328.

BALÉPA M., BARRÈRE B., FOTSO M., 1992, *Enquête démographique et de santé Cameroun 1991,* Cameroun, Direction nationale du deuxième recensement général de la population et de l'habitat, Demographic and Health Survey (DHS), décembre 1992, 285 p.

BOUROCHE J.-M., SAPORTA G., 1980, *L'analyse des données,* Paris, Puf (Que sais-je ?), 127 p.

CALDWELL J. C., ORUBULOYE I. O., CALDWELL P., 1992, «Fertility decline in Africa: A new type of transition ?» *Population and Development Review,* 18 (2), p. 211-242.

CAMEROUN, ministère du Plan et de l'Aménagement du Territoire, s. d., *Demo 87. Deuxième recensement général de la population et de l'habitat au Cameroun,* vol. II. Résultats bruts, tome I. République du Cameroun, Sopecam, Yaoundé.

DONADJÈ F., 1992, *Nuptialité et fécondité des hommes au Sud Bénin : pour une approche des stratégies de reproduction au Bénin,* Institut de démographie, Louvain-la-Neuve, Academia, 222 p.

EZEH A. C., 1993, «The influence of spouses over each other's contraceptive attitudes in Ghana», *Studies in Family Planning,* 24, p. 163-174.

HENRY L., 1981, *Dictionnaire démographique multilingue. Volume français,* 2e éd., Liège, UIESP.

NATIONS UNIES, 1992, *Condition de la femme et population. Le cas de l'Afrique francophone,* Paris.

NOUMBISSI A., 1996, *Méthodologies d'analyse de la mortalité des enfants. Applications au Cameroun,* Louvain-la-Neuve, Academia, 305 p.

NOUMBISSI A., WAYACK M., 1994, «La femme camerounaise face aux méthodes contraceptives modernes : rejet ou inaccessibilité ?», communication aux Ve Journées démographiques de l'Orstom, Paris, 28-30 septembre 1994 (*Maîtrise de la fécondité et planification familiale*).

TABUTIN D., 1995a, «Quelques problèmes généraux de transition : concepts, sources, état de la recherche et méthodologie. Les grandes théories du changement démographique : un bref aperçu», communication au Séminaire international de l'INSEA, Rabat, 2-10 octobre 1995 (*Transitions démographiques et développement au Maghreb*).

TABUTIN D., 1995b, «Un demi-siècle de transitions démographiques dans le Sud», in Tabutin D. et al. (eds.), *Transitions démographiques et sociétés,* Chaire Quetelet 1992, Academia-L'Harmattan, p. 33-70.

TABUTIN D., 1997, «Les transitions démographiques en Afrique sub-saharienne. Spécificités, changements... et incertitudes», communication sollicitée pour le Congrès général de la population, Beijing, oct. 1997 (à paraître).

YANA S. D., 1995, *À la recherche des modèles culturels de la fécondité au Cameroun. Une étude exploratoire auprès de Bamiléké et Bëti de la ville et de la campagne,* Louvain-la-Neuve, Academia, 329 p.

ZIEGLE C., 1995, *Couple et planning familial : étude à partir de l'Enquête démographique et de santé au Cameroun,* Louvain-la-Neuve (rapport de stage non publié).

BIBLIOGRAPHIE CRITIQUE

Rubrique coordonnée par Michel Louis LÉVY

I. – ANALYSE CRITIQUE

ATTIAS-DONFUT Claudine, LAPIERRE Nicole, **La famille providence. Trois générations en Guadeloupe**, Paris, La Documentation Française (avec la CNAV), 1997, 164 p.

Au cours des quatre dernières décennies, la société guadeloupéenne a connu une transition rapide de tous les points de vue : un basculement vers une économie moderne, une forte croissance démographique en même temps qu'une baisse spectaculaire de la natalité, une urbanisation des modes de vie et une transformation du paysage et du cadre de vie. Ces évolutions sont largement les conséquences de l'intégration de cette ancienne colonie dans la nation française. Depuis les années cinquante, la Guadeloupe, en tant que département d'outre-mer, bénéficie de soutiens économiques massifs et d'une amélioration des conditions de vie (habitat, infrastructure, écoles, services sanitaires). Cependant, les aides sociales qui auraient dû accompagner une intégration complète à la France sont venues plus tardivement. Ce retard dans l'extension des aides comme l'allocation pour les chômeurs, les allocations familiales, a été largement commenté[1].

Malgré la date récente de l'introduction de la protection sociale, la représentation de la Guadeloupe, et des autres départements d'outre-mer, comme d'un « pays d'assistés » ou d'un « pays sous perfusion » est extrêmement répandue. Les analyses des acteurs sociaux et de certains chercheurs semblent se focaliser sur le rapport de solidarité privilégié entre l'individu (guadeloupéen) et l'État, le rôle des solidarités familiales ou communautaires étant ignoré. Il est vrai que l'intervention de l'État en matière de politique familiale et de protection sociale a longtemps été considérée par certains comme favorisant l'individualisme et contribuant au déclin des solidarités familiales, tandis que d'autres l'ont accusé de trop contrôler la sphère privée. Ce débat persiste et s'est transformé dans un contexte de crise économique et de précarisation de l'emploi, notamment pour les jeunes, s'appuyant sur un postulat où sont opposés prestations sociales et solidarités familiales ou encore les intérêts des jeunes et ceux des retraités. Comme disent les auteurs de l'ouvrage, « le vif intérêt qui se manifeste actuellement pour les formes de solidarité familiale

---

[1] Voir par exemple, Blérald A.-P., 1986, *Histoire économique de la Guadeloupe et de la Martinique du XVIème siècle à nos jours*, Paris, Éditions Karthala ; Gautier A., 1993 « Femmes seules et prestations familiales en Guadeloupe », *in* Gautier A et Heinen J. (dirs), *Le sexe des politiques sociales*, Paris, Éditions Côté Femmes, p. 85-101 ; Glissant E., 1981, *Le discours antillais*, Paris, Le Seuil.

n'est pas innocent, il s'agit de promouvoir d'un côté des ressources que l'on voudrait diminuer de l'autre » (p. 9).

L'étude de C. Attias-Donfut et N. Lapierre s'inscrit dans une autre perspective. Elles démontrent qu'au lieu d'opposer continuellement les aides publiques et l'entraide familiale, ces deux formes de solidarité peuvent être compatibles et complémentaires et qu'il est nécessaire d'analyser leurs interactions. Cette équipe a étudié les formes de solidarité entre générations, aussi bien descendantes qu'ascendantes, et a pris en compte la totalité des aides publiques et entraides familiales pour ensuite analyser les articulations entre les unes et les autres. L'étude se situe dans le prolongement du programme national de recherche sur les relations et les solidarités entre générations dans les familles multigénérationnelles, programme engagé par la CNAV en 1992 pour une enquête nationale en métropole auprès de lignées de trois générations. Cette enquête a été complétée par une enquête qualitative.

La méthodologie de la recherche se calque sur celle de l'enquête métropolitaine, avec un questionnaire étendu et adapté à la Guadeloupe. Cette méthodologie est particulièrement intéressante de trois points de vue. D'abord, l'étude des lignées permet d'analyser les échanges intrafamiliaux et les rapports entre générations dans un cadre qui dépasse celui du ménage. Ensuite, le type d'échange étudié porte non seulement sur le champ relationnel mais recouvre aussi la dimension économique. D'autre part la recherche s'est structurée autour d'une double approche avec, d'un côté, une enquête par questionnaire et, de l'autre, une enquête par entretien. L'enquête quantitative devait permettre de dresser un portrait socio-économique de la population étudiée, d'étudier les types de cohabitation, la mobilité sociale intergénérationnelle, et de mesurer la densité et la forme des échanges intrafamiliaux. L'échantillon a été ancré, comme pour l'enquête en métropole, sur une génération intermédiaire, âgée de 49-53 ans, génération pivot de la lignée. Un questionnaire a été passé auprès des membres de cette génération. Un sous-échantillon de trente lignées a été constitué pour l'enquête qualitative sur la base des informations recueillies dans l'enquête quantitative : n'ont été retenus que les pivots ayant au moins un parent vivant et un enfant adulte (un ascendant et un descendant à enquêter ont été choisis de façon aléatoire par l'enquêteur) et les catégories sociales moyennes ou modestes (catégories sociales dans lesquelles les politiques de protection sociale sont supposées avoir le plus d'effets, et notamment sur le fonctionnement des réseaux familiaux). Dans cet ouvrage, les analyses à partir des données quantitatives se combinent de manière très efficace avec celles du matériau qualitatif et des sources documentaires.

Si le prolongement du programme de recherche à la Guadeloupe est important pour que l'enquête nationale ne se limite pas au territoire métropolitain, comme disent les auteurs de l'ouvrage, il fournit également un bon terrain d'observation de la transformation des situations de pauvreté sous l'effet des prestations sociales. Le choix de la Guadeloupe offre aussi une occasion de porter notre regard sur la famille antillaise, objet de nombreuses recherches depuis les années cinquante. L'objet principal de bon nombre de ces recherches était l'explication de la matrifocalité, forme familiale prise comme spécifique à la région caraïbéenne. C. Attias-Donfut et N. Lapierre rappellent que, malgré le schéma de la femme antillaise vivant dans une sécurité affective et matérielle précaire, dépendant de la solidarité familiale et féminine, des données démographiques (enquête d'Yves Charbit[2]) ont révélé que la conjugalité stable constitue non seulement un modèle mais aussi une forme familiale

---

[2] Charbit Y., 1987, *Famille et nuptialité dans la Caraïbe*, Cahier n° 114, Paris, Ined/Puf.

dominante. Elles précisent (p. 11) que «minoritaire à l'échelle de l'ensemble de la population, la maternité isolée et la relation prépondérante ou exclusive mère-enfant n'en sont pas moins un fait socio-culturel familier», mais que si la pluripaternité est non négligeable, plusieurs traits réputés singuliers des sociétés antillaises rappellent les changements survenus en métropole depuis vingt ans (montée du concubinage, recomposition familiale, etc.)

Après une introduction présentant la problématique de la recherche, le premier chapitre analyse les résultats de l'enquête quantitative autour de trois thèmes : l'activité et les problèmes d'emploi à travers les générations, les revenus et les ressources, dans le contexte des mutations socio-économiques ; la structure familiale et la cohabitation ; les flux de solidarité entre générations. Les principaux résultats portent sur la faible mobilité sociale intergénérationnelle, une cohabitation importante prenant diverses formes et aussi une grande proximité résidentielle, et la taille importante des réseaux de parenté (conséquence de la forte fécondité de la génération pivot et des parents de cette génération, et de l'élévation de l'espérance de vie) produisant un grand potentiel de réseaux d'échanges. En plus d'une forte densité de solidarités, on a observé que les solidarités sont orientées autant vers les personnes âgées que vers les jeunes (d'après l'enquête nationale, la mobilisation au profit de ces derniers est plus forte en métropole) et aussi une implication plus grande qu'en métropole des hommes dans le soutien des personnes âgées.

À partir du matériau des entretiens recueillis auprès d'un membre de chacune des trois générations des trente lignées étudiées, le deuxième chapitre décrit de manière détaillée l'histoire de cinq lignées. Ces lignées ont été choisies pour mettre en évidence les modalités de l'entraide intergénérationnelle, de l'organisation de la vie quotidienne et des formes de résidence. Le troisième chapitre étudie les formes d'aide non monétaires. L'étude a tenté de cerner les normes de solidarité intériorisées. Les auteurs soutiennent que «dans une population dont le niveau de ressources et, par conséquent, le pouvoir d'achat sont faibles, la part des aides non monétaires est importante» de même que «en dépit de leur caractère apparemment spontané, occasionnel et affectif, elles ne sont pas moins tributaires de l'intériorisation de normes de comportements dans les relations familiales, selon l'âge et le sexe notamment» (p. 51). Elles explorent la nature et le fonctionnement de ces aides à travers l'étude de la cohabitation ou résidence en voisinage, de la circulation des enfants et des «coups de main». Dans le quatrième chapitre, les auteurs passent à l'analyse des échanges monétaires. Elles ont cherché à déchiffrer des règles liées à une culture de la pauvreté impliquant une gestion rigoureuse de la pénurie et nécessitant une réciprocité d'aides. Leur étude des différentes formes d'organisation économique au sein de la parenté permet de dégager trois modèles «idéal-typiques» (p. 77).

Le texte du chapitre cinq nous fait quitter momentanément les données et matériaux de l'enquête pour une analyse de l'histoire de l'extension de la protection sociale à la Guadeloupe, faite à partir de rapports officiels et de travaux de spécialistes. Le chapitre suivant examine les attitudes à l'égard des aides publiques, analyse l'effet des politiques sociales sur l'évolution des solidarités et les mutations de la famille et propose des interprétations des transformations dans les représentations de la personne âgée, de l'enfant et de la femme dans cette société. Au vu de leurs analyses, les auteurs constatent que «l'aide publique contribue à élargir le champ de la solidarité familiale du niveau de la survie à celui de l'intégration sociale et du présent au jour le jour à l'élaboration de projets personnels et familiaux» (p. 112).

Dans le dernier chapitre intitulé « Mémoire de la pauvreté et dynamique des solidarités », l'attention est focalisée sur les transformations de la culture de la pauvreté. La recherche révèle que l'expérience familiale de la pauvreté est léguée aux générations suivantes sous la forme d'une « mémoire-enseignement » et que la transmission de cette mémoire est favorisée par un style d'éducation de type autoritaire et la permanence de rapports hiérarchiques entre générations. Les auteurs parlent de diffusion plutôt que de reproduction, « car il s'agit moins d'une répétition à l'identique au fil du temps que d'une forme d'empreinte culturelle (*imprinting*) dont la plasticité s'adapte à l'évolution des conditions socio-économiques et des modes de vie » (p. 116). Elles examinent également les rapports homme-femme et les rôles qui leur sont respectivement assignés, notamment en matière de solidarité, en essayant de cerner les mécanismes de transmission. Enfin, elles explorent les facteurs favorisant la survivance de la famille élargie, dans laquelle les échanges de services et de biens se déploient généralement. Elles montrent que, si la survivance des solidarités communautaires qui, autrefois, englobaient le voisinage, est plus circonscrite aujourd'hui, « les événements importants jalonnant l'existence, les naissances mais, plus encore, les mariages et les deuils, sont encore l'occasion de larges retrouvailles familiales auxquelles, bien souvent, se joignent les parents venus exprès de Métropole » (p. 129). En effet, cette société est largement touchée par trois décennies de migrations massives vers la métropole, et, depuis le milieu des années 1970, par le retour de migrants ayant séjourné de nombreuses années en métropole. La migration figure parmi les événements importants qui mobilisent les solidarités familiales et qui révèlent la qualité et la densité des réseaux familiaux ; or l'éloignement entre les membres de la parenté peut entraîner des mutations des formes d'aide et d'échange, tandis que le retour au pays peut conduire à des reconfigurations des relations entre les membres.

Cet ouvrage a apporté un nouveau regard sur les représentations de la femme et de l'homme dans la société guadeloupéenne et sur les rapports entre les sexes. Un rôle important de l'homme est perçu dans le soutien aux personnes âgées, et nous avons vu l'homme en tant que père âgé et son intégration dans la famille et la lignée. Cette étude a mis l'accent sur la présence d'hommes acteurs et bénéficiaires dans les réseaux d'entraide et dans les relations familiales. La place de l'homme dans la famille peut être ainsi réexaminée. Les auteurs ont aussi abordé la question de la fécondité des hommes, en comptant les enfants « du foyer principal » et les enfants « du dehors ». Elle soutiennent que si « l'existence même du stéréotype de séducteur et géniteur irresponsable contribue en retour à façonner les comportements masculins » (p. 125), ces comportements sont loin d'être aussi fréquents que l'on dit. Mais, justement, le fait que ce stéréotype persiste suggère qu'il doit occuper une place prépondérante dans les rapports entre hommes et femmes. Quant aux représentations de la femme antillaise, si l'image de la femme forte, détenant le véritable pouvoir dans une société matriarchale a été réfutée[3], la recherche présentée ici montre que « la façon dont certaines femmes sont contraintes de faire face, en élevant leurs enfants dans une grande précarité matérielle et morale, constitue aussi un modèle transmis » (p. 126).

Cet ouvrage est remarquable, non seulement par la qualité de son contenu mais aussi par la manière dont sont présentés les résultats de l'enquête : les divers

---

[3] Alibar F. et Lembeye-Boy P.,1981, 1982, *Le couteau seul* (2 volumes), Paris, L'Harmattan ; Gauthier A., 1985, *Les sœurs de la solitude. La condition féminine dans l'esclavage aux Antilles du XVIIème au XIXème siècle*, Paris, Éditions Caraïbéennes ; Daguenais H. et Poirier J., 1985, « L'envers du mythe : la situation des femmes en Guadeloupe », *Nouvelles questions féministes*, n° 9-10, printemps, p.53-83.

éléments sont parfaitement tissés et le fil directeur de l'articulation entre aides publiques et entraide familiale n'est jamais relâché. La lecture de *La famille providence* est vivement conseillée à toutes celles et tous ceux qui s'intéressent à l'avenir des sociétés antillaises, au rôle des aides publiques dans la société et, tout simplement, à la notion de « famille ».

Stéphanie CONDON

II. – COMPTES RENDUS

par Jacques HOUDAILLE, Henri LERIDON, Jean-Louis RALLU,
Anne SOLAZ, Catherine VILLENEUVE-GOKALP

ATTIAS-DONFUT Claudine, SEGALEN Martine, **Grands-parents : la famille à travers les générations**, Éditions Odile Jacob, 1998, 330 p.

Aujourd'hui en France, près des deux tiers des femmes et plus de la moitié des hommes sont déjà grands-parents à soixante ans, et chaque individu reste grand-parent plus de la moitié de sa vie adulte. Pourtant, jusqu'à présent aucune étude sociologique ne s'est intéressée de manière aussi exhaustive aux grands-parents d'aujourd'hui que l'ouvrage de C. Attias-Donfut et M. Segalen. Celles-ci analysent les changements intervenus dans les rôles des grands-parents depuis la fin des années soixante, et la contribution des générations les plus anciennes aux liens qui unissent, volontairement ou non, les trois ou quatre générations coexistantes. Elles montrent les différentes facettes du modèle grand-parental actuel, tout en laissant paraître la diversité de ses formes. Leur travail s'appuie sur une enquête nationale auprès de 2 000 lignées de trois générations adultes, reconstituées à partir de la génération « pivot » âgée de 49 à 53 ans ; près de 5 000 personnes au total ont été interrogées. L'enquête quantitative a été complétée par une série d'entretiens qualitatifs auprès d'une trentaine de lignées.

Quand les petits-enfants naissent, les grands-parents sont encore jeunes et actifs, ils appartiennent à des générations qui ont innové sur le plan des comportements et des valeurs, ouvrant à de nouveaux modes de relations familiales. Le cheminement de la grand-parentalité, de la naissance du premier petit-enfant à celle du premier arrière-petit-enfant, est analysé dans la première moitié du livre : les nouvelles relations avec les enfants devenus parents, le resserrement du cercle familial avec la naissance des petits-enfants, les nouvelles formes d'entraide, l'évolution des rencontres et des loisirs passés en commun quand les enfants grandissent, le rôle des dons et prêts d'argent, la genèse des préférences pour certains petits-enfants, l'entrée dans l'arrière-grand-parentalité. Un chapitre est consacré à la manière de se comporter en tant que grand-parent, et à la manière de nommer les grands-parents : « Dites moi comment on vous nomme..., je vous dirai quel type de rôle vous occupez, quel style de grand-parentalité est le vôtre. »

En cas de divorce, les grands-parents assument-ils un rôle de compensation et sont-ils capables de maintenir la cohésion familiale ? Les auteurs font un double constat : certains grands-parents, surtout les moins de 65 ans, apportent une aide accrue à leurs enfants qui divorcent, surtout à leurs filles encore jeunes ; tandis que d'autres se centrent sur d'autres lignées. Lorsqu'il y a une recomposition familiale, le lien grand-parental ne peut se nouer avec les enfants du nouveau conjoint que si les enfants sont encore petits lorsqu'ils entrent dans la famille. La multiplication des grands-parents se fait au détriment de l'intensité des relations entre grands-parents et petits-enfants.

Le dernier chapitre traite de la nécessité des ancêtres à l'établissement du lien de filiation et de leur importance lorsque l'un d'eux constitue une référence pour l'un ou plusieurs de ses descendants. Pour ceux-ci, les grands-parents sont à la fois porteurs d'une continuité familiale, détenteurs de la mémoire familiale et acteurs de l'histoire nationale.

En lisant ce livre, on regrette seulement que les familles dans lesquelles les relations entre générations ont été totalement rompues aient échappé à l'enquête. D'une manière générale, les conflits sans être oubliés, ne sont traités que comme des épiphénomènes. Il en découle une image un peu idyllique de la condition de grand-parent, qui consiste surtout à partager les loisirs des petits-enfants sans avoir la responsabilité de leur éducation. Les jalousies entre lignées et entre collatéraux semblent minorées, et les conflits entre générations sont occultés. Mais au total, on s'étonne surtout que les grands-parents aient pu occuper aussi longtemps une place si réduite au sein de la sociologie de la famille, et on se réjouit qu'une étude aussi complète existe enfin.

C. V.-G.

BASU Alaka Malwade, AABY Peter Eds., **The Methods and Uses of Anthropological Demography**, Oxford Univ. Press, 1998, 329 p.

Les deux termes démographie et anthropologie peuvent se combiner de deux manières. La *démographie anthropologique* est le sujet de cet ouvrage publié sous les auspices de l'UIESP. Il privilégie donc l'approche démographique et considère l'intérêt de cette discipline à se rapprocher de l'anthropologie et en utiliser le savoir. Les ethnologues (autre manière de désigner l'anthropologie sociale) font la démarche inverse, reconnaissant l'importance des phénomènes de population dans l'étude des sociétés et la nécessité d'une mesure statistique des phénomènes sociaux.

Les auteurs de ce livre sont des démographes, sociologues, épidémiologistes, nutritionnistes, économistes et ethnologues. Ils ont aussi une importante pratique « du terrain » et ont privilégié les approches ethnologiques dans leurs recherches. Ils ont principalement travaillé dans les pays en développement mais aussi en Europe (chapitre 8).

Plutôt qu'un manuel, ce livre est un questionnement sur les méthodes et les usages de la démographie anthropologique. Les chapitres se présentent comme des études de cas traitant de sujets diversifiés : sida, nuptialité, fécondité, mortalité, migration, statut de la femme. Ces sujets sont en interaction dans les différents chapitres. Quelques chapitres concernent plus spécifiquement des aspects méthodologiques (chapitre 2 : L'observation participante, approche nouvelle pour certains démographes, mais déjà ancienne pour d'autres et pour beaucoup d'ethnologues ; et chapitre 3 : L'emploi de données qualitatives, certes informatives, mais qui auraient beaucoup intérêt à être doublées d'une évaluation de la fréquence des situations ou stratégies ainsi découvertes pour apporter une connaissance sûre). D'autres ont une visée théorique (chapitre 11 : Modèles culturels et comportement démographique, et chapitre 13 : Les limites du diffusionnisme).

L'observation qualitative, dont se rapproche toujours plus ou moins l'anthropologie, conduit souvent à faire éclater les grandes théories que semblaient désigner les évolutions démographiques globales. En d'autres termes, la connaissance palpable de la réalité contredit les idées générales des chercheurs en chambre. La dialectique entre ces deux approches, sujet de la confrontation de ces deux disciplines, est cependant une chose nécessaire.

Le principal mérite de cet ouvrage est de présenter des aspects de l'étude, par exemple de la nuptialité, du statut de la femme ou des migrations, qui échappent le plus souvent aux démographes confinés à quelques variables explicatives traditionnellement associées à l'étude de ces phénomènes. Ainsi l'évolution de la nuptialité en Afrique a suivi d'autres voies que celle attendue d'une disparition progressive de la polygamie, avec des conséquences directes sur la fécondité et les MST. Le rôle d'une coutume comme la circoncision sur la transmission des MST (Caldwell) est un autre exemple d'apport inattendu de l'anthropologie. De même, les théories de la migration butent souvent sur des obstacles que permettraient de résoudre des études de la décision de migrer. Les modèles développés récemment pour l'étude des réseaux relationnels peuvent contribuer à avancer dans ces domaines en apportant des données chiffrées à des informations qui restent trop souvent qualitatives et dont la fréquence est inconnue. Elle devraient permettre de dépasser, dans une certaine mesure, les méthodes ethnologiques toujours entachées d'un certain flou. Mais la complexité des phénomènes, dans des milieux étrangers à la culture du chercheur (y compris lorsque celui-ci est originaire du pays, mais acculturé depuis une ou plusieurs générations à la société occidentalisée), risque de toujours échapper, au moins en partie, aux modèles statistiques et nécessite toujours, en préalable, une connaissance participante de ces sociétés.

L'importance des modèles culturels dans les comportements humains, entre autres démographiques, reste une question théorique souvent mal comprise. La tradition n'a jamais dicté ce que tout le monde devait faire, comme on le pensait à tort à partir des mariages préférentiels divulgués par les études des systèmes de parenté, mais un cadre de possibles, d'itinéraires possibles, où s'exercent les choix individuels (chapitre 11 : Carter). La mesure de l'influence des modèles culturels sur le comportement est une première étape avant la mesure des changements culturels remettant en cause des théories telles que le diffusionnisme (chapitre 13 : Kreager).

J.-L. R.

EDMONDSON Brad, **Asian Americans in 2001**, *Demographics*, Feb. 1997, p. 16-17.

Au début du siècle, les Asiatiques des États-Unis vivaient dans des quartiers extrêmement pauvres et même sordides mais, de nos jours, nombreux sont ceux qui possèdent de belles résidences. Leur revenu médian est de 60 % plus élevé que la moyenne nationale (40 000 dollars par an contre 37 000 chez les Blancs non hispaniques).

Sur dix Asiatiques entrés aux États-Unis, huit sont arrivés par San Francisco (36 %), Los Angeles (25 %) ou New York-Newark (25 % également). Un Asiatique sur quatre vit en Californie. Ils constituent plus de 10 % de la population dans le comté de San Diego, proche de la frontière du Mexique.

Ces Asiatiques ne sont pas tous Chinois. Le recensement distingue parmi eux dix-neuf nationalités et les services d'immigration plus de vingt-neuf. À Honolulu 22 % sont d'origine japonaise, 15 % sont Philippins, 13 % sont d'origine autochtone et 6 % Chinois.

Les Asiatiques établis aux États-Unis dans les années 1970 ont, en général, un niveau d'instruction élevé mais les immigrants plus récents ont en moyenne moins d'années de scolarité. Ils travaillent dans l'hôtellerie et le commerce de détail.

Ce sont surtout des citadins qui tendent à s'intégrer au reste de la population. Il y a un siècle, on les jugeait inassimilables.

J. Hd.

FEBRERO Ramon, SCHWARTZ S. Pedro, **The essence of Becker**, Hoover Institution Press, Stanford, 1995, 669 p.

« The essence of Becker » est un ouvrage publié en l'honneur du soixante cinquième anniversaire de Gary S. Becker. Ce lauréat du prix Nobel d'Économie en 1992 est à la fois novateur et contesté y compris par ses pairs. Pour les directeurs de cet ouvrage, R. Febrero et P. S. Schwartz, il est sans aucun doute « le chef de file de l'économie non conventionnelle ». Il fut le premier à considérer que la science économique pouvait s'appliquer à des domaines extra-économiques tels que les phénomènes démographiques ou l'usage de la drogue. En particulier, Becker se caractérise en économie par sa manière novatrice de tenir compte de trois éléments : le temps, le capital humain et les enfants. Il a remis en cause de grandes hypothèses de la micro-économie comme les ménages unitaires, les goûts fixés et la neutralité au risque. Les économistes reprochent à Becker de s'intéresser à des sujets « non économiques ». Il répond à cette critique en montrant que l'outil économique peut servir à analyser tout comportement humain dès qu'il y a rareté (chapitre 1). Les non-économistes lui reprochent de supposer la rationalité des agents, pourtant il montre que le comportement irrationnel peut aussi être pris en compte par la science économique (chapitre 2). C'est ainsi qu'il établit une théorie de la dépendance à la drogue (chapitre 9).

Cet ouvrage réunit la majorité des contributions de Becker. Il comprend à la fois les articles de référence de l'auteur sur les grands principes définissant son cadre d'étude et les applications à différents comportements humains. Enfin, une riche bibliographie de l'auteur, en fin d'introduction, permet d'avoir une idée de l'étendue des autres contributions. Les éditeurs scientifiques de l'ouvrage l'ont divisé en sept parties.

La première partie traite des fondements du comportement humain. C'est ainsi qu'on y trouve les principes clefs qui constituent le « modèle beckerien » comme le problème d'allocation du temps, le droit de regard de la théorie économique sur des sujets *a priori* « non économiques », l'investissement en capital humain, la rationalité ou non des agents.

Les cinq suivantes concernent principalement les applications micro-économiques sur ses sujets de prédilection : le mariage, la fécondité, la discrimination, les délits, mais aussi quelques articles sur des phénomènes plus macro-économiques comme les politiques économiques, la monnaie dans les cinquième et sixième parties.

Enfin, le dernier chapitre souligne que son apport à l'économie de la famille est crucial. C'est un résumé des contributions de l'auteur par l'auteur lui-même. Il précise bien alors que son approche économique n'a jamais supposé que les individus agissaient en ne suivant que leur intérêt individuel et matériel. Il s'agit non pas d'une hypothèse de comportement, mais d'une méthode d'analyse. Il cite : « les individus maximisent leur bien-être selon la manière dont ils le conçoivent s'ils sont égoïstes, altruistes, loyaux, malveillants ou masochistes ». Il insiste dans son cinquième paragraphe (formation, dissolution et structures des familles) sur l'importance d'une analyse économique des décisions familiales, en rappelant ses principaux résultats.

Gary S. Becker reste l'un des principaux fondateurs de la démographie économique et cet ouvrage permet de découvrir ou de revoir l'essentiel de ses contributions.

A. S.

Le Van Charlotte, **Les grossesses à l'adolescence. Normes sociales, réalités vécues**, Paris, L'Harmattan, 1998, 206 p.

Ce petit ouvrage traite d'un problème limité sur le plan statistique en France (en 1995, un peu moins de 4 000 femmes ont donné le jour à un enfant avant leur 18e anniversaire, sans compter celles ayant interrompu volontairement une grossesse), mais d'importance sociale non négligeable. C. Le Van part précisément du constat d'un décalage entre le regard porté par la société sur ces maternités ou ces grossesses, et la façon dont elles sont vécues par les intéressées. Le « tableau social » est souvent noirci, et donne l'impression de reposer sur l'idée que toute grossesse chez une femme mineure ne peut être qu'involontaire et source de difficultés de toutes sortes. Or, les entretiens réalisés par l'auteur auprès d'une trentaine de jeunes femmes montrent une grande diversité de situations, et souvent le vécu sans traumatisme d'un comportement qui avait été délibérément choisi.

C. Le Van propose de distinguer cinq types de situations : la « grossesse rite d'initiation », la « grossesse S.O.S. », la « grossesse insertion », la « grossesse identité » et la « grossesse accidentelle » ; seule la dernière correspond à un véritable échec, les autres étant voulues pour des raisons diverses, même si désir de grossesse et désir de maternité ne doivent pas être confondus. L'analyse de l'auteur est fine, et s'appuie sur des références à un grand nombre de travaux antérieurs. On peut cependant remarquer que les jeunes femmes des trois premiers groupes (au moins) avaient généralement été confrontées à de grandes difficultés personnelles, sur le plan familial, scolaire ou social, pouvant avoir conduit à des tentatives de suicide ou des situations de délinquance : constat de nature à relativiser le point de vue initial de l'auteur, même si la grossesse peut fort bien avoir constitué une réponse positive à ces problèmes.

L'intérêt des pages consacrées aux relations entre sexualité et contraception, ou au désir d'enfant, dépasse largement la question des grossesses adolescentes, et contribue – avec la riche bibliographie – à faire de cet ouvrage une référence utile à tous les spécialistes de la reproduction.

H. L.

INFORMATIONS BIBLIOGRAPHIQUES

La rubrique « Informations bibliographiques » propose une sélection d'ouvrages et d'articles parmi les titres récemment entrés au fonds documentaire de l'Ined. Les références qu'elle comporte sont présentées selon un plan de classement thématique. Les documents en langues rares (russe, japonais, chinois, etc.) sont volontairement peu présents. Ils sont néanmoins consultables à la Bibliothèque de l'Ined, qui possède de nombreuses collections de périodiques étrangers.

Pour plus d'informations sur l'ensemble des nouveautés, en particulier les recueils statistiques (annuaires, recensements, etc.) qui ne figurent pas ici, le lecteur consultera la base de données bibliographiques de l'Ined, sur place ou par le serveur Internet de l'institut (http://www.ined.fr).

SOMMAIRE

- Démographie, Recherche démographique, Méthodologie statistique
- Population mondiale, Population par pays, Projections de population
- Enquêtes démographiques
- Répartition spatiale de la population, Habitat, Environnement, Ressources naturelles
- Caractéristiques de la population
- Santé, Morbidité, Mortalité, Épidémiologie
- Ménage, Famille
- Nuptialité, Divorce
- Fécondité, Contraception
- Migrations, Politique migratoire
- Démographie historique, Histoire
- Société, Comportements sociaux
- Culture, Éducation, Information
- Population active, Emploi
- Économie, Économie du développement, Niveau de vie, Sécurité sociale
- Administration, Législation, Politique

• DÉMOGRAPHIE, RECHERCHE DÉMOGRAPHIQUE, MÉTHODOLOGIE STATISTIQUE

Ouvrages

DE BRUIJN Bart J.,Foundations of demographic theory : choice, process, context.– Groningen : Nethur-Demography (NethurD) ; Amsterdam : Thela thesis, 1998.– 298 p. : fig. ; 24 cm.

ELIFSON Kirk W., RUNYON Richard P., HABER Audrey, Fundamentals of social statistics.– 3rd ed.– Boston : McGra –Hill, 1998.– XIV-536 p. fig., graph., tabl. ; 24 cm.– (*Sociology series*).

GHORBANZADEH Dariush, Probabilités : exercices corrigés.– Paris : Ed. Technip, 1998.– XI-270 p. ; 24 cm.

INSTITUT NATIONAL DE LA STATISTIQUE ET DES ÉTUDES ÉCONOMIQUES (France), Le recensement de la population 1999 : préparation (1).– Paris : Insee, 1998.– 329 p. : tabl. ; 24 cm.– (*Insee Méthodes* ; 79-80, 1142-3080).

Modelling longitudinal and spatially correlated data / ed. by Timothy G. Gregoire, David R. Brillinger, Peter J. Diggle [*et al.*].– New York : Springer Verlag, 1997.– X-402 p. : fig., graph., tabl. ; 24 cm.– (*Lecture notes in statistics* ; 122).

ROSS Eric B., The Malthus factor : poverty, politics and population in capitalist development.– London ; New York : Zed Books, 1998.– 264 p. ; 22 cm.

The joy of demography and other disciplines : Liber amicorum presented to Dirk van de Kaa on the occasion of his retirement as Professor of Demography at the University of Amsterdam / ed. by Anton Kuijsten, Henk de Gans, Henk de Feijter.– Groningen : Nethur-Demography (NethurD) ; Amsterdam : Thela thesis, 1999.– XI-453 p. : portr., ill., pyram. ; 24 cm.

Articles

SELTZER William, Population statistics, the Holocaust, and the Nuremberg trials.– tabl., dans : Population and development review, n° 3, september 1998, p. 511-552.

• POPULATION MONDIALE, POPULATION PAR PAYS, PROJECTIONS DE POPULATION

Ouvrages

BÉLANGER Alain, DUMAS Jean, Rapport sur l'état de la population du Canada 1997 ; avec la collab. de Cathy Oikawa et Laurent Martel.– Ottawa : Statistique Canada, 1998.– 193 p. : fig., tabl. ; 23 cm.– (*La conjoncture démographique*).

CENTRE D'ÉTUDES ET DE RECHERCHES DÉMOGRAPHIQUES (Maroc), Population et développement au Maroc.– Rabat : Cered, 1998.– 459 p. : tabl. ; 30 cm.– (*Études démographiques*).

Crises, pauvreté et changements démographiques dans les pays du sud /sous la dir. de Francis Gendreau ; avec la participation d'Elisabete De Carvalho Lucas.– Paris : Ed. Estem, 1998.– 415 p. : tabl. ; 25 cm.– (*Universités francophones*).

NATIONS UNIES. Division de la population, World population projections to 2150 / Department of economic and social affairs, Population division, United Nations.– New York : United Nations, 1998.– XIII-41 p. : tabl., fig., graph. ; 30 cm.– (*ST/ESA/SER.A/173*).

SZTOKMAN Nicole, Population et société françaises.– Paris : Dunod, 1998.– 128 p. : graph., tabl. ; 18 cm.– (*Les topos. Éco/gestion*).

VALDIVIA Luis, Poblacion y crecimiento economico en Colombia, 1900-1990.– Cali : Universidad del Valle, Facultad de Humanidades, Departamento de Geografia, 1995.– 185 p. ; 21 cm.

Articles

BABIC Dragutin, Sociodemografske promjene stanovnistva Brodsko-Posavske zupanije uzrokovane domovinskim ratom = Socio-demographic changes in the population of the county of Sl. Brod-Posavina as caused by the homeland war.– tabl., dans : Migracijske teme, vol. 13, n° 3, 1997, p. 241-266.

HOLZER Werner, WILD Helga de, Demographische Lage im Jahre 1997 = Demographic trends 1997.– tabl., fig., dans : Statistische Nachrichten, n° 12/1998, p. 992-1012.

KUCERA Milan, SIMEK Miroslav, Vyvoj obyvatelstva Ceske Republiky v roce 1997 (Z vysledku zpracovani Ceskeho statistickeho uradu) = Development of population in the Czech Republic in 1997(From the processing results of the Czech statistical office).– tabl., dans : Demografie, n° 4, 1998, p. 233-246.

PARANT Alain, Les perspectives démographiques, dans : Futuribles, n° hors série, janvier 1999, p. 18-24.

The accuracy of age-specific population estimates for small areas in Britain.– tabl., fig., dans : Population studies, n° 3, november 1998, p. 327-344.

• ENQUÊTES DÉMOGRAPHIQUES

Ouvrages

Enquête démographique et de santé, Madagascar 1997 / Direction de la démographie et des statistiques sociales, Institut national de la statistique (Instat), Macro International.– Antananarivo : Instat ; Calverton (Md.), USA : Macro International, 1998.– XXIV-264 p. : carte, graph., tabl. ; 28 cm.

Inquerito demografico e de saude Moçambique 1997 : relatorio resumido = Mozambique demographic and health survey 1997 : summary report.– Maputo : Instituto Nacional de Estatistica : Ministerio de saude ; Calverton (Md.), USA : Macro International, 1998.– 18-18 p. : tabl.,graph., ill. ; 28 cm.

Moçambique inquerito demografico e de saude 1997 / Manuel da Costa Gaspar, Humberto A. Cossa, Clara Ribeiro dos Santos [*et al.*] - Maputo : Instituto Nacional de Estatistica : Ministerio de saude ; Calverton (Md.), USA : Macro International, 1998.– XVIII-276 p. : tabl.,graph., carte, pyram. ; 28 cm.

• RÉPARTITION SPATIALE DE LA POPULATION, HABITAT, ENVIRONNEMENT, RESSOURCES NATURELLES

Ouvrages

COLLOMB Philippe, GUÉRIN-PACE France, Les Français et l'environnement : l'enquête « Populations, espaces de vie, environnements » ; avec une contrib. de Nacima Baron-Yellès et Jacques Brun.– Paris : Presses universitaires de France : Institut national d'études démographiques, 1998.– 255 p. : fig., tabl. ; 24 cm.– (*Travaux et documents : Cahier 141*).

Les conditions de logement des ménages : exploitation de l'enquête Logement 1996-1997 / Laure Omalek, Anne Laferrère, David Le Blanc [*et al.*] ; Insee.– Paris : Institut national de la statistique et des études économiques, 1998.– 293 p. : tabl. ; 30 cm.– (*Insee résultats* ; 622-623. *Consommation modes de vie*, 97-98, novembre 1998).

Rencontres de l'Insee (1995 ; Rouen), De nouvelles frontières pour comprendre l'espace : actes des rencontres de l'Insee, Rouen, 17 octobre 1995.– Rouen : Insee, Direction régionale de Haute-Normandie, 1996.– 83 p. : cartes ; 24 cm.– (*Cahier d'Aval* ; 38, 0762-2538).

Articles

HAMMOUCHE Abdelhafid, BAROU Jacques (coord.), La ville désintégrée ?, dans : Hommes et migrations, n° 1217, janvier-février 1999, p. 4-106.

SCHILL Michael H., FRIEDMAN Samantha, ROSENBAUM Emily, The housing conditions of immigrants in New York city.– tabl., dans : Journal of housing research, vol. 9, n° 2, p. 201-235.

• CARACTÉRISTIQUES DE LA POPULATION

Ouvrages

Baromètre santé jeunes 97-98 / sous la dir. de Jacques Arènes, Marie-Pierre Janvrin, François Baudier ; préf. de Bernard Kouchner.– Vanves : Ed. CFES, 1998.– 328 p. : graph., tabl., ill. ; 24 cm.– (*Baromètres*).

BURR Vivien, Gender and social psychology.– London ; New York : Routledge, 1998.– IX-168 p. ; 22 cm.– (*Psychology focus*).

Familles d'accueil et institutions : évaluer les pratiques de placement d'enfants et de jeunes : actes de la table ronde, Rouen, 23 janvier 1997 /coord. par Marie-Christine Bonte et Valérie Cohen-Scali.– Paris ; Montréal : L'Harmattan, 1998.– 263 p. : tabl. ; 22 cm.– (*Placement familial et familles d'accueil*).

FRANCE. Assemblée nationale. Commission des affaires étrangères, Rapport d'information sur la situation des femmes dans le monde /Assemblée nationale ; déposé en application de l'article 145 du Règlementpar la Commission des affaires étrangères ; présenté par M. Jack Lang,.– [Paris] : Assemblée nationale, 1998.– 467 p. ; 24 cm.– (Impressions. 11e législature / Assemblée nationale ; 733) (*Les documents d'information/Assemblée nationale, Commission des affaires étrangères*, 1240-831X ; 8/98).

Gender, health and welfare / ed. by Anne Digby and John Stewart.– London : Routledge, 1998.– IX-239 p. : tabl. ; 22 cm.

GRATALOUP Sylvain, L'enfant et sa famille dans les normes européennes ; préf. de Hugues Fulchiron.– Paris : LGDJ, 1998.– XV-600 p. ; 24 cm.– (*Bibliothèque de droit privé* ; 290, 0520-0261).

GUYOT Patrick, La vieillesse des personnes handicapées : quelles politiques sociales ?, lieux de vie, ressources, aide sociale.– Nouv. éd..– Paris : Ed. du CTNERHI, Centre technique national d'études et de recherches sur les handicaps et les inadaptations, 1998.– 168 : tabl. ; 22 cm.– (*Flash informations* ; 225).

HAUG Werner, COURBAGE Youssef, COMPTON Paul, Les caractéristiques démographiques des minorités nationales dans certains états européens. vol. 1.– Strasbourg : Ed. du Conseil de l'Europe, 1998.– 169 p. : cartes, tabl. ; 24 cm.– (*Études démographiques* ; 30).

Innocenti global seminar (7 ; 1996 ; Florence,Italy), Children and families of ethnic minorities, immigrants and indigenous peoples : Innocenti global seminar, 6-15 october 1996, Florence, Italy, summary report / Unicef International child development centre, Spedale degli Innocenti ; prepared by Maggie Black.–

Florence : UNICEF International Child Development Centre, 1997.– 55 p. ; 26 cm.

PERSONNE Michel, Prendre en charge les personnes âgées dépendantes.– Paris : Dunod, 1998.– VII-183 p. : graph., tabl. ; 24 cm.– (*Action sociale*).

ZYTNICKI Colette, Les juifs à Toulouse entre 1945 et 1970 : une communauté toujours recommencée.– Toulouse : Presses Universitaires du Mirail, 1998.– 391 p. : graph., tabl., ill. en coul. ; 24 cm.– (*Tempus-diaspora*).

Articles

An analysis of the sex ratio at birth in impoverished areas in China / Li Rongshi.– tabl., dans : Chinese journal of population science, n° 1, 1998, p. 65-74.

Violence against women.– tabl., dans : Gender and development, n° 3, november 1998, 80 p.

• SANTÉ, MORBIDITÉ, MORTALITÉ, ÉPIDEMIOLOGIE

Ouvrages

AGENCE NATIONALE DE RECHERCHE SUR LE SIDA (France), 10 ans de recherches sur le sida en France : 1988-1998.– Paris : ANRS, 1998.– 165 p. : tabl. ; 30 cm.

Le sida en Europe : nouveaux enjeux pour les sciences sociales : 2ᵉ conférence européenne sur les méthodes et les résultats des recherches en sciences sociales sur le sida / Agence nationale de recherches sur le sida (ANRS).– Paris : ANRS, 1998.– 185 p. : fig., graph. ; 21 cm.– (*Sciences sociales et sida*, 1262-4837).

FONDS DES NATIONS UNIES POUR LA POPULATION, AIDS update 1997 : a report on UNFPA support for HIV/AIDS prevention /United Nations Population Fund.– New York : UNFPA, 1998.– 81 p. ; 28 cm.

FRANCE. Haut comité de la santé publique, La progression de la précarité en France et ses effets sur la santé / ministère de l'Emploi et de la Solidarité, Haut Comité de la santé publique.– Rennes : Ed. ENSP, 1998.– XVIII-349 p. : graph., tabl. ; 24 cm.– (*Avis et rapports*, 1244-5622).

FRANCE. Haut comité de la santé publique, La santé en France 1994-1998 / ministère de l'Emploi et de la Solidarité, Haut Comité de la santé publique.– Paris : La Documentation française, 1998.– 309 p. : cartes, fig., tabl., ; 24 cm.– (*Rapport. La santé en France*).

Gene therapy : [proceedings of the Nato study institute Gene therapy, held in Spetsai, Greece, August, 17-28, 1997] / ed. by Kleanthis G. Xanthopoulos.– Berlin : Springer, 1998.– VIII-223 p. : fig. ; 24 cm.– (*Nato Asi series. H, Cell biology*; 105, 1010-8793).

KANNISTO Väinö, The advancing frontier of survival : life tables for old age.– Odense : Odense University Press, cop. 1996.– 145 p.-[16 annexes de tables non paginées] : fig., graph., tabl. en coul ; 24 cm.– (*Monographs on population aging*; 3, 0909-119X).

Les figures urbaines de la santé publique : enquêtes sur des expériences locales / éd. sous la dir. de Didier Fassin.– Paris : La Découverte, 1998.– 238 p. ; 24 cm.– (*Recherches*).

MENEGOZ F., CHÉRIÉ-CHALLINE L., MALEK K., (Collab.), Le cancer en France : incidence et mortalité, situation en 1995, évolution entre 1975 et 1995.– Paris : ministère de l'Emploi et de la Solidarité : Réseau Francim : Secrétariat d'État à la santé, 1999.– 182 p. : fig., graph., tabl. ; 24 cm.

NATIONS UNIES. Division de la population, Health and mortality : a concise report / United Nations, Department of economic and social affairs, Population division.– New York : United Nations, 1998.– VII-46 p. : fig., graph., tabl. ; 22 cm.– (ST/ESA/SER.A/172).

NATIONS UNIES. Division de la population, Too young to die : genes or gender ? / United Nations, Department of economic and social affairs, Population division.– New York : United Nations, 1998.– XII-260 p. : fig., graph., tabl. ; 28 cm.– (ST/ESA/SER.A/155).

SERMET Catherine, KHLAT Myriam, LE PAPE Annick, Situation familiale et santé des femmes : les mères de famille monoparentale en France.– Paris : Credes, 1998.– 31 p. : fig., tabl. ; 30 cm.– (Biblio ; 1244).

STINE Gerald James, Acquired immune deficiency syndrome : biological, medical, social, and legal issues.– 3rd. ed..– Upper Saddle River (N.J.) : Prentice Hall, cop.1998.– XXX-610 p. : ill. ; 24 cm.

The economics of HIV and AIDS : the case of South and South East Asia /ed. by David E. Bloom, Peter Godwin.– New Delhi : Oxford University Press, 1997.– 263 p. : tabl. ; 22 cm.

Articles

CHIN J., MANN Jonathan M., Global surveillance and forecasting of AIDS.– tabl., fig., dans : Bulletin of the World health organization = Bulletin de l'Organisation mondiale de la santé, n° 5, 1998, p. 429-436.

DAVIS Christopher, Morbidité, mortalité et réformes du système de santé dans les Etats en transition de l'ex-URSS et de l'Europe de l'Est.– tabl., fig., dans : Revue d'études comparatives est-ouest, n° 3, septembre 1998, p. 133-186.

GAN Jianping, ZHENG Zhongmei, LI Guoguang, Age-specific mortality among advanced-age chinese citizens and its difference between the two genders.– tabl., dans : Chinese journal of population science, n° 1, 1998 ; p. 89-100.

HUMMER Robert A., ROGERS Richard G., EBERSTEIN Isaac W., Sociodemographic differentials in adult mortality : a review of analytic approaches.– tabl., dans : Population and development review, n° 3, september 1998, p. 553-578.

[L'épidémiologie en Europe].– fig., tabl., cartes, dans : Revue d'épidémiologie et de santé publique, n° 6, décembre 1998, p. 441-540.

Migration and HIV/AIDS : special issue / ed. by Reginald Appleyard and Andrew Wilson, dans : International migration, n° 4, 1998, p. 443-645.

ROCKETT Ian R. H, Injury and violence : a public health perspective.– tabl., ill. dans : Population bulletin, n° 4, december 1998, 40 p.

Sida : les nouvelles donnes / dossier préparé avec la collab. de Raphaël Mala.– tabl., dans : Informations sociales, n° 71, 1998, 125 p.

WILMOTH John R., Is the pace of Japanese mortality decline converging toward international trends ?.– fig., dans : Population and development review, n° 3, septembre 1998, p. 593-600.

• MÉNAGE, FAMILLE

Ouvrages

ATTIAS-DONFUT Claudine, SEGALEN Martine, Grands-parents : la famille à travers les générations - Paris : O. Jacob, 1998.– 330 p. : fig. ; 24 cm.

AULAGNIER Marielle, OLM Christine, Le rôle des parents selon les familles et les professionnels ; avec la participation de Marie-Odile Simon.– Paris : Centre de recherche pour l'étude et l'observation des conditions de vie (Credoc), 1998.– 67 p. : graph., tabl. ; 30 cm.– (*Collection des rapports* ; 195, septembre 1998).

BARNES Helen, DAY Patricia, CRONIN Natalie, Trial and error : a review of UK child support policy.– London : Family Policy Studies Centre, 1998.– 88 p. : ill. ; 24 cm.– (*Occasional paper* ; 24).

CICCHELLI-PUGEAULT Catherine, CICCHELLI Vincenzo, Les théories sociologiques de la famille.– Paris : La Découverte, 1998.– 122 p. ; 18 cm.– (*Repères* ; 236).

DUFOUR Ariane, HATCHUEL Georges, LOISEL Jean-Pierre, Accueil des jeunes enfants, conciliation vie professionnelle-vie familiale et opinions sur les prestations familiales.– Paris : Centre de recherche pour l'étude et l'observation des conditions de vie (Credoc), 1998.– 171 p. : graph., tabl. ; 30 cm.– (*Collection des rapports* ; 191, juin 1998).

FRANCE. Sénat, Rapport d'information fait au nom de la commission des lois constitutionnelles, de législation, du suffrage universel, du Règlement et d'administration générale, sur l'évolution du droit de la famille / par M. Jacques Larché.– Paris : Sénat, 1997-1998.– 151 p. ; 24 cm.– (*Les rapports du Sénat*).

MEIL LANDWERLIN Gerardo, La sociologia de la familia en Espana : 1978/1998, dans : Revista espanola de investigaciones sociologicas, n° 83, julio-septiembre 1998, p. 179-215.

VERDON Michel, Rethinking households : an atomistic perspective on European living arrangements.– London ; New York : Routledge, 1998.– XII-220 p. : fig., tabl. ; 24 cm.– (*Routledge research in gender and society*).

Articles

Famille : dossier / coordonné par Marc Dupuis et Nicolas Truong, invitée de la rédaction Irène Théry, dans : Le Monde de l'éducation de la culture et de la formation, n° 264, novembre 1998, p. 33-63.

FERNANDEZ CORDON Juan Antonio, TOBIO SOLER Constanza, Las familias monoparentales en Espana.– fig., tabl., dans : Revista espanola de investigaciones sociologicas, n° 83, julio-septiembre 1998, p. 51-85.

JOHNSON Kay, BANGHAN Huang, LIYAO Wang, Infant abandonment and adoption in China.– fig., tabl, Dans : Population and development review, n° 3, September 1998, p. 469-510.

Les nouveaux enjeux du droit : les interactions du droit et de la famille, dans : Cahiers français, n° 288, octobre-décembre 1998, p. 63-71.

Mariage, union et filiation : pacte civil de solidarité, droit contre statut, homosexualité, union libre, dans : Le banquet, n° 12 et 13, 1er et 2e semestre 1998, p. 7-215.

Politiques familiales et redistribution.– tabl., fig., dans : Solidarité santé. Études statistiques, n° 2-3, avril-septembre 1998, 168 p.

HITTEN Peter, Les familles monoparentales dans l'Union européenne : un phénomène qui prend de l'ampleur.– fig., tabl., dans : Insee première, n° 620, décembre 1998, 4 p.

• **NUPTIALITÉ, DIVORCE**

Articles

BEAUMEL Catherine, KERJOSSE Roselyne, TOULEMON Laurent, Des mariages, des couples et des enfants.– fig., tabl., dans : Insee première, n° 624, janvier 1999, 4 p.

Estimation of duration of separation, widowhood, and family life cycle, dans : Theoretical population biology, n° 3, December 1998, p. 202-212.

RAYMO James M., Later marriages or fewer ? : Changes in the marital behavior of japanese women, dans : Journal of marriage and the family, n° 4, November 1998, p. 1023-1034.

GREENE Beth, The institution of woman-marriage in Africa : a cross-cultural analysis, dans : Ethnology, n° 4, fall 1998, p. 395-412.

• FÉCONDITÉ, CONTRACEPTION

Ouvrages

REDDY Mallarapu Muni Krishna (éd.), Fertility and family planning behaviour in Indian society.– New Delhi : Kanishka, 1996.– 274 p. : tabl. ; 22 cm.

SANDRON Frédéric, Les naissances de la pleine lune : et autres curiosités démographiques.– Paris ; Montréal : L'Harmattan, 1998.– 175 p. ; 22 cm.- (*Populations*).

Articles

ADDAI Isaac, Ethnicity and contraceptive use in sub-Saharan Africa : the case of Ghana.– tabl., fig., dans : Journal of biosocial science, n° 1, January 1999, p. 93-104.

CHESNAIS Jean-Claude, Belo –replacement fertility in the European Union (EU-15) : facts and policies, 1960-1997.– tabl., fig., dans : Review of population policy, n° 7, 1998, p. 83-102.

Effects of the status of women on the first-birth interval in indian urban society.– tabl., fig., dans : Journal of biosocial science, n° 1, January 1999, p. 55-70

FUNG K. K., How many children ? Fixing total annual births as a population control policy.– fig., dans : Population research and policy review, n° 5, October 1998, p. 403-419.

HUSSAIN R., BITTLES Alan H., Consanguineous marriage and differentials in age at marriage, contraceptive use and fertility in Pakistan.– tabl., fig., dans : Journal of biosocial science, n° 1, January 1999, p. 121-138.

KIERNAN Kathleen E., Parenthood and family life in the United Kingdom.– tabl., fig., dans : Review of population policy, n° 7, 1998, p. 63-81.

MURESAN Cornelia, A reproduktiv magatartas valtozasai Romaniaban = Changes in the reproductive behaviour in Romania.– tabl., graph., pyram., dans : Demografia, vol. 40, n° 4, 1997, p. 285-299.

Partitioning the effect of infant and child death on subsequent fertility : an exploration in Bangladesh.– tabl., fig., dans : Population studies, n° 3, November 1998, p. 345-356.

RAHMAN Mizanur, The effect of child mortality on fertility regulation in rural Bangladesh.– tabl., fig., dans : Studies in family planning, n° 3, septembre 1998, p. 268-281.

RONGSHI Li, An analysis of the sex ratio at birth in impoverished areas in China.– tabl., dans : Chinese journal of population science, n° 1, 1998, p. 65-74.

RONSMANS Carine, CAMPBELL Oona, Short birth intervals don't kill women : evidence from Matlab, Bangladesh.– tabl., fig., dans : Studies in family planning, n° 3, septembre 1998, p. 282-290.

STOVER John, Revising the proximate determinants of fertility framework : what we learned in the past 20 years ?, dans : Studies in family planning, n° 3, septembre 1998, p. 255-267.

UENO Chizuko, The declining birthrate : whose problem ?.– tabl., fig., dans : Review of population policy, n° 7, 1998, p. 103-128.

• MIGRATIONS, POLITIQUE MIGRATOIRE

Ouvrages

DÉCOUFLÉ André-Clément, Les mots de l'immigration et de l'intégration : éléments de vocabulaire.– Paris : ministère de l'Emploi et de la Solidarité, 1998.– 32 p. ; 30 cm.– (*Notes et documents* ; 42, novembre 1998, 1273-7178).

DOOMERNIK Jeroen, The effectiveness of integration policies towards immigrants and theirdescendants in France, Germany and the Netherlands.– Geneva : International Labour Office, Conditions of Work branch, 1998.– VI-85 p. : tabl. ; 30 cm.– (*International migration papers* ; 27, 1020-2668).

FONDS DES NATIONS UNIES POUR LA POPULATION, In-depth studies on migration in central and eastern Europe : the case of Poland / United Nations Economic Commission for Europe, United Nations Population Fund ; ed. by Tomas Frejka, Marek Okolski and Keith Sword.– New York ; Geneva : United Nations, 1998.– XXIV-229 p. : fig., tabl. ; 30 cm.– (*Economic studies*, 1014-4994 ; 11).

HARRAMI Noureddine, Les jeunes issus de l'immigration marocaine dans la région de Bordeaux : étude de quelques aspects de leur participation à la culture parentale ; sous la dir. de Bernard Traimond.– Villeneuve d'Ascq : Presses universitaires du Septentrion, 1998.– 592 p. : tabl. ; 24 cm.– (*Thèse à la carte*).

NATALE Marcello, STROZZA Salvatore, Gli immigrati stranieri in Italia : quanti sono, chi sono, come vivono.– Bari : Cacucci, 1997.– 507 p. : carte, graph., tabl. ; 24 cm.

NATIONS UNIES. Division de la population, World population monitoring 1997 : international migration and development/Population division.– New York : United Nations, 1998.– IX-204 p. : fig., tabl. ; 28 cm.– (*ST/ESA/SER.A/169*).

NATIONS UNIES. Haut Commissariat pour les réfugiés, Refugees and others of concern to UNHCR : 1997 statistical overview /Statistical Unit, United Nations High Commissioner for Refugees.– Geneva : United Nations High Commissioner for Refugees, 1998.– 104 p. : tabl. ; 30 cm.

VIET Vincent, La France immigrée : construction d'une politique, 1914-1997.– [Paris] : Fayard, 1998.– 550 p. : tabl. ; 24 cm.

VILLANOVA Roselyne de, Les migrants propriétaires : de la location à l'accession, y a t-il des règles d'agrégat ? ; [collab. Alexandra Castro, Hawa Keita, Duygü Urer].– Paris : Institut parisien de recherche architecture urbanistique société (IPRAUS), 1996.– 210 p. : carte en coul., tabl. ; 30 cm.

WEISS Thomas Lothar, Migrants nigerians : la diaspora dans le sud-ouest du Cameroun.– Paris ; Montréal : L'Harmattan, 1998.– 271 p. : cartes, ill., tabl. ; 24 cm.– (*Géographie et cultures. Culture et politique*).

WILLIAMS Dorothy W., Les noirs à Montréal : 1628-1986 : essai de démographie urbaine ; trad. de Pierre Desruisseaux.– Montréal : VLB, 1998.– 212 p. : cartes, tabl. ; 23 cm.

Articles

BARRETT Alan, The effect of immigrant admission criteria on immigrant labour-market characteristics.– tabl., dans : Population research and policy review, n° 5, October 1998, p. 439-456.

Immigrés et minorités ethniques dans l'espace politique européen /Coordonné par Marco Martiniello et Marie-Antoinette Hily.– tabl., dans : Revue européenne des migrations internationales, n° 2, 1998, 172 p.

KRALY Ellen Percy, Immigration and environment : a framework for establishing a possible relationship, dans : Population research and policy review, n° 5, October 1998, p. 421-437.

MARESCA Bruno, VAN DE WALLE Isabelle, Les naturalisés des années 90. Qui sont-ils et pourquoi demandent-ils la nationalité française ?.– tabl., dans : Migrations Etudes, n° 83, novembre 1998, 12 p.

MÜNZ Rainer, ULRICH Ralf, Les migrations en Allemagne : 1945-1996.– tabl., cart., fig., dans : Revue européenne des migrations internationales, n° 2, 1998, p. 173-209.

PICARD Alexandra, Les travailleurs étrangers en Russie.– tabl., Dans : Le courrier des pays de l'Est, n° 435, décembre 1998, p. 30-42.

The impact of the crisis on migration on Asia.– tabl., dans : Asian and pacific migration journal, special issue, n°2-3, 1998, p. 135-393.

ZLOTNIK Hania, International migration 1965-96 : an overview.– fig., tabl., dans : Population and development review, n° 3, September 1998, p. 429-468.

• **DÉMOGRAPHIE HISTORIQUE, HISTOIRE**

Ouvrages

KANG Zheng, Lieu de savoir social : la Société de Statistique de Paris au XIXe siècle, 1860-1910.– [Paris] : École des hautes études en sciences sociales (EHESS), 1989.– 514-LXXV p. ; 30 cm.

SHELLEY William Scott, The origins of the Europeans : classical observations in culture and personality.– San Francisco ; London ; Bethesda : International Scholars Publications, 1998.– 308 p. ; 22 cm.

Articles

Articles from the sessions on the « life course » : International Commission of Historical Demography, International Congress on Historical Sciences, September, 1995.– fig., tabl., cartes, dans : The history of the family, n° 3, 1998, p. 267-383.

HOCH Steven L., Famine, disease, and mortality patterns in the parish of Borshevka, Russia, 1830-1912.– tabl., fig., dans : Population studies, n° 3, November 1998, p. 357-368.

I vent'anni della societa italiana di demografia storica, dans : Bolletino di demografia storica, n° 28, 1998, p. 7-57.

IPSEN Carl, Population policy in the age of fascism : observations on recent literature, dans : Population and development review, n° 3, September 1998, p. 579-592.

Modelli di sviluppo demografico in Italia tra XVIII e XIX secolo.– tabl., dans : Bolletino di demografia storica, n° 28, 1998, p. 61-114.

• SOCIÉTÉ, COMPORTEMENTS SOCIAUX

Ouvrages

ALDEGHI Isa, La passation d'un questionnaire : un regard ethnographique.– Paris : Credoc, 1998.– 129 p. ; 30 cm.– (*Cahier de recherche* ; 116).

CHAUVEL Louis, Le destin des générations : structure sociale et cohortes en France au XXè siècle.– Paris : Presses Universtitaires de France, 1998.– X-301 p. : graph., tabl. ; 22 cm.– (*Le lien social*).

FRYDMAN Nathalie, MARTINEAU Hélène, La drogue : où en sommes-nous ? : bilan des connaissances en France en matière de drogues et de toxicomanies.– Paris : La Documentation française, 1998.– 417 p. : tabl. ; 24 cm.– (*La sécurité aujourd'hui*).

OBSERVATOIRE INTERNATIONAL DES PRISONS, Sortir de prison avant la fin de sa peine = Release before the end of the sentence = Salir de prision antes de cumplir sa pena.– [Paris] : Observatoire international des prisons, 1998.– 94 p. ; 21 cm.– (*Brochures* ; 7).

OBSERVATOIRE INTERNATIONAL DES PRISONS, Affectations et transferts des détenus = Assignment and transfer of prisoners = Afectaciones y traslados de los detenidos.– [Paris] : Observatoire international des prisons, 1998.– 63 p. ; 21 cm.– (*Brochures* ; 3).

OBSERVATOIRE INTERNATIONAL DES PRISONS, Accès aux soins en prison = Inmates'access to healthcare = Acceso a la atencion medica en prision.– [Paris] : Observatoire international des prisons, 1998.– 94 p. ; 21 cm.– (*Brochures* ; 5).

OBSERVATOIRE INTERNATIONAL DES PRISONS, Enfants en prison.– Lyon : Observatoire international des prisons, 1998.– 469 p. : cartes, ill. ; 21 cm.

Pluriel recherches : vocabulaire historique et critique des relations inter-ethniques / [sous la dir. de Pierre-Jean Simon].– Paris ; Montréal : L'Harmattan, 1998.– 93 p. ; 24 cm.– (*Pluriel recherches* ; 5).

ROWE Michael, The racialisation of disorder in twentieth century Britain.– Aldershot ; Brookfield ; Singapore [etc.] : Ashgate, 1998.– X-211 p. ; 23 cm.– (*Research in ethnic relations series*).

Social work and minorities : European perspectives / ed. by Charlotte Williams, Haluk Soydan and Mark R.D. Johnson.– London : Routledge, 1998.– XXIV-273 p. ; 24 cm.

TAKAHASHI Lois M., Homelessness, AIDS, and stigmatization : the NIMBY syndrome in the United States at the end of the twentieth century.– Oxford : Clarendon Press, 1998.– XIV-267 p. : carte, graph., tabl. ; 24 cm.– (*Oxford geographical and environmental studies*).

The methods and uses of anthropological demography / ed. by Alaka Malwade Basu, Peter Aaby.– Oxford : Clarendon Press, 1998.– X-329 p. : graph., tabl. ; 24 cm.– (*International studies in demography*).

The politics of multiculturalism in the new Europe : racism, identity and community / ed. by Tariq Modood and Pnina Werbner.– London ; New York : Zed Books, 1997.– XII-276 p. ; 22 cm.– (*Postcolonial encounters*).

WILLIAMSON Robert C., Latin American societies in transition.– Westport (Conn.) ; London : Praeger, 1997.– XI-272 p. : cartes, fig., graph., tabl. ; 24 cm.

Articles

Anthropologie : nouveaux terrains, nouveaux objets, dans : Sciences humaines, hors série n° 23, décembre 1998-janvier 1999, 63 p.

Homosexualités.– fig., tabl., dans : Actes de la recherche en sciences sociales, n° 125, décembre 1998, 109 p.

Housing and social exclusion : special issue.– fig., tabl., dans : Housing studies, n° 6, november 1998, p. 749-832.

La différence culturelle en question, dans : Cahiers internationaux de sociologie, vol. CV, juillet-décembre 1998, p. 229-438.

Le nombre, dans : Drôle d'époque, n° 3, automne 1998, p. 29-127.

NEDOMOVA Alena, SIMEK Miroslav, Romska komunita v Ceské Republice(dokonceni) = Romany community in the Czech Republic (ending).– tabl., dans : Demografie, n° 4, 1998, p. 281-295.

SALAS Denis, La délinquance des mineurs.– tabl., dans : Problèmes politiques et sociaux, n° 812, novembre 1998, 84 p.

• CULTURE, ÉDUCATION, INFORMATION

Ouvrages

Banque internationale pour la reconstruction et le développement, Knowledge for development / The World Bank.– Oxford : Oxford University Press, 1998.– VIII-251 p. : cartes, fig., graph., tabl., ill. en coul. ; 27 cm.– (*World development report*).

Illettrisme : de l'enjeu social à l'enjeu citoyen / Groupe permanent de lutte contre l'illettrisme ; coord. par Christiane El Hayek,.– Paris : La Documentation française : ministère de l'Emploi et de la Solidarité, 1998.– 298 p. ; 24 cm.– (*En toutes lettres*).

POIGNANT Bernard, Langues et cultures régionales : rapport au Premier ministre.– Paris : La Documentation Française, 1998.– 90 p. ; 24 cm.– (*Collection des rapports officiels*, 0981-3764).

Repères et références statistiques sur les enseignements et la formation : édition 1998 / ministère de l'Education nationale, de la recherche et de la technologie, Direction de la programmation et du développement.– Vanves : DP&D, 1998.– 304 p. : cartes, fig., tabl. ; 24 cm.

Articles

Les familles et l'école : une relation difficile, dans : Ville École Intégration, n° 114, septembre 1998, 200 p.

• POPULATION ACTIVE, EMPLOI

Ouvrages

ANKER Richard, Gender and jobs : sex segregation of occupations in the world.– Geneva : International Labour Office, 1998.– XII-444 p. : fig., tabl. ; 24 cm.

Les nouvelles frontières de l'inégalité : hommes et femmes sur le marché du travail / sous la dir. de Margaret Maruani.– Paris : La Découverte : Mage, 1998.– 283 p. ; 24 cm.– (*Recherches*).

Nowik Laurent, Le devenir des salariés de plus de 45 ans : Stratégies d'entreprises et trajectoires des salariés âgés : Le cas de l'entreprise EDF-GDF. 3 tomes ; sous la dir. de Jean-Claude Rabier.– Lille : Université des sciences et technologies, 1998.– p.1-722 : tabl., fig. ; 30 cm.

Roux Eliane, Levézac Anne, Les mouvements de main-d'œuvre dans les établissements de 50 salariés ou plus : année 1997.– Paris : Insee, 1998.– 138 p. : graph., tabl. ; 30 cm.– (*Insee résultats ; 628. Emploi-revenus. 143*, décembre 1998).

Articles

Marchand Olivier, Minni Claude, Thélot Claude, La durée d'une vie de travail, une question de génération ?.– fig., tabl., dans : Premières informations et premières synthèses, n° 50.2, décembre 1998, 12 p.

Voznessenskaia Elena, Konstantinovski David, Tcherednitchenko Galina, L'insertion des jeunes sur le marché du travail en Russie.– tabl., dans : Le courrier des pays de l'Est, n° 435, décembre 1998, p. 43-53.

• **Économie, économie du développement, niveau de vie, sécurité sociale**

Ouvrages

Ageing, social security and affordability / ed. by Theodore R. Marmor, Philip R. De Jong.– Aldershot (UK) : Ashgate, 1998.– XIII-352 p. : graph., tabl. ; 23 cm.– (*International studies on social security* ; 3).

Aldeghi Isa, Étude complémentaire sur les nouveaux arrivants au RMI : apports du RMI, évolution de la situation matérielle, opinions sur le dispositif : une analyse fondée sur l'interrogation en face-à-face de 900 personnes ayant fait une demande de RMI au premier semestre 1995 ; analyse lexicale Pierre Le Queau, Marie-Odile Simon.– Paris : Centre de recherche pour l'étude et l'observation des conditions de vie (Credoc), 1998.– 243 p. : graph., tabl. ; 30 cm.– (*Collection des rapports* ; 196, octobre 1998).

Asia-Pacific : new geographies of the Pacific Rim / ed. by R.F. Watters and T.G. McGee ; collab. Ginny Sullivan.– London : Hurst & Co., 1997.– XXI-362 p. : fig., graph., tabl. ; 24 cm.

Berthuit Franck, Attitudes prudentielles et soutien intergénérationnel.– Paris : Credoc, 1998.– 111 p. : graph., tabl. ; 30 cm.– (*Cahier de recherche* ; 119).

Chu C. Y. Cyrus, Population dynamics : a new economic approach.– New York ; Oxford : Oxford University Press, 1998.– XIV-226 p. : fig., graph., tabl. ; 24 cm.

Creedy John, The dynamics of inequality and poverty : comparing income distributions.– Cheltenham, UK ; Northampton (Mass.), USA : Edward Elgar, 1998.– XV-303 p. : graph., tabl. ; 24 cm.

Granrut Charles du, Jouvenel Hugues de, Parant Alain, Vers une prospective des retraites en France à l'horizon 2030 / étude réal. par Charles du Granrut, Hugues de Jouvenel, Alain Parant ; avec l'appui de la Branche des retraites de la Caisse des dépôts et consignations, l'Observatoire des retraites, la Sarl Futuribles.– Paris : Futuribles International : Lips : Datar : Commissariat général du Plan, 1998.– 212 p. : graph., tabl. ; 30 cm.– (*Travaux et recherches de prospective* ; 9, 1027-670X).

Household and family economics / ed. by Paul L. Menchik,.– Boston ; Dordrecht ; London : Kluwer Academic, 1996.– VIII-260 p. : graph., tabl. ; 24 cm.– (*Recent economic thought*).

Intrahousehold resource allocation in developing countries : models, methods and policy / ed. by Lawrence Haddad, John Hoddinott and Harold Alderman.– Baltimore ; London : John Hopkins University Press, 1997.– XII-341 p. : graph., tabl. ; 24 cm.

The sociology of economic life / ed. by Mark Granovetter Richard Swedberg.– Boulder (Colo.), USA ; Oxford, UK : Westview Press, 1992.– VI-399 p. : fig., tabl. ; 23 cm.

Articles

EKERT-JAFFÉ Olivia, Le coût de l'enfant : des résultats qui varient selon les types de familles et les hypothèses formulées.– tabl., fig., dans : Solidarité santé. Études statistiques, n° 2-3, avril-septembre 1998, p. 69-80.

Évolution de la protection sociale dans les pays d'Europe centrale et orientale / coord. par Laure Després et Christine Le Clainche.– tabl., fig., dans : Revue d'études comparatives est-ouest, n° 3, septembre 1998, 259 p.

• ADMINISTRATION, LÉGISLATION, POLITIQUE

Ouvrages

France. Haut conseil à l'intégration, Lutte contre les discriminations : faire respecter le principe d'égalité : rapport au Premier ministre / Haut conseil à l'intégration.– Paris : La Documentation Française, 1998.– 127 p. ; 24 cm.– (*Collection des rapports officiels*, 0981-3764).

MALINVAUD Edmond, La fonction « statistique et études économiques » dans les services de l'État : rapport au Premier ministre.– Paris : La Documentation Française, 1997.– 167 p. ; 24 cm.– (*Collection des rapports officiels*, 0981-3764).

Articles

SOKOLOVSKI Sergei V., Early warning and minority rights in Russian Federation, dans : Migracijske teme, vol. 13, n° 3, 1997, p.217-239.

Population 1999, n° 1 – 269e livraison.

Directeur : M. Marcel SZWARC – N° d'inscription à la Commission Paritaire : EP0039

Imprimerie Louis-Jean - 05002 GAP   Dépôt légal : 184 – février 1999

Ethnologie française

LES CADEAUX : A QUEL PRIX 1998/4

Selon *Littré* (1878), le cadeau désignait à l'origine des enjolivures d'écriture qui s'enchaînaient, mais aussi des divertissements donnés aux dames. De nos jours, ce terme signifie le présent, l'objet offert.

Les « cadeaux » apparaissent comme une forme possible de don dans le contexte d'une société marchande. La variété des modes et des conditions d'échange souligne la dynamique, la flexibilité, le polymorphisme du cadeau et par là même du don, à la fois individuel et collectif, liberté et obligation, rationalité et émotion. Car comme le titre l'indique, ces échanges articulent logiques économique, sociale et affective.

Ce numéro examine les relations entre les différentes formes d'échange (don, troc, aide, achat, etc.), les conditions du contre-don, la socialisation par l'apprentissage des règles de l'échange des cadeaux et les transformations sociales des pratiques. Il participe en cela aux débats anthropologiques classiques sur le principe de réciprocité, l'esprit du don et la relation entre don et marchandise.

Sophie Chevalier, Anne Monjaret	*Dons et échanges dans les sociétés marchandes contemporaines*
Marie-France Noël	*De l'origine du cadeau*
Sophie Montant	*L'invention d'un code : du malaise à la justification*
Régine Sirota	*Les copains d'abord. Les anniversaires de l'enfance, donner et recevoir*
Denise Girard	*Le shower : enterrer de sa vie de jeune fille*
Martine Segalen	*Où est déposée la liste ? Une enquête sur les cadeaux de mariage*
Anne Monjaret	*L'argent des cadeaux*
Sophie Chevalier	*Destins de cadeaux*
Myriam Hivon	*« Payer en liquide ». L'utilisation de la vodka dans les échanges en Russie rurale*
Sigrid Rausing	*L'impossible retour. Dons, aides et échanges dans le nord-est de l'Estonie*
Deema Kaneff	*Un jour au marché. Les modes d'échange dans la Bulgarie rurale*
Marie-Christine Pouchelle	*« Ici on ne fait pas de cadeaux ». Partages du temps et don de soi à l'hôpital*
Note de recherche	
Noëlle Gérôme	*Récompenses et hommages dans l'usine. Perspectives de recherches*
Christian Ghasarian	*A propos des épistémologies post-modernes*

Rédaction : Musée national des Arts et Traditions populaires
6, av. du Mahatma-Gandhi – 75116 Paris – Tél. : 01 44 17 60 84 – Fax : 01 44 17 60 60 – E-mail : ref@culture.fr
Abonnements (4 numéros par an) : Presses Universitaires de France
14, avenue du Bois-de-l'Épine. BP 90, 91003 Évry
Tél. : 01 60 87 30 00 – Fax : 01 60 79 20 45
Vente au numéro : par l'intermédiaire de votre libraire habituel et PUF

		1 an	2 ans
Prix de l'abonnement pour 1998 :	Particulier :	498 F	900 F
(les abonnements partent du premier	Institution :	666 F	1 200 F
fascicule de l'année en cours)	Etudiant :	300 F	550 F

Prix au numéro : 135 F

MIGRATIONS SOCIÉTÉ
La revue bimestrielle d'analyse et de débat sur les migrations en France et en Europe

janvier - février 99   volume 11 - n° 61   160 p.

ARTICLES :	Dixième anniversaire de *Migrations Société*	P. Farine
	Migrations Société : intermédiaire culturel ?	M.-A. Hily, L. Prencipe, C. Rinaudo
	Pertinence du national et allégeances métisses	C. Bertossi

DOSSIER : Jeunes issus de l'immigration en France

Quelques chiffres	S. Thave
Dans les chaudrons des cités, un melting-pot à la française	I. Taboada-Leonetti
Jeunesse sans pagnes ni tambours	A. Nicollet
La socialisation des jeunes filles maghrébines	C. Moulin, P. Lacombe
Les jeunes Portugais et les enjeux de la dénomination	M.-E. Leandro
Bibliographie sélective	C. Pelloquin

REVUE DE PRESSE : Allemagne

Politique d'immigration et droit de la nationalité en Allemagne	L. Deponti
Flash France : Les grèves de la faim des sans-papiers : dernière arme contre le dysfonctionnement de la démocratie ?	A. Perotti

NOTES DE LECTURE

"*Ville et violence. L'irruption de nouveaux acteurs*" (de S. Body-Gendrot)	J. Weydert
"*L'entrepreneur musulman*" (de G. Tribou)	C. Wihtol de Wenden
"*Musulmans de France*" (de G. Couvreur)	P. Oriol

Abonnements - diffusion :   CIEMI : 46, rue de Montreuil - 75011 Paris
Tél. : 01 43 72 01 40 ou 01 43 72 49 34 / Fax : 01 43 72 06 42
E-mail : ciemiparis@aol.com / Siteweb : http://members.aol.com/ciemiparis/

France :	220 FF	Étranger :	250 FF
Soutien :	400 FF	Le numéro :	50 FF

CAHIERS INTERNATIONAUX DE SOCIOLOGIE

Directeurs : Georges BALANDIER, Michel WIEVIORKA
Revue publiée avec le concours du Centre National de la Recherche Scientifique

Sommaire du volume 105 – 1998

La différence culturelle en question

Michel WIEVIORKA
  Introduction
Michel WIEVIORKA
  Le multiculturalisme est-il la réponse ?
John REX
  Le multiculturalisme et l'intégration politique dans les villes européennes
Eliezer BEN-RAFAEL
  Le multiculturalisme : une perspective analytique
Mónica QUIJADA
  La question indienne en Argentine
Carmen BERNAND
  Esclaves et affranchis d'origine africaine en Argentine
Arnd SCHNEIDER
  Discours sur l'altérité dans l'Argentine moderne
Jocelyn LÉTOURNEAU
  « Impenser » le pays et toujours l'aimer
Danièle JOLY
  Ethnicité et violence chez les jeunes Antillais : une intervention sociologique à Birmingham
Renée ZAUBERMAN
  Gendarmerie et gens du voyage en région parisienne

Secrétariat de rédaction : Christine Blanchard-Latreyte
  EHESS, 54, boulevard Raspail, 75006 Paris
  Tél. (33) 01 49 54 25 54 – Fax (33) 01 42 84 05 91
Abonnements ou vente au numéro : **Presses Universitaires de France**
  Départements des Revues :
  14, avenue du Bois-de-l'Épine, BP 90, 91003 Évry Cedex
  Tél. (33) 01 60 77 82 05 – Fax (33) 01 60 79 20 45
  Télex : PUF 600 474 F – Compte Chèques Postaux : 1302 69 C Paris

PRESSES UNIVERSITAIRES DE FRANCE

Revue publiée avec le concours du Centre National de la Recherche Scientifique (France)

ISSN 0769-3362

Administration et abonnements

Librairie Générale de Droit et de Jurisprudence,
31, rue Falguière
F-75741 Paris Cedex 15
Tél.: 01.56.54.16.00   Fax: 01.56.54.16.49

Secrétariat de rédaction

Ressource pour la Recherche Justice,
54, rue de Garches, F-92420 Vaucresson
e-mail : lesavre@ext.jussieu.fr
Tél.: 01.47.95.98.66   Fax: 01.47.01.41.48

Au sommaire du numéro 40–1998

Dossier :
Produire la loi

Jacques Commaille : *Présentation*
Marta Gracia Blanco : *Codification et droit de la postmodernité : la création du nouveau Code pénal espagnol de 1995*
Martine Kaluszynski : *Les artisans de la loi. Espaces juridico-politiques en France sous la IIIe République*
Stéphane Enguéléguélé : *Les communautés épistémiques pénales et la production législative en matière criminelle*

Études

Pierre Noreau : *La superposition des conflits : limites de l'institution judiciaire comme espace de résolution*
Flora Leroy-Forgeot : *Culture britannique et culture européenne : éléments d'une évolution politico-juridique*
Michel Coutu : *Citoyenneté et légitimité. Le patriotisme constitutionnel comme fondement de la référence identitaire*

Et la rubrique *Chronique bibliographique*

IMMIGRES ET MINORITES ETHNIQUES DANS L'ESPACE POLITIQUE EUROPEEN

Coordination : M. MARTINIELLO et M.-A. HILY

1998 - Vol.14 - N°2
ISBN 2-911627-10-5

Editorial

Marco **Martiniello** : Les immigrés et les minorités ethniques dans les institutions politiques : ethnicisation des systèmes politiques européens ou renforcement de la démocratie?

Vincent **Geisser** et Schérazade **Kelfaoui** : Tabous et enjeux autour de l'ethnicité maghrébine dans le système politique français.

Andrew **Geddes** : Race Related Political Participation and Representation in the UK.

Shamit **Saggar** : British South Asian Elites and Political Participation : Testing the Cultural Thesis

Jean **Tillie** : Explaining Migrant Voting Behaviour in the Netherlands.

Brieuc-Yves **Cadat** et Meindert **Fennema** : Les hommes politiques issus de l'immigration à Amsterdam : image de soi, image des autres.

Marco **Martiniello** : Les élus d'origine étrangère à Bruxelles : une nouvelle étape de la participation politique des populations d'origine immigrée.

Hassan **Bousetta** : Le paradoxe anversois. Entre racisme politique et ouvertures multiculturelles.

Hors dossier :

Rainer **Münz** et Ralf **Ulrich** : Les migrations en Allemagne : 1945 - 1996.

REVUE EUROPEENNE DES MIGRATIONS INTERNATIONALES - REMI
MSHS - 99 avenue du Recteur Pineau
86022 POITIERS CEDEX
Tél.: 05 49 45 46 56 - Fax : 05 49 45 46 68
remi@mshs.univ-poitiers.fr
http://www.mshs.univ-poitiers.fr/migrinter/remi.htm

TARIFS 1999

FONDÉ EN 1945, L'INSTITUT NATIONAL D'ÉTUDES DÉMOGRAPHIQUES EST UN ÉTABLISSEMENT PUBLIC DE RECHERCHE. IL REGROUPE AUJOURD'HUI 60 CHERCHEURS QUI EFFECTUENT, SEULS OU EN COLLABORATION, DE NOMBREUX TRAVAUX, THÉORIQUES OU APPLIQUÉS, EN DÉMOGRAPHIE, OU EN DÉVELOPPANT DES RELATIONS ENTRE CETTE DISCIPLINE ET LES AUTRES SCIENCES HUMAINES ET SOCIALES : ÉCONOMIE, SOCIOLOGIE, GÉNÉTIQUE, BIOLOGIE, HISTOIRE, GÉOGRAPHIE, MATHÉMATIQUES...

INED
133, BOULEVARD DAVOUT, 75980 PARIS CEDEX 20
TEL. : (33) 01 56 06 20 00 — FAX : (33) 01 56 06 21 99
http://www.ined.fr — e-mail: ined@ined.fr

LES ÉDITIONS DE L'INED

REGROUPENT PLUSIEURS COLLECTIONS

- **CAHIERS TRAVAUX ET DOCUMENTS**

- **CONGRÈS ET COLLOQUES**
  SÉLECTION DE COMMUNICATIONS PRÉSENTÉES LORS DE RÉUNIONS SCIENTIFIQUES. CERTAINS DE CES OUVRAGES SONT BILINGUES (ANGLAIS, FRANÇAIS), ET SONT COÉDITÉS AVEC JOHN LIBBEY.

- **MANUELS**
  DESTINÉS À L'ENSEIGNEMENT OU À LA FORMATION À DES TECHNIQUES NOUVELLES.

- **CLASSIQUES DE L'ÉCONOMIE ET DE LA POPULATION**
  RÉÉDITION, SOUVENT ANNOTÉE, DE TEXTES DE GRANDS AUTEURS ET PRÉCURSEURS.

- **DONNÉES STATISTIQUES**

- **AUTRES OUVRAGES**

CE CATALOGUE PRÉSENTE SEULEMENT LES DERNIÈRES PARUTIONS. UN CATALOGUE COMPLET DES ÉDITIONS DE L'INED DEPUIS LA FONDATION PEUT VOUS ÊTRE ENVOYÉ SUR SIMPLE DEMANDE (VOIR BON DE COMMANDE). LES OUVRAGES SONT DISPONIBLES EN LIBRAIRIE (DIFFUSION PUF) OU À L'INED, SUR PLACE OU PAR CORRESPONDANCE.

DERNIÈRES

TRAVAUX ET DOCUMENTS

N° **141** Puf, 170 F - 25,92 €

Philippe COLLOMB et France GUÉRIN-PACE
— *Les Français et l'environnement.*
L'Enquête « Populations-Espaces de vie-Environnements », 1998, 258 p.

L'environnement est devenu l'objet d'un débat politique et scientifique intense, avec la reconnaissance, depuis une trentaine d'années, de l'importance des risques écologiques qui menacent notre planète. Dans le même temps sont intervenus de profonds changements des modes de vie dans les sociétés industrielles, plus soucieuses de la qualité du cadre de vie, plus sensibles à la nature, aux paysages, à la faune, à la flore, à la préservation d'espaces vierges de toute présence humaine.

Tout se passe donc comme si nos sociétés prenaient conscience de l'influence qu'exercent les groupes humains sur la biosphère. Mais, en est-il vraiment ainsi ? Que pensent réellement les individus de l'environnement et des problèmes liés à sa préservation ?

C'est à ces questions que tente de répondre l'enquête « Populations-Espaces de vie-Environnements », effectuée par l'Ined auprès d'un échantillon représentatif de la population française. Les nombreuses informations collectées sur les opinions et attitudes relatives à l'environnement, permettent de dresser un tableau d'ensemble. Elles révèlent qu'il est encore prématuré de parler de citoyenneté écologique des Français.

TRAVAUX ET DOCUMENTS

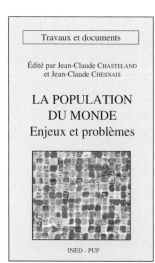

N° **139**, Puf, 250 F - 38,11 €

Édité par Jean-Claude CHASTELAND et Jean-Claude CHESNAIS
— *La population du monde. Enjeux et problèmes*, 1997, 630 p.

Cet ouvrage se propose, dans la 1ère partie, d'aborder quelques-uns des problèmes que pose l'évolution de la population dans les 18 pays qui atteignent ou attendent, d'ici 2025, 100 millions d'habitants. Les changements démographiques, économiques et sociaux de ces pays pèseront d'un poids considérable sur l'avenir de la planète.

La 2e partie adopte une approche thématique. Elle porte sur les défis posés par l'accueil de 2, 3 ou 4 milliards d'habitants supplémentaires. Urbanisation, emploi, environnement, alimentation, santé publique, lutte contre la mortalité, maîtrise de la fécondité, migrations internationales, stratégies de développement... appellent des réponses parfois pressantes, dans un contexte de mutations rapides.

PARUTIONS

Johann Peter SÜßMILCH

L'ORDRE DIVIN
dans les changements de l'espèce humaine, démontré par la naissance, la mort et la propagation de celle-ci

INED - PUF

CLASSIQUES DE L'ÉCONOMIE

Puf, 260 F - 39,64 €

Johann Peter SÜßMILCH
— *L'Ordre divin dans les changements de l'espèce humaine, démontré par la naissance, la mort et la propagation de celle-ci.* Texte intégral de l'édition de 1741, traduit et annoté par Jean-Marc Rohrbasser. 1998, CXXII+352+cxxiv p.

Voici la première traduction intégrale, originale et commentée de *L'Ordre divin* de 1741. Süßmilch, théologien, maîtrisant l'ensemble des travaux des pionniers (Graunt, Petty, Halley, Struyck et Vauban), a écrit le premier grand traité de démographie en langue allemande. En présentant une somme de données statistiques jamais encore rassemblée, il a construit une puissante synthèse. Il aborde la multiplication de l'espèce humaine et les obstacles qu'elle rencontre, la nuptialité, la propagation et la question du *sex ratio* à la naissance, la mortalité différentielle et une étude pionnière de statistique médicale ; il conclut par l'utilisation des listes de décès pour déterminer le nombre des vivants, avec des propositions très modernes en vue de procéder à la collecte des données démographiques.

La présente édition se veut le témoignage d'une étape capitale de l'élaboration de la statistique démographique comme science et de ses arrière-plans philosophiques et théologiques. À ce titre, elle intéressera, outre les démographes, les historiens des sciences et tous les chercheurs soucieux de ne pas oublier le terreau qui nourrit encore aujourd'hui leurs pratiques, la constitution de leurs objets et les nouvelles connaissances dont, à l'instar de Süßmilch, ils enrichissent la science de l'homme

Richard Cantillon

ESSAI SUR LA NATURE DU COMMERCE EN GÉNÉRAL

INED - PUF

CLASSIQUES DE L'ÉCONOMIE

Puf, 190 F - 28,97 €

Richard CANTILLON
— *Essai sur la nature du commerce en général.* Réimpression de l'édition de 1952, fondée sur le texte original de 1755, avec des études et commentaires revus et augmentés. 1997, xxx+LXXIV+196 p.

Il importe de mettre à nouveau cet ouvrage fondateur à la disposition des historiens, des démographes et des économistes. Le texte de l'édition de 1952 avait été modernisé afin d'assurer la fluidité de sa lecture. Il était accompagné de cinq articles liminaires, une bibliographie et un index. Un avertissement et une préface les complètent aujourd'hui.

L'*Essai* de CANTILLON nous livre l'une des meilleures voies d'accès pour connaître l'histoire économique du XVIIIe siècle. À ce titre, la présente édition s'adresse notamment aux historiens de l'Économie. Économistes et démographes contemporains y trouveront de plus les éléments fondateurs des savoirs actuels. Comment déterminer le coût d'un risque financier, comment en fixer le prix ? Ces questions sont cruciales dans le monde des banques et des assurances. Notre méconnaissance invite à relire CANTILLON, à méditer sa théorie de l'incertitude économique. Aujourd'hui comme hier, nous voici devant un vaste terrain de spéculations savantes et financières.

MÉTHODES ET SAVOIRS

Puf, 150 F - 22,87 €

Éva LELIÈVRE et Arnaud BRINGÉ
— *Manuel pratique pour l'analyse statistique des biographies/Practical Guide to Event History Analysis*, 1998, 400 p. (en français et en anglais).

Les auteurs présentent un manuel pratique d'analyse biographique, détaillant la mise en œuvre de modèles de durée à l'aide de trois logiciels SAS®, TDA®, et STATA®, et proposent une comparaison systématique des programmations et des résultats des trois logiciels. Leur objectif est moins d'établir un score des qualités informatiques respectives, que d'exposer la programmation de base d'une même analyse conduite avec ces divers logiciels, d'en expliquer les caractéristiques ainsi que la variété des résultats obtenus et de comparer les sorties graphiques disponibles. Le but est de fournir un guide qui permette de faire une application pertinente selon ses propres contraintes et ses objectifs. Ainsi le manuel part d'une analyse la plus simple possible, passant par toutes les étapes intermédiaires avant de parvenir à des analyses plus sophistiquées.

Neuf ans après la parution de l'ouvrage théorique traitant de l'*Analyse démographique des biographies*, la collection Méthodes et Savoirs propose ce volume en version bilingue, afin de satisfaire au mieux le public concerné.

DONNÉES STATISTIQUES

Puf, 120 F - 18,29 €

Victor Kuami KUAGBENOU et Jean-Noël BIRABEN
— *Introduction à l'étude de la mortalité par cause de décès à Paris dans la première moitié du XIXe siècle*, 1998, 80 p. + CD-rom.

L'objet de cette publication est d'étudier les principales maladies qui ont marqué la dernière décennie de la première moitié du XIXe siècle à partir des données statistiques de causes médicales de décès retrouvées aux Archives nationales de Paris pour la période 1838-1847. Une vérification de la qualité des sources par l'utilisation des tables-types de Ledermann a montré que cette statistique ne souffre pas de lacunes trop importantes. Les recensements de population à cette époque n'étant pas trop fiables, une correction des populations de 1831, 1841 et 1851 a été nécessaire pour le calcul des taux de mortalité. Dans l'ensemble, ce travail se présente comme une bonne introduction à l'étude des causes de décès à Paris dans la première moitié du XIXe siècle et, par l'importance des données nouvelles qu'il apporte avec d'abondants et très détaillés tableaux statistiques, ouvre de nouveaux horizons à la démographie médicale historique.

L'ensemble des données retrouvées aux Archives nationales de Paris, y compris celles n'intervenant pas dans cette étude, soit environ 480 pages, est reproduit sur CD-Rom, inclus dans ce volume.

PÉRIODIQUES

L'Ined publie un bulletin mensuel (créé en 1968): *Population et Sociétés*, et une revue bimestrielle (fondée en 1946): *Population*. Depuis 1989, un numéro annuel en anglais: *Population: An English Selection*, présente une sélection d'articles parus principalement dans *Population*. Les bulletins d'abonnement sont en dernière page.

POPULATION ET SOCIÉTÉS

BULLETIN MENSUEL

Tarifs de vente et d'abonnement	France, Dom, Tom	Étranger
• Le numéro	8 F - 1,22 €	
• Abonnement d'un an	75 F - 11,43 €	110 F - 16,77 €
• Abonnement de deux ans	130 F - 19,82 €	190 F - 28,97 €
• Abonnement de trois ans	180 F - 27,44 €	260 F - 39,64 €

La vente au numéro se fait uniquement sur place

POPULATION

REVUE BIMESTRIELLE

Tarifs vente au numéro	France, Dom, Tom	Étranger	
• Population	120 F - 18,29 €	135 F - 20,58 €	
• Le numéro annuel en anglais	185 F - 28,20 €	200 F - 30,49 €	
Abonnement d'un an	France, Dom, Tom	Étranger	Par avion
• Population	450 F - 68,60 €	500 F - 76,22 €	580 F - 580,42 €
• Avec le n° annuel en anglais	635 F - 96,81 €	700 F - 106,71 €	780 F - 118,91 €

Les numéros de Population parus de 1946 à 1955, épuisés, ont été réimprimés par KRAUS REPRINT. Les commandes devront être adressées à KRAUS REPRINT - MILLWOOD, NEW YORK 10546, USA.

ABONNEMENT POPULATION

À renvoyer à :
INED, POPULATION
133, bd Davout, 75980 PARIS Cedex 20, France (Tél. : 01 56 06 20 23)

Nom ....

Adresse ....

Code postal .... Ville ....

Veuillez m'adresser : .... abonnement(s) pour l'année 1999
avec le numéro Anglais ☐

Ci-joint la somme de ....F

– Par chèque, à l'ordre de **l'Agent comptable de l'Ined** ☐
– Par virement bancaire à la RGFIN PARIS SIÈGE ☐
  n° 30081 75000 00003005063 85

ABONNEMENT POPULATION ET SOCIÉTÉS

À renvoyer à :
INED, POPULATION ET SOCIÉTÉS
133, bd Davout, 75980 PARIS Cedex 20, France (Tél. : 01 56 06 20 88)

Nom ....

Adresse ....

Code postal .... Ville ....

Veuillez m'adresser : .... abonnement(s) de .... an(s)
à dater du ....

Ci-joint la somme de ....F

– Par chèque, à l'ordre de **l'Agent comptable de l'Ined** ☐
– Par virement bancaire à la RGFIN PARIS SIÈGE ☐
  n° 30081 75000 00003005063 85

DEMANDE DE CATALOGUE

À renvoyer à :
INED, 950/DIFFUSION
133, bd Davout, 75980 PARIS Cedex 20, France (Tél. : 01 56 06 20 86)

Nom ....

Adresse ....

Code postal .... Ville ....

Veuillez m'adresser gratuitement le catalogue des Éditions de l'Ined

---

COMMANDE DES OUVRAGES

À renvoyer à :
LIBRAIRIE DE l'INED
133, bd Davout, 75980 PARIS Cedex 20, France (Tél. : 01 56 06 20 86)

Nom ....

Adresse ....

Code postal .... Ville ....

Veuillez m'adresser : ....

....

Ci-joint la somme de .... F (ajouter 10 % pour frais de port)

– Par chèque, à l'ordre de **l'Agent comptable de l'Ined** ☐
– Par virement bancaire à la RGFIN PARIS SIÈGE ☐
   n° 30081 75000 00003005063 85

MAQUETTE : NICOLE BERTHOUX